Charmaine Liebertz

Das Schatzbuch ganzheitlichen Lernens

Grundlagen, Methoden und Spiele
für eine zukunftsweisende Erziehung

Hrsg. von der Gesellschaft
für ganzheitliches Lernen e.V.

DON BOSCO / SPECTRA

Die Deutsche Bibliothek – CIP-Einheitsaufnahme

Liebertz, Charmaine:
Das Schatzbuch ganzheitlichen Lernens : Grundlagen, Methoden und Spiele für eine zukunftsweisende Erziehung / Charmaine Liebertz. – 2. Aufl. – München: Don Bosco; Dorsten: Spectra. 2000
    ISBN 3-7698-1159-3

2. Auflage 2000 / ISBN 3-7698-1159-3
© 1999 Don Bosco Verlag, München
in Kooperation mit Spectra Verlag, Dorsten
Umschlag und Illustrationen: Margret Russer, München
Satz und Layout: Undercover, Augsburg
Druck und Weiterverarbeitung: Druckerei Gebr. Bremberger, München

Inhaltsverzeichnis

Vorwort 6

Welche Schätze birgt dieses Buch? 8

    1. *Wie hat sich Kindheit heute verändert?* 11

    2. *Welche Anforderungen werden heute an Erziehung und Lernen gestellt?* 17

    3. *Warum ist ganzheitliches Lernen wichtig?* 23
        Historische Ansätze 24
        Wie funktioniert unser Gehirn? 26
        Was gibt's Neues aus der Intelligenzforschung? 30
        Was lernen wir daraus? 36
        Das ganzheitlich arbeitende Gehirn verdient ganzheitliches Lernen! 40

    4. *Sechs Bausteine mit 70 Spielen und Übungen zum ganzheitlichen Lernen* 43
        Erster Baustein: Bewegung 44
        Zweiter Baustein: Wahrnehmung 62
        Dritter Baustein: Konzentration 84
        Vierter Baustein: Entspannung 108
        Fünfter Baustein: Rhythmus 128
        Sechster Baustein: Rituale 149

    5. *Projektvorschläge* 172

    6. *Therapie- und Lernmethoden, über die man spricht* 181

    7. *Wussten Sie schon?* 189

Tipps für Ihre Fortbildung 195
Literatur 196
Danke! 198
Spielregister 199

Vorwort

> Jeder ist anders,
> wir müssen den Anderen
> nur anders sein lassen!

Wir machen uns überall nur Bilder von der Wirklichkeit. Wir nähern uns durch unsere begrenzten Wahrnehmungsfähigkeiten und Erfahrungen, Bemühungen und Forschungen immer nur den Wirklichkeiten an.

Ceci n'est pas une pipe
Dies ist keine Pfeife

Dieses Ölgemälde von René Magritte, das im Museum of Modern Art in Los Angeles hängt, macht es deutlich: Diese Pfeife riecht nicht, schmeckt nicht, qualmt nicht, sie ist nicht handschmeichlerisch und warm, eben nur ein Bild.
Es gibt 6 Milliarden Menschen auf der Welt und damit 6 Milliarden Bilder von der Wirklichkeit. Jeder Mensch hat andere kulturelle, umweltliche und genetische Vorraussetzungen, sich ein Bild zu machen. Außerdem entscheidet das Gehirn aufgrund bestimmter Erfahrungen und der damit verknüpften Gefühle, so auch beim Lernen.
Lernen ist ein lebenslanger, energiegewinnender und informationsverarbeitender Prozess. Es gibt kein Leben ohne Energie und keine Energie ohne Leben. Lernen ist nicht allein auf die Schule und den Erwerb der Kulturtechniken beschränkt.
Erfahrung und Lernen gehören zusammen. Sie bilden eine Einheit. Vor dem Hintergrund einer reiz- und informationsüberfluteten Medienwelt rückt die Frage nach der Qualität des Lernens immer inten-

siver in den Mittelpunkt des theoretischen und praktischen Interesses. Es wird immer wichtiger, persönliche und konkrete Erfahrungen zu machen, um nicht nur aus zweiter Hand zu leben.

Die Fantasie stirbt, wenn sie durch künstlich erzeugte Bilder verdrängt wird. Es bedarf der Herausforderung an eigenes Denken und Handeln. Das Begreifen gerät zunehmend in Gefahr, dem Körperlichen und der unmittelbaren Berührung mit der Sache entzogen zu werden. Das Greifen, das allem Begreifen unabdingbar vorausgeht, kann weder durch verbale Abstraktionen noch durch elektronische Bilder ersetzt werden.

Kreativität, Selbstständigkeit, Eigen- und Mitverantwortung und die Fähigkeit zur Zusammenarbeit sind die Bedingungen, um die Lebensprobleme und Zukunftsanforderungen zu bewältigen. Wichtig ist, dass jeder Mensch das Gefühl hat, gebraucht zu werden. Dann ist er bereit zu Verständigung und Verantwortung.

Bedeutsam ist, dass das Erforschen, Entdecken, Untersuchen am Anfang des Lernprozesses steht. Die Methoden des Lernens müssen auf den Erkenntnissen der Wissenschaften – der Verhaltensbiologie, der Neurologie, der Psychologie, der Pädagogik und auch der Geriatrie – beruhen. Es geht um hirngerechtes Lernen und um das Lernen mit allen Sinnen – mit Kopf, Herz und Hand – und das bei hoher Effektivität. Jeder Einzelne sollte Einsichten in Strukturen und Gesetzmäßigkeiten gewinnen, zu vernetztem Denken und zu Problemlösungen befähigt werden.

Alles hängt von allem ab, alles bedingt einander und alles hat Wirkungen und Rückwirkungen. Die Ergebnisse der Hirnforschung und der Psychologie bestätigen den ganzheitlichen Ansatz, den die Reformpädagogen schon vorweggenommen haben. Ja schon die alten Griechen hatten ein gemeinsames Wort für Wahrnehmung und Empfindung: Aisthesis!

Die moderne Pädagogik muss den Menschen in seiner Ganzheit sehen, mit seinen Anlagen und Bedürfnissen, seinen Interessen und Gefühlen. Sie muss seiner Neugier entsprechend Möglichkeiten eröffnen und Wege weisen. Aus diesen Gründen haben sich Vertreter der verschiedenen Fachrichtungen entschlossen, die „Gesellschaft für ganzheitliches Lernen" als gemeinnützigen Verein zu gründen, mit dem Ziel zu forschen, zusammenzutragen, zu bewerten und diese „Erfahrungen" weiterzugeben an Eltern, Lehrer/-innen und Erzieher/-innen. Die „Gesellschaft" sucht nach Wegen, Methoden und Materialien, mit denen Menschen gestärkt, Sachen geklärt, Starke gefordert und Schwache gefördert werden.

Das Schatzbuch von Frau Dr. Charmaine Liebertz ist durch viele Diskussionen und die Arbeit in der Praxis – in vielen Workshops und Seminaren, die sie mit großer Resonanz durchgeführt hat – entstanden.

Franz-Josef Kuhn
Gründer und Vizepräsident der Gesellschaft
für ganzheitliches Lernen e.V.

Welche Schätze birgt dieses Buch?

*Ein Buch muss die Axt sein
für das gefrorene Meer in uns!
Franz Kafka*

Es ist Montagmorgen. Wieder einmal stehen Sie vor einer nicht ausgeschlafenen und unausgeglichenen Kinderschar: Der kleine Max zappelt aufgeregt durch den Raum, Lisa schaukelt auf dem Stuhl, Philipp und Heiko streiten sich darum, wer das Fenster schließen darf. Andere Jungen erproben die neuesten Fußtritte aus dem gestrigen Kung-Fu-Film. Die Mädchen ziehen sich verängstigt zurück oder kichern albern. Babette kommt wieder mal zu spät und wird von allen mit „Hallo, alte Kackliese" begrüßt. Keiner kann sich konzentrieren und nur schreiend können Sie sich Gehör verschaffen. Die Woche beginnt gerade erst und schon sind Sie genervt!

Ein kleiner Trost: Sie stehen mit diesen Problemen nicht allein auf weiter Flur. Immer mehr Kinder leiden unter Konzentrations-, Wahrnehmungs- und Bewegungsstörungen. Sie entwickeln sich zunehmend zu medienüberreizten „Zappelphilippen" und kleinen, aggressiven „Rambos". Viele Eltern, Erzieher/-innen und Lehrer/-innen klagen, fühlen sich allein gelassen, suchen nach Erklärungen und Auswegen. Das Burn-out-Syndrom geht um! Ein Heer von Therapeuten ist in Deutschland mit diesen Problemen von Kindern und Pädagogen beschäftigt.

Das Schatzbuch möchte einen Beitrag zur pädagogischen Prävention leisten. Es informiert Sie, liebe Erzieher/-innen, Lehrer/-innen und Eltern, über die Probleme und Chancen der neuen Generation. Es befähigt Sie mit zahlreichen Anregungen und bewährten Spielen zu verhindern, dass Ihre Kinder in den Therapie-Brunnen fallen. Auch hoffen wir, die Kommunikation zwischen allen Erziehungsbeteiligten wieder anzuregen. Denn schließlich sitzen wir alle im selben Erziehungsboot und sollten mit gemeinsamen Kräften das Heranwachsen einer gesunden Generation fördern.

Dies ist auf dem Weg des ganzheitlichen Lernens zu erreichen. Nur wenn wir im Erziehungs- und Lernprozess die Vernetzung von Körper, Geist und Seele nutzen, fördern wir alle Ressourcen des Menschen, von seinen Sinnen bis hin zu seinen Bewegungsabläufen. Schließlich sind Wissen, Gefühle, Fähigkeiten und Fertigkeiten miteinander vernetzt, sie bilden Erfahrungs- und Sinnzusammenhänge. Wir lernen ganzheitlich, das heißt mit allen Sinnen! Und wir lernen innerhalb eines bestimmten Lebensraumes, der sich stark gewandelt hat.

Das erste Kapitel **„Wie hat sich Kindheit heute verändert?"** zeigt Ihnen anhand aktueller Fakten, wie sehr sich der Lebensraum Ihrer Kinder gewandelt hat. Diese Auflistung ist zweifellos erschreckend. Mag sein, dass einige der Probleme bei Ihnen zu Hause, im Kindergarten oder in der Schule noch nicht aufgetreten sind. Und doch sollten Sie wissen, welche Gefahren lauern und wie sich der Wandel auf Ihre Kinder auswirkt. Schließlich müssen Sie als pädagogische Fachkräfte und Eltern auf diese veränderte Kindheit, auf die ökonomischen Erfordernisse und auf den Wertewandel unserer Gesellschaft reagieren.

Das zweite Kapitel **„Welche Anforderungen werden heute an Erziehung und Lernen gestellt?"** informiert Sie darüber, mit welchen Lebens- und Arbeitsbedingungen Ihre Kinder im 21. Jahrhundert konfrontiert werden. Es zeigt auf, welche Kenntnisse, Fähigkeiten und Einstellungen Ihre Kinder in Zukunft benötigen und wie sich demgemäß die Qualität des Lernens verändern muss. Denn schließlich hat die Hirn- und Lernforschung große Fortschritte gemacht; die neurologischen Abläufe von Lernen und Intelligenz sind zunehmend transparenter geworden.

Diese neuen Forschungsergebnisse sind für alle Erzieher/-innen, Lehrer/-innen und Eltern von großem Nutzen. Wir informieren Sie daher im dritten Kapitel **„Warum ist ganzheitliches Lernen wichtig?"** über die aktuellen Erkenntnisse zum hirngerechten Lernen und über die Theorie der multiplen Intelligenzen, die neben kognitiven Denkprozessen nunmehr Bewegung, Raum, Musik und Emotionen integriert. Die neue Hirn- und Intelligenzforschung fordert die moderne Pädagogik auf, den Menschen in seiner Ganzheit zu fördern, mit all seinen Anlagen und Bedürfnissen, seinen Interessen und Gefühlen. Dies klingt einleuchtend! Aber wie können Sie dies in Ihrem pädagogischen Alltag umsetzen?

Das Schatzbuch vermittelt Ihnen im vierten Kapitel **„Sechs Bausteine mit 70 Spielen und Übungen zum ganzheitlichen Lernen"**, wie z. B. Bewegung und Wahrnehmung. Und in jedem Baustein werden drei Fragen eingehend erläutert:

1. Wie ist der Lebensraum unserer Kinder?
2. Wie reagieren unsere Kinder darauf?
3. Was brauchen unsere Kinder?

Am Ende eines jeden Bausteins finden Sie viele Spiele und Übungen, die Ihnen und Ihren Kindern helfen, wieder mit sich und der Umwelt ins Gleichgewicht zu kommen, soziale Beziehungen aufzubauen, sich gezielt zu konzentrieren oder zu entspannen und dabei viel Spaß zu haben. Jede

Spielbeschreibung listet in einer kleinen Tabelle die Fähigkeiten und Fertigkeiten auf, die dieses Spiel bei Ihren Kindern zu fördern vermag. Für die meisten Spiele ist kein Material erforderlich. Denn Spiele, bei denen der Körper, die Bewegung, der Rhythmus und die eigene Fantasie gefragt sind, scheinen vom Aussterben bedroht zu sein.

Dieses Buch eröffnet Ihnen also auch wertvolle Schätze aus dem Reich der verlorenen Spiele. Vergessen Sie alle professionellen Spieleagenturen, die so manch verzweifelte Eltern bei der Organisation eines lustigen Kindergeburtstages aus der Patsche helfen und dabei gut verdienen. Sie werden um Spiele nicht mehr verlegen sein und ganz nebenbei dafür sorgen, dass auch die mündliche Überlieferung von Spielen wieder aufblüht.

Das fünfte Kapitel unterbreitet Ihnen vier „Projektvorschläge", die von Erzieher/-innen und Grundschullehrer/-innen getestet wurden und sich im pädagogischen Alltag bewährt haben.

Nach diesem umfangreichen Praxisteil zum ganzheitlichen Lernen finden Sie im sechsten Kapitel eine Auflistung von „Therapie- und Lernmethoden, über die man spricht", z. B. Suggestopädie, Kinesiologie, NLP oder Snoezelen.

Das siebte und letzte Kapitel „Wussten Sie schon?" versteht sich als Informationsfundgrube. Hier finden Sie sowohl Tipps, z. B. über Waldkindergärten oder Lern- und Spielschulen, als auch nützliche Adressen, z. B. von Zentren für hyperaktive Kinder oder Beratungsstellen für Legastheniker.

Es gibt keine Patentrezept und Allheilmittel für die Probleme Ihres Erziehungsalltags. Aber das vorliegende Schatzbuch des ganzheitlichen Lernens birgt viele, wertvolle Schätze, die Sie zur ganzheitlichen Förderung Ihrer Kinder zu Hause, im Kindergarten und in der Grundschule sofort umsetzen und erproben können.

Möge Ihnen das Schatzbuch viel Kraft geben, neue Wege des ganzheitlichen Erziehens und Lernens zu gehen!

Charmaine Liebertz

Kapitel 1
Wie hat sich Kindheit heute verändert?

Denn sie können nicht, was sie wissen!
Robert Jungk

Aktuelle Fakten

- Angespanntes, häusliches Milieu
- Bewegungsmangel
- Schlechte Kondition
- „Depotstelle" Fernseher
- Spielzeugberge und Konsumrausch
- Entwicklungsdefizite
- Schulprobleme

„Das gab es bei uns nicht!" Immer wenn Sie in die Versuchung kommen, diesen „Spruch" loszulassen, dann bedenken Sie bitte: Jede heranwachsende Generation hat ihre ganz spezifischen Chancen und Probleme. Allerdings haben sich die Lebensbedingungen der Kinder heute so grundlegend und rasant verändert, dass zwischen unserer „alten" und der „neuen Kindheit" kaum noch Gemeinsamkeiten bestehen.
Der wehmütige Blick auf vergangene Zeiten hilft uns nicht weiter. Wir müssen vielmehr das aktuelle Erscheinungsbild der neuen Kindheit analysieren, um zeitgemäß erziehen und unterrichten zu können.
Die folgenden Fakten[1] beziehen sich auf Kinder aus deutschen Großstädten und Ballungszentren.

Existenzgrundlage und Familiensituation

Arbeitsmarkt
4,1 Millionen Arbeitslose (10,5 %)[2]. Der Arbeitslosenanteil von Ausländern liegt gar bei 22 %. In manchen Städten, z. B. Duisburg, gibt es Stadtteile mit 30–35 % Arbeitslosen.

Sozialhilfe
1 Million Kinder leben von der Sozialhilfe.

Scheidung und Alleinerziehende
30 % der Ehen werden heute geschieden (1950: 10 %).
1995 wurden in NRW 42.000 Ehen mit 33.000 betroffenen Kindern geschieden.
Es gibt ca. 9 Millionen alleinerziehende Mütter oder Väter.

---

[1] Die Fakten zu diesem Kapitel stammen vom Statistischen Bundesamt in Wiesbaden, aus der Polizei- und Kriminalstatistik des Bundesinnenministeriums sowie aus der Fach- und Tagespresse.

[2] Aktueller Stand der Arbeitslosenzahl von Ende Juni 1998

Kinderbetreuung

Für 1,6 Millionen Kinder im Alter von 0–3 Jahren stehen nur 29.000 Kindergartenplätze und für 7 Millionen Kinder im Alter von 6–14 Jahren nur 100.000 Hortplätze zur Verfügung. Für nur 4 % der Schüler ab der Sekundarstufe I existieren Ganztagsschulen.
Mit diesen Zahlen zur Kinderbetreuung bildet Deutschland das Schlusslicht in Europa!

Kriminalität

Jedes dritte Delikt wird heute von Kindern und Jugendlichen begangen! 1993 wurden 88.276 tatverdächtige Kinder unter 14 Jahren bundesweit registriert, 1997 waren es bereits 144.260.
Eltern, die arbeitslos sind, von der Sozialhilfe leben oder sich vom Partner getrennt haben, sind großen finanziellen und psychischen Problemen ausgesetzt. Das häusliche Milieu ist angespannt, das Risiko für Kinder, straffällig zu werden, wächst. Drei Faktoren begünstigen — nach Ansicht von Christian Pfeiffer, Leiter des Kriminologischen Forschungsinstituts Niedersachsen — diese Entwicklung: Armut, Gewalt im Elternhaus und die mangelnde Aussicht, sich aus eigener Kraft aus der Misere herausziehen zu können. Wenn Eltern ihre eigenen Perspektiven schwinden sehen, welche Hoffnung sollen sie dann ihren Kindern mitgeben? Woher die Kraft für eine harmonische Erziehung nehmen?

Bewegung und körperliche Kondition

Spiel- und Bewegungsfreiräume

Unsere Kinder bewegen sich heute nur noch halb so viel wie vor 20 Jahren! Die Spielflächen für Großstadtkinder werden immer kleiner. Hinterhöfe und freie Grundstücke, auf denen Kinder Bewegungserfahrungen sammeln können, sind rar. Und auf der Straße spielen wird immer gefährlicher: Alle fünf Minuten wird ein Kind angefahren, d.h. 50.000 Kinder jährlich! Es bleibt nur der Rückzug in die kleinen Wohnungen: 1979 spielten 22 % der Stadtkinder drinnen, 1998 bereits 58 %. Dieser Bewegungsmangel wirkt sich auf ihre körperliche Entwicklung aus.

Übergewicht und körperliche Kondition

26 % unserer Kinder sind übergewichtig; 1989 waren es 4 % der Grundschüler, 1995 bereits 11 %! 65 % der Kinder sind haltungsschwach! Bei drei Viertel der 6- bis 14-Jährigen ist die Entwicklung der Muskulatur gestört. Kein Wunder, dass sich kleinere Unfälle häufen: 1995 verunglückten 75.000 Kinder auf dem Schulweg durch Stolpern, Umknicken oder Hinfallen.
Nur jeder zweite Schüler schafft einen Liegestütz, 7-Jährige nicht mal mehr eine Rumpfbeuge und 10 % der 10-Jährigen leiden bereits unter Herzschwäche! Immer weniger Kinder können gerade auf einer Linie, geschweige denn rückwärts laufen.

Aus Kindern, die ihren natürlichen Bewegungsdrang nicht ausleben und ihre Kindheit vorwiegend sitzend verbringen, werden nicht nur Sportnieten, sondern auch unkonzentrierte „Zappelphilippe" und nervende „Quälgeister". Und immer häufiger werden sie vor einem „Erziehungsersatzgerät", dem Fernseher, ruhig gestellt.

Depotstelle Fernseher

Ein Erwachsener sitzt heute im Schnitt zehn Jahre seines Lebens vor dem Fernseher! Wen wundert es dann, dass unsere Kinder im Alter von 4 bis 14 Jahren täglich 4 Stunden fernsehen! Und so manche Stunden am Computer kommen hinzu.

Kein Kind kehrt von den Ausflügen in eine akustisch-optisch überreizte und gewalttätige Medienwelt zurück, als das, das es einmal war. Seine Sinne verkümmern, es verliert das Gefühl für die Realität und berauscht sich in einer Scheinwelt. Und immer mehr Eltern „deponieren" ihre Kinder vor dem Fernsehen. Sie vermeiden aus Zeit- oder Ideenmangel die konkrete Auseinandersetzung mit ihnen und geben ihrem steigenden Konsumdruck nach.

Spielzeugberge und Konsumrausch

Kaufkraft und Werbung

9,6 Millionen Kinder und Jugendliche von 6 bis 17 Jahren verfügen jährlich über 16,5 Milliarden DM Kaufkraft. Ein gefundenes Fressen für die Konsumwirtschaft: Von den jährlich 1 Million produzierten Werbespots richten sich bereits die Hälfte an Kinder und Jugendliche!

Spielzeug und Bekleidung

Zur Zeit sind eine Viertelmillion verschiedener Spielsachen auf dem Markt. Viele Warenhäuser führen bis zu 100.000 Artikel in ihren Fachabteilungen!

1996 steigerte der Einzelhandel seinen Umsatz an Kinderartikeln und -bekleidung um 6,65 Milliarden DM!

Mit Bergen an Spielzeug und Markenartikeln machen wir unsere Kinder nicht glücklicher! Denn der Kaufrausch ist ein teures Fass ohne Boden. Die Freude hält nur kurz an. Das hochtechnisierte Spielzeug spult sein kleines Repertoire per Knopfdruck schnell ab. Eine dauerhafte, kreative Beschäftigung ist kaum möglich. Also folgen Langeweile und Unzufriedenheit. Und weiter geht die Suche nach aufwendigeren Markenartikeln. Es ist letztlich eine Sehnsucht nach Identität und Gruppenzugehörigkeit.

Denn diese kaufwütigen Kinder erkennen sich nur in den Waren wieder, die sie konsumieren, und nicht in ihren eigenen Handlungen.

Ein folgenschwerer Irrtum, denn die fertige Spielzeugwelt bietet ihnen zu wenig Erkenntniszuwachs. Achten Sie mal darauf: Viele Kinder beginnen erst richtig zu spielen, wenn das Spielzeug kaputt ist. Die Reparaturarbeiten sind interessanter als das Spielzeug selbst. Die Lektion: „Kauf dir was und schon geht's dir besser" mag für Werbestrategen aufgehen. Für die Erziehung aber ist sie ein Pulverfass aus dem kleine „Konsumterroristen" hervorgehen, die ihre Langeweile und Probleme zwar kurzfristig ertränken, aber langfristig nicht lösen können.

Psychische Probleme

40% unserer Kinder leiden an psychosomatischen Störungen wie Depressionen, Schlafstörungen, Nervosität und Bettnässen. Viele Kinder und Jugendliche fühlen sich den alltäglichen Anforderungen nicht mehr gewachsen: 65% klagen über Müdigkeit, 54% über Stress und 49% fühlen sich überfordert. 1,4 Millionen Schüler schlucken täglich Psychopharmaka, also mehr als jeder fünfte! 1994 nahmen sich 1.560 Schüler das Leben, 14.000 machten Selbstmordversuche!

Was ist los mit unseren Kindern? Kann es sein, dass wir ihnen für ihre komplizierten Kindheits- und Jugendprobleme zu wenig Lösungen anbieten? Wer von klein auf wenig Erziehungsgespräche aber viel Konsumverhalten erlebte, hat keine verlässlichen Konfliktmethoden entwickelt. Und später, als labiler Pubertierender, gerät man dann leicht in die Versuchung, seine Probleme im Tabletten- und Drogenkonsum zu ertränken oder mit Gewalt zu lösen.

Schulprobleme

Im Alter von 3 bis 4 Jahren ist der Anteil sprachgestörter Kinder seit 1982 von 4% auf 34% gestiegen. Unter Rechtschreib- und Leseschwächen leiden 25% der Schüler. Ein Ausbildungschef von BASF resümiert: 1975 bestanden 78% der Bewerber den Rechtschreibtest, 1995 nur noch 40%! Rechenschwächen haben über 40% unserer Schüler.

Heute rangieren Stadtkinder in ihren Schulerfolgen hinter den Landkindern, früher war es mal umgekehrt! Kein Wunder: Kinder, die sich wenig im Freien bewegen, die vor dem Fernseher ruhiggestellt werden, denen es an vielfältigen Erfahrungen und Sinneseindrücken mangelt, müssen unter starken Entwicklungsdefiziten leiden! In ihrer schulischen Leistung kommt dies notgedrungen zum Vorschein.

Zusammenfassung
Das größte Problem der neuen Kindheit ist ihre Unausgewogenheit. Wir bieten den Kindern:
- zu viele künstliche Welten; zu wenig reale Erfahrungsräume
- zu viel Passivität, zu wenig Bewegung und Eigentätigkeit
- zu viele auditive und visuelle Sinnesreize, zu wenig andere Sinneseindrücke
- zu viele Informationen aus „zweiter Hand", zu wenig Primärerfahrungen
- zu viel Konsum, zu wenig Kreativität.

In diese Falle der unausgewogenen „Entwicklungskost" geraten heute immer mehr Kinder. Sie leiden an Bewegungs-, Wahrnehmungs- und Konzentrationsstörungen, klagen über Kopfschmerzen, Nervosität, Magenbeschwerden und Schlaflosigkeit. „Sie zahlen für die fortgeschrittene Industrialisierung und Urbanisierung einen hohen Preis, der sich in körperlichen, psychischen und sozialen Belastungen ausdrückt" meint der Pädagoge Klaus Hurrelmann[3].

Mag sein, dass unsere Kinder heute vergleichsweise mehr wissen, als wir in ihrem Alter. Aber sie können immer weniger! Heute beantworten bereits Sechsjährige die Frage nach der französischen Hauptstadt richtig. Aber sie bringen es fertig, vom Stuhl zu kippen, wenn sie ein Schulbuch aus dem Ranzen herausholen! Wissenserwerb und Beherrschung des Gleichgewichtssinns sind eben zwei Paar Schuhe.

In der „neuen Kindheit" spiegeln sich die Vor- und Nachteile unserer Informationsgesellschaft wieder. Unsere Kinder werden sich keine handgeschriebenen Briefe mehr schicken, sie werden die Kurzsprache des E-mails und Internets perfekt beherrschen. Sie werden über weite Distanzen und in kurzer Zeit mit dem globalen „Weltdorf" multimedial vernetzt sein. Bei allem Fortschrittsglauben sollten wir jedoch nicht vergessen: Die Kinder dieser Generation werden zwar mehr kommunizieren, aber sich immer weniger begegnen! Sie werden im Computer- und Gameboyspiel unschlagbar sein, aber keine ganzen Sätze mehr sprechen geschweige denn richtig schreiben können. Sie werden vereinzelt in ihren Zimmern eine hochtechnisierte Scheinkommunikation führen, bei der soziale Kompetenzen wie Teamfähigkeit und Mitverantwortung auf der Strecke bleiben.

Kommunikation und Begegnung, Information und Erfahrung, Wissen und Fertigkeiten sind eben nicht das Gleiche! Der Schriftsteller Robert Jungk bringt die Misere auf den Punkt: „Denn sie können nicht, was sie wissen!"

[3] Hurrelmann, K., Familienstress, Schulstress, Freizeitstress. Gesundheitsförderung für Kinder und Jugendliche, Weinheim 1990, S. 58.

Kapitel 2

Welche Anforderungen werden heute an Erziehung und Lernen gestellt?

Lernen ist wie rudern gegen den Strom,
sobald man aufhört, treibt man zurück!
Chinesische Weisheit

Es ist höchste Zeit für pädagogische Innovationen!

- Schnell und flexibel hinzulernen
- Kreativitäts- und Denkreserven ausschöpfen
- Eigen- und mitverantwortlich handeln
- Teamgeist fördern
- Kritisches Bewusstsein stärken
- Ganzheitliches Menschenbild entwickeln

Die „alte Paukschule" war vielleicht für die Aufbauphase der industriellen Gesellschaft noch stimmig. Jetzt gerät sie jedoch unter den Anforderungen der Informationsgesellschaft und ihrer neuen Kindheit massiv ins Wanken. Kindergarten und Schule drohen zu Reparaturbetrieben zu werden. Immer mehr „Problemkinder" werden in den Therapiebereich abgedrängt. Und nun haben wir in Deutschland ein Heer von Therapeuten, die mit den Defiziten der kindlichen Entwicklung vollauf beschäftigt sind. Wäre es nicht effektiver, die Alarmglocken noch vor den Therapeuten läuten zu hören?

Es ist höchste Zeit, dass wir Pädagogen die Frage nach der Qualität des Lernens in den Mittelpunkt unseres Interesses rücken! Und zeitgemäßes, qualitativ hochwertiges Lernen erreichen wir nur, wenn wir unsere Kinder fit machen für die neuen Herausforderungen der Zeit. Aber welche Kenntnisse, Fähigkeiten und Einstellungen benötigen sie denn heute?

Unsere Gesellschaft wechselt am Ende des Jahrhunderts ihre ökonomischen und technologischen Grundlagen. Wir befinden uns auf dem Weg von der nationalen Industriegesellschaft in die internationale Informationsgesellschaft. Massenarbeitslosigkeit, geringes Wirtschaftswachstum, neue Informationstechnologien und rasant wechselnde Berufsanforderungen verunsichern die Menschen. Ihr ökonomischer Wohlstand wird nicht mehr davon abhängen, was sie gelernt haben, sondern wie schnell und flexibel sie hinzu- und umlernen können. Der soziale Wohlstand wird nicht mehr nur davon abhängen, wie gut das staatliche Sozialwesen funktioniert, sondern wie eigen- und mitverantwortlich jeder von uns handelt und denkt. Die neuen Schlüsselworte wie Globalisierung, europäischer Arbeitsmarkt und multikulturelle Gesellschaft verdeutlichen, welch ein gehöriges Maß an Mobilität, Flexibilität, Kreativität und Selbstständigkeit unsere Kinder in Zukunft benötigen.

In der Gesellschaft des 21. Jahrhunderts werden nur selbstbestimmte, vielseitige und flexible Menschen ihren Standort finden und sich dauerhaft behaupten. Erst die maximale Ausschöpfung ihrer Kreativitäts- und Denkreserven wird sie konkurrenzfähig machen. Intelligenz wird die Währung der

Zukunft und das trainierte Hirn zum Maßstab der Dinge werden. Schon jetzt geben deutsche Firmen etwa 30 Milliarden Mark jährlich aus, um mehr aus den Köpfen ihrer Mitarbeiter herauszuholen! Bill Gates, Microsoft-Gründer und reichster Mann der Welt, verkörpert diese Entwicklung prototypisch. Neue Management-„Philosophien" fordern Unternehmen heraus vernetzt zu arbeiten. Fähigkeiten wie Teamgeist, Eigen- und Mitverantwortung sind heute gefragter denn je, Alleingänge und Ellbogenmentalität dagegen unerwünscht. Denn Firmen, in denen Platzhirsche regieren, Mitarbeiter sich auf Kosten anderer profilieren, Mobbing und Machtkämpfe an der Tagesordnung sind, werden auf dem Markt nicht bestehen. Und wir sollten eines nicht vergessen: Je stärker wir uns auf die Entfaltung der eigenen Persönlichkeit und Leistung beschränken, um so egozentrischer und einsamer werden wir. Ein Bildungssystem, das den Erfolg des Einzelnen über den Misserfolg der Anderen erstrahlen lässt, fördert nur die weitverbreitete „Kultur des Narzissmus".

Es geht darum, die Kinder für optimale Informationsflüsse im zwischenmenschlichen Bereich, für ein ausgewogenes Verhältnis von Individualismus und Gemeinschaft zu stärken. Nur wenn wir sie aktiv in Entscheidungsprozesse einbeziehen, fördern wir ihre soziale Kompetenz. Sie sollten Einsichten in Kommunikationsstrukturen gewinnen, um Probleme und Konflikte adäquat lösen zu können. Denn sie werden kaum noch feststehende Normen finden, die ihnen angemessenes Verhalten in allen Lebenslagen vorgeben. In unserer schnelllebigen Konsumwelt, in der es alles, nur keine fertigen Pakete für „richtiges Leben" zu kaufen gibt, müssen unsere Kinder lernen, ihre Regeln, Ziele und Wege beständig neu auszuhandeln.
Doch damit ist es noch nicht getan! Schließlich wollen wir keine unkritischen Mitläufer und Verfechter alles Modernen! Kinder müssen selbstbewusst genug sein, um dem Einfluss des Zeitgeistes, der Medienflut, politischer und religiöser Manipulierung einen eigenen kritischen Standpunkt entgegensetzen zu können. Und sie müssen mehr denn je Selbsteinschätzung und -verantwortung entwickeln, um den großen Freiheitsgrad unserer Gesellschaft unbeschadet zu nutzen.

„Die Schüler müssen schon in der Schule erfahren, dass Demokratie vom Engagement ihrer Bürger lebt, von der Bereitschaft, Verantwortung zu übernehmen. Sie müssen lernen, wie man mit Freiheit umgeht. Dafür reicht es nicht, dass man sie nur als passive Wissensrezipienten behandelt."[4]

Kurzum, wir brauchen heute Menschen, die trotz allem persönlichen Ehrgeiz und beruflichem Erfolgsdenken tolerant, solidarisch und kritisch sind, d.h. von hoher sozialer Kompetenz; Menschen, die Mut zur Kreativität, zum Querdenken haben und die Lernen als lebenslangen Prozess verstehen.

---

[4] Herzog, R., Erziehung im Informationszeitalter. Rede des Bundespräsidenten zur Eröffnung des Paderborner Podiums im Heinz Nixdorf Museums-Forum am 9. Juni 1998.

„Es geht um eine Persönlichkeitsbildung, die es möglich macht, unsere Informationsgesellschaft engagiert mitzugestalten, und die uns ‚wetterfest' genug macht, auch nach persönlichen Rückschlägen nicht zu resignieren, sondern nach neuen Chancen zu suchen. Unter dieser ‚Lebenskompetenz' verstehe ich folgende Eigenschaften: Selbstständigkeit und Bildungsfähigkeit, Verantwortungsbereitschaft und Verlässlichkeit, Kreativität, Wahrnehmungsfähigkeit und Urteilskraft, Toleranz, Kultur- und Weltoffenheit. Aber auch ein In-sich-selbst-ruhen."[5]

Es ist ein ganzheitliches Menschenbild, das der damalige Bundespräsident Roman Herzog forderte. Es stellt hohe Anforderungen an Eltern, Erzieher und Lehrer. Höchste Zeit also, für den Abschied von der alten Paukschule und für pädagogische Innovationen! Neue Lebensrhythmen erfordern neue Lernrhythmen. Wir brauchen ein elastisches, zeitoffenes, auf kindgerechte Differenzierung und Eigentätigkeit ausgerichtetes Erziehungs- und Unterrichtswesen. Es muss verstärkter denn je außerschulische Lernorte einbeziehen, Teamarbeit fördern und Lernmethoden einsetzen, die alle Fähigkeiten des Kindes erschließen. „Bildung kann nicht länger eine große Sonderveranstaltung sein, die gewissermaßen vom Leben abgekoppelt ist."[6]

Denn Lernen ist heute mehr als nur der Erwerb von Wissen und Kulturtechniken. In einer globalisierten Welt wird sich jeder übers Internet alle Informationen und jedes Wissen kaufen können. Und in einer Gesellschaft, die ihre Wissensmenge alle fünf Jahre verdoppelt, ist die Quantität von Informationen unüberschaubar geworden. Die Qualität, mit ihnen umzugehen und sie effektiv einzusetzen, ist heute für Kinder entscheidend!

„Die neuen Medien akkumulieren und servieren Millionen von Informationsschnipseln. Wer Probleme lösen will, muss Ordnungen im Informationsbrei schaffen. Und es muss die Kunst des Weglassens und des Abschaltens gelernt werden. Mehr als bisher geht es um die Methoden der Wissensvermittlung und -aneignung. Schüler müssen lernen: Wie wähle ich Informationen aus, wie organisiere und beurteile ich sie, wie komme ich zu Entscheidungen und Lösungen?"[7]

Wenn wir die Kinder zu lebensbegleitendem Lernen, zu Teamgeist, Kreativität und Eigenverantwortung erziehen, dann fördern wir nicht nur ihre berufliche Entwicklung, sondern auch ihre Gesundheit im ganzheitlichen Sinne. Denn schließlich fordert die Informationsgesellschaft einen hohen Tribut: Nach einer WHO-Studie ist jeder 7. Mensch in den ökonomisch hochentwickelten Ländern psychisch krank; Depressionen sind inzwischen die zweithäufigste Todesursache! Die moderne Wirtschaft verlangt

---

[5] Ebd.
[6] Ebd.
[7] Ebd.

nicht nur ökonomische Fähigkeiten, sondern soziales, geistiges und gesundheitliches Stehvermögen. Der Ökonom Leo A. Nefiodow behauptet gar: „Ganzheitliche Gesundheit wird zum Konjunkturmotor des nächsten Jahrhunderts werden!" [8]

Auf all diese Signale des gesellschaftlichen Wandels sollten Eltern, Erzieher und Lehrer gleichermaßen reagieren. Kinder müssen Kindergarten, Schule und Elternhaus als ganzheitliche Lebensräume erfahren, in denen das Wahrnehmen, Fühlen, Denken und Bewegen eine Einheit bilden. Es geht um hirngerechtes Lernen, um Lernen mit allen Sinnen – mit Kopf, Herz und Hand – und das bei hoher Effektivität! Wenn die Schule bereit ist, den verlorenen Zusammenhang von Greifen und Begreifen, von Wirken und Wirklichkeit wiederzuentdecken, dann wird sie die Kinder der neuen Informationsgeneration nicht mehr als Störenfriede, sondern als Herausforderung zur Neubesinnung ihres pädagogischen Auftrags ansehen – eines Auftrags, der den Menschen in seiner Ganzheit versteht, mit all seinen Anlagen und Bedürfnissen, seinen Interessen und Gefühlen.

Wir alle sind aufgefordert, unserer neuen Generation die „Schatztruhe" des ganzheitlichen Lernens zu eröffnen!

[8] Nefiodow, L. A., Der sechste Kondratieff – Wege zur Produktivität und Vollbeschäftigung im Zeitalter der Information, 1996.

Kapitel 3

Warum ist ganzheitliches Lernen wichtig?

Der Mensch vermag gar manches durch zweckmäßigen Gebrauch einzelner Kräfte, er vermag das Außerordentliche durch Verbindung mehrerer Fähigkeiten.
Aber das Einzige, ganz, ganz Unerwartete leistet er nur, wenn sich die sämtlichen Eigenschaften gleichmäßig in ihm vereinigen.
Johann Wolfgang von Goethe, Schriften zur Kunst

Historische Ansätze

Schon recht früh erkannten Pädagogen, Philosophen und Psychologen, dass vielfältige Sinneserfahrungen für die kindliche Entwicklung bedeutsam sind:

- Als einer der ersten Pädagogen wies Johann Amos Comenius (1592–1670) darauf hin, dass Wissen auf Sinneswahrnehmung basiert.
- Der Philosoph John Locke (1632–1704) verkündete: „Nichts ist im Verstand, was nicht vorher in den Sinnen war". In dieser Theorie des Sensualismus ging man jedoch noch von einer Zweiteilung des Menschen in sinnliche und geistige Kräfte aus.

Wissenswertes aus der Forschungsgeschichte
Der Sensualismus war eine aus England stammende Philosophierichtung, die alle Bewusstseinsinhalte aus Empfindungen bzw. Sinneseindrücken oder Wahrnehmungen ableitete.

- In seinem berühmten Erziehungsroman „Emile"[9] widmete der Philosoph Jean-Jacques Rousseau (1712–1778) ein Kapitel der „Übung der Organe und Sinne".
- Und den heute viel zitierten Spruch „Lernen mit Kopf, Herz und Hand" verdanken wir dem Pädagogen Johann Heinrich Pestalozzi (1746–1827).

Diese frühen Theorieansätze verstanden unter Sinnesschulung ein hartes Training, in dem einzelne Sinnesorgane geschärft werden sollten. Noch fehlte die Erkenntnis, dass der gezielte Einsatz aller Sinne unsere Denk- und Lernleistung zu optimieren vermag.

[9] Rousseau, J.-J., Emil oder Über die Erziehung, Paderborn 1975

Die früheste Kritik an der Verkopfung und Sinnesfeindlichkeit pädagogischer Einrichtungen übten die Reformpädagogen. Zu Beginn des 19. Jahrhunderts erkannten der französische Arzt und Begründer der Heilpädagogik Jean-Marc Itard (1775-1838)[10] und sein Schüler Édouard Séguin (1812-1880)[11] die Wechselwirkung von Sinnesarbeit und Intellekt, von Motorik und Geist. Sie entwickelten die „physiologische Methode", mit der sie von der Peripherie aus auf das Zentrum einwirken wollten. In ihrer Arbeit mit geistig Behinderten konnten sie nachweisen, dass durch gezielte Anregung der Sinne und des Bewegungsapparats (= „Peripherie") die geistige Leistung (= „Zentrum") verbessert werden kann.

Diesen heilpädagogischen Ansatz zur Sinnesschulung übertrug die italienische Ärztin Maria Montessori (1870-1952)[12] auf die allgemeine Pädagogik. Sie ging davon aus, dass das Kind in seiner Entwicklung einem biologischen Bauplan folgt, den es pädagogisch zu begleiten und zu fördern gilt. Nach dem Motto „Hilf mir, es allein zu tun" entwickelte sie sinnesaktivierende Lernmittel, die heute allen Pädagogen als Montessori-Material bekannt sind.

Zu gleicher Zeit begannen Psychologen sich mit dem Phänomen der Ganzheitlichkeit auseinanderzusetzen. In der von Felix Krueger (1874-1948)[13] begründeten Ganzheitspsychologie ist das Ganze mehr als die Summe der Teile. Die Ganzheit des Erlebens besteht vor allen Teilen. Diese Erkenntnis beeinflusste die pädagogische Praxis. Ausgehend vom kindgemäßen Weltverständnis und -erleben vermittelten die Schulen, insbesondere im Erstunterricht, zunehmend Erlebniseinheiten und Sinnzusammenhänge.

Dieser kleine historische Exkurs soll zeigen, dass die Sinnesschulung keine Erfindung der neuzeitlichen Pädagogik ist. „Lernen mit allen Sinnen" ist eine wiederentdeckte Forderung. Heute können wir sie allerdings mit Erkenntnissen aus der Hirn-, Intelligenz- und Lernforschung untermauern. Die damalige Vermutung, dass Kopf, Herz und Hand eine Lerneinheit bilden könnten, ist heute zur wissenschaftlich fundierten Gewissheit geworden.

---

[10] Krenberger, S. (Hrsg.), Itards Berichte über den Wilden von Aveyron, Wien 1913.
[11] Krenberger, S. (Hrsg.), Seguin, E., Die Idiotie und ihre Behandlung nach physiologischer Methode, Wien 1912.
[12] Heiland, H., Maria Montessori, Hamburg 1996.
[13] Krueger, F., Über psychische Ganzheit, 1926.

Wie funktioniert unser Gehirn?

Auch ohne den neuesten Stand der Hirnforschung zu kennen, wissen Sie aus eigener Erfahrung, dass Denken, Erfahren und Empfinden nicht voneinander losgelöst – sozusagen in „separées" – stattfindet. Wissen, Gefühle, Fähigkeiten und Fertigkeiten arbeiten vernetzt miteinander; es entstehen Erfahrungs- und Sinnzusammenhänge.

Keine künstliche Intelligenz vermag dies! Auch als der IBM-Schachcomputer „Deep Blue" am 11. Mai 1997 den Schachweltmeister Garri Kasparow in die Knie zwang, so war dies noch lange kein Sieg über das menschliche Hirn. Denn Großrechner arbeiten engstirnig im Vergleich zu unserem nur 1500 Gramm schweren Gehirn. Mit seiner Hilfe können wir mehr als nur Schach spielen. Wir:

- analysieren Börsenkurse.
- empfinden Glücksmomente bei der Betrachtung eines Gemäldes.
- erwecken Kindheitserinnerungen durch kleine Melodien zum Leben.
- verstehen die komplizierten Satzkonstruktionen eines Thomas Mann.
- schreiben Gedichte.
- komponieren Musikstücke.
- wählen von unzähligen Gerichten einer Menükarte das passende für uns aus.
- ziehen einen Faden durch ein winziges Nadelöhr und können dabei gleichzeitig von der Zukunft träumen!

Und jede Sekunde unseres bewussten Denkens, Fühlens und Handelns steuert diese geniale „Schaltzentrale Hirn". Allerdings vollbrachte sie dieses „Wunderwerk" nicht von heute auf morgen! Die Evolution unseres Gehirns vollzog sich in kleinen Schritten:

Hirnstamm

Vor rund 1,5 Milliarden Jahren entwickelten höhere Lebewesen den Hirnstamm. Forscher nennen diesen ältesten Teil auch das „Reptiliengehirn", denn es entspricht dem eines Kriechtieres. Der Hirnstamm verbindet das Gehirn mit dem Rückenmark. Es ist der Sitz unseres Selbsterhaltungstriebes. Hier werden sowohl alle lebenswichtigen Funktionen wie Fortpflanzung, Herzschlag, Schlucken oder Atmen vollautomatisch gesteuert als auch die Bewegungsabläufe und der Gleichgewichtssinn koordiniert.

Zwischenhirn

Knapp eine halbe Milliarde Jahre später „dockte" die Evolution an diesen Hirnstamm das sogenannte Zwischenhirn an. Hier befinden sich der Thalamus, der Hypothalamus und die Hypophyse (Hirnanhangdrüse). Sie sind Schaltstationen für wichtige Lebensfunktionen:

- **Thalamus:** In ihm laufen eine Vielzahl von Nervenleitungen aus unseren Sinnesorganen zusammen. Hier werden die von der Außenwelt kommenden Sinneseindrücke mit Gefühlen wie Freude, Schmerz, Lust oder Angst verbunden.
- **Hypothalamus:** Dieser Teil des Zwischenhirns sorgt dafür, dass unser Körper stets im Gleichgewicht ist, also z. B. eine konstante Körpertemperatur hat. Hier werden Maßnahmen wie Zittern oder Schwitzen getroffen und das Hunger- und Durstgefühl erzeugt.
- **Hypophyse:** Sie steuert alle Hormondrüsen und somit Stoffwechsel und Wachstum. Sie regelt den Energieverbrauch und unser Sexual- und Fortpflanzungsverhalten. Daher wenden sich die Wirkungsstoffe der Anti-Baby-Pille an diesen Teil des Gehirns.

Großhirn

Vor 500.000 Jahren gesellte sich zu den beiden „Althirnen" – Hirnstamm und Zwischenhirn – das neue sogenannte Großhirn hinzu. Es bildet den größten Teil unseres Gehirns (ca. sieben Achtel) und ist der Sitz von Bewusstsein, Persönlichkeit und Willen. Das Großhirn besteht aus zwei spiegelbildlichen Hälften (Hemisspähren). Sie tauschen über einen bleistiftdicken Nervenstrang (Corpus callosum) Informationen aus. Ihre Aufgaben sind sehr unterschiedlich: Die rechte Hirnhälfte steuert die linke Körperhälfte und umgekehrt. Während der linken Hirnhälfte mehr die kognitiven Leistungen wie Sprechen und rationales Denken zugeordnet werden, sind in der rechten vorwiegend die Gefühle und künstlerischen Fähigkeiten angesiedelt. Die verschiedenen Funktionsweisen der Hirnhälften veranschaulicht die Darstellung auf der folgenden Seite.

Großhirnrinde

Sie ist der entwicklungsgeschichtlich jüngste Teil unseres Gehirns. Als 4 Millimeter dicke, mehrfach gefaltete Schicht umhüllt sie das Großhirn und steuert die „höheren Funktionen" wie Denken und Sprechen.

So, nun haben Sie in groben Zügen erfahren, wie unser Gehirn in seiner heutigen Funktionsvielfalt entstanden ist. Aber wie entwickelt sich darin unser Verständnis von der Welt, d.h. wie funktioniert die Aufnahme und Weiterleitung der vielfältigen Informationen?

Zunächst benötigen wir Datenautobahnen, die die Reize unserer Außenwelt aufnehmen. Diese Arbeit übernehmen all unsere Sinnesorgane wie Auge, Ohr, Haut, Nase und Zunge. Ein „Telefonnetz" aus Nervenzellen (Neuronen) sorgt nun mit elektrischen Impulsen für die Übertragung ins Gehirn. Hier steht ein gigantisches Netzwerk zur Verfügung:

- Unser Gehirn verfügt über rund 100 Milliarden Neuronen. Aneinander gekoppelt ergäben sie eine Länge von 500.000 km und reichten zwölfmal rund um die Erde!

Die *linke* Hirnhälfte ...

- denkt logisch, regelgeleitet, gliedernd, organisierend, analysierend, planend
- liebt die überschaubare Ordnung

- denkt in Begriffen
- speichert und organisiert Informationen, registriert Einzelheiten und verarbeitet sich nacheinander (z.B. Pickel auf der Nase, Lachfalten etc.)
- denkt linear, zielgerichtet (z.B. verknüpft Wörter nach grammatischen Regeln zu Sätzen)

Die *rechte* Hirnhälfte ...

- denkt spontan, intuitiv, gefühlsmäßig, phantasievoll, kreativ
- liebt den Zufall, das Neue, das Ungeordnete, die Improvisation

- denkt in Bildern
- erfasst ganzheitlich (z.B. freundliches Gesicht)

- denkt umkreisend, unerwartet, assoziierend, tagträumend, »wild« (z.B. verbindet Worte mit Bildern, Tönen, Farben, Gefühlen, Erinnerungen, Rhythmus

- Etwa zehn Millionen Informationen gelangen pro Sekunde in unser Hirn, rund 100 Billionen im Laufe eines durchschnittlich langen Lebens!
- Aber keine Sorge – pro Sekunde werden uns nur rund 20 Informationen bewusst. Der Rest prallt entweder ab oder landet im Unterbewusstsein!
- Jede einzelne Nervenzelle kann über Synapsen mit mindestens 100.000 bis 200.000 benachbarten Nervenzellen in Verbindung treten.
- Weit über 1 Billion Synapsen stellen die Kommunikation zwischen den einzelnen Nervenzellen her. Sie regeln den Informationsfluss im Hirn.
- Die Weiterleitung ihrer Impulse geht atemberaubend schnell. Neurophysiologen ermittelten Werte bis zu 135 Meter pro Sekunde, das sind fast 500 Stundenkilometer!
- Die Anzahl der möglichen Verbindungen zwischen allen Hirnzellen ist größer als die Anzahl der Atome im gesamten Universum!

Mit Hilfe von chemischen Botenstoffen – den sogenannten Neurotransmittern – werden die elektrischen Impulse von einer Nervenzelle zur nächsten übertragen. Jede Nervenzelle verfügt über einen Sender und eine Vielzahl von Empfängern, mit denen sie die Informationen anderer Nervenzellen aufzunehmen vermag.

Übrigens, chemische Stoffe spielen nicht nur beim Informationstransfer eine wichtige Rolle. Auch wenn wir Informationen ins Langzeitgedächtnis ablegen, hat die Chemie ihre Hand im Spiel. Eiweißstoffe dienen als sogenannte Gedächtnismoleküle der stofflichen Verankerung von Informationen im Langzeitgedächtnis. Da im zunehmenden Alter die körpereigene Produktion von Eiweißstoffen abnimmt, ist es auch verständlich, dass es älteren Menschen oft sehr schwer fällt, aktuelle Informationen lange im Gedächtnis zu behalten, sie sich aber an länger Zurückliegendes mit verblüffender Detailgenauigkeit erinnern.

Wer nun glaubt, mit Neuronen allein sei die Hirnarbeit getan, irrt gewaltig! Sie bilden nur eine Minderheit in diesem gigantischen Netzwerk. Der weitaus größere Teil der Hirnzellen gehört zur Familie der sogenannten Gliazellen. Erst vor kurzem entdeckten Forscher, dass sie am Informationsfluss beteiligt sind. Ihre spezifische Arbeitsweise gehört aber noch zu den großen Rätseln der Hirnforschung. Nur eines ist gewiss: Im Vergleich zu den blitzschnellen Neuronen wandern die Informationen der Gliazellen im Schneckentempo, genauer gesagt mit vier Millimeter pro Stunde!

Wie beruhigend ist es doch zu wissen, dass unser Gehirn Schnelligkeit und Bedächtigkeit gleichermaßen zu schätzen weiß!
Aus den theoretischen Ausführungen zur Funktionsweise des Gehirns sollten Sie eine wichtige Lehre für Ihre pädagogische Praxis ziehen:

Wir haben nur ein Gehirn! Es arbeitet genial! Also, bitte enttäuschen sie es nicht!

Was gibt's Neues aus der Intelligenzforschung?

So manches Gehirn wird immer noch enttäuscht! Insbesondere von einem Schulsystem, das seine Hauptaufgabe darin sieht, Faktenwissen zu vermitteln und somit nur die linke Hirnhälfte der Schüler zu fördern. Hier rangieren die sprachlichen und mathematischen Fähigkeiten an erster Stelle, den künstlerisch-musischen wird nur wenig Bedeutung beigemessen.

Diese Rangordnung resultiert aus einer längst überholten Intelligenztheorie, die vorgab, Intelligenz mittels des IQ-Tests mit endlosen Zahlen- und Bilderreihen messen zu können. Aber gemessen wurde allenfalls, wie Probanden in einer begrenzten Zeit abstrakte Probleme lösen, bei denen sie auch noch alle notwendigen Informationen serviert bekommen. Letztlich ermittelt der IQ nur den Zahlenwert einer einseitig definierten Intelligenz. Der prominente amerikanische Evolutionsbiologe Stephen J. Gould[14] bringt die Kritik auf den Punkt: „Die Einteilung von Menschen auf einer einzigen Skala der Intelligenz hat wenig mehr gemessen als soziale Vorurteile!"

Wissenswertes aus der Forschungsgeschichte
Der französische Psychologe Alfred Binet (1857–1911) entwickelte 1905 den ersten Intelligenztest. Er verstand Intelligenz als Potpourri von Fähigkeiten, und er weigerte sich, diese mit einer Zahl zu beziffern! Sein britischer Zeitgenosse Charles Spearman hatte dagegen keine Bedenken. Er entwarf 1904 seine Theorie der „messbaren, generellen Intelligenz", die vor methodischen Fehlern und willkürlichen Annahmen nur so strotzte. Aber sie war für die Psychologen attraktiv, weil messbar. Und so schmiedeten sie einen Intelligenzquotienten (IQ) als Durchschnittswert für die intellektuelle Potenz des Menschen. An der Kurvenspitze legten sie den IQ-Wert 100 fest. Demnach haben zwei Drittel der Menschen einen IQ von 85 bis 115 und nur 2,1% mehr als 130. Seitdem unterwerfen Psychometriker ihre Blut und Wasser schwitzenden Prüflinge einer Batterie von Aufgaben, die ein zweifelhaftes Maß messen!

Neuere Forschungen haben längst bewiesen, dass Intelligenz weit mehr ist als der gemessene Zahlenwert unseres abstrakten Denkens. Der Bostoner Kognitionsforscher Howard Gardner[15] geht davon aus, dass der menschliche Geist pluralistisch aufgebaut ist, d.h. viele Facetten des bewussten Erkennens umfasst. Er beobachtete bei Kindern die Entwicklung ihrer jeweiligen Fähigkeiten und untersuchte, ob und wie diese nach Hirnverletzungen beeinträchtigt waren. Gardner lehnt den traditionellen IQ-Test ab, weil er den eigentlichen Sinn der menschlichen Intelligenz, nämlich „Probleme zu lösen

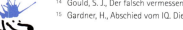

[14] Gould, S. J., Der falsch vermessene Mensch, 1983.
[15] Gardner, H., Abschied vom IQ. Die Rahmen-Theorie der vielfachen Intelligenzen, Stuttgart 1991

oder Produkte zu entwerfen, die in seinem speziellen kulturellen Umfeld relevant sind"[16] nicht zu messen vermag. An die Stelle einer angeblich messbaren Grundintelligenz setzt Gardner seine Theorie der multiplen Intelligenzen, bei der er sieben Intelligenzbereiche unterscheidet:

Sprachliche Intelligenz

Die Sprache ist das charakteristischste Merkmal unserer Intelligenz. Sprachbegabte Menschen können komplizierte Sachverhalte erklären, flüssig diskutieren und andere überzeugen. Hochbegabte verfügen schon als Drei- bis Vierjährige über einen auffallend differenzierten Wortschatz von hunderten Vokabeln. Die Fähigkeit, eine Sprache zu erlernen, ist zwar angeboren, aber die sprachliche Intelligenz kann durch ein breites Angebot von äußeren Anregungen weiter entwickelt werden. Ein Beispiel hierfür liefern uns die Maori, die Ureinwohner von Neuseeland. Sie lösen ihre Konflikte nicht durch Waffengewalt, sondern durch Rededuelle!

> **Wissenswertes aus der Forschung**
> Ende der fünfziger Jahre stellte der amerikanische Psycholinguist Noam Chomsky (geb. 1928) fest, dass sich alle Kinder kulturübergreifend nach denselben Mustern und in derselben Altersstufe Wortschatz und Grammatik aneignen! Bis zum Alter von 2 Jahren gelangt ein Kind vom Geplapper zur Bildung von Sätzen, die aus zwei Wörtern bestehen. Danach eignet es sich die Grammatik als strukturelles Stützwerk der Sprachinhalte an. Diese Entwicklung verläuft parallel zur Ausbildung spezifischer Nervenverbindungen im kindlichen Gehirn. Chomsky folgerte daraus, dass das Gehirn ein Programm zur Sprachentwicklung besitzt und unsere Gene über eine Art angeborene Grammatik verfügen.

Musikalische Intelligenz

Aus ihr entspringt alles, was mit Musik zu tun hat, vom Gesang der Vögel bis hin zu den Klängen einer Sinfonie. Auch sie ist angeboren. Musikalische Säuglinge ahmen die Sprechmelodie ihrer Eltern nach, im Alter von nur zwei Monaten treffen sie gezielt die Tonhöhe und mit vier Monaten sogar die rhythmische Struktur. Begabte können bereits als Zweijährige ganze Lieder nachsingen. Die musikalische Intelligenz kann durch eigenes Musizieren, aufmerksames Musik hören gefördert und im Lernprozess effektiv eingesetzt werden. Denn unser Hirn arbeitet auch rhythmisch. Es prägt sich Fakten besser ein, wenn sie in Melodien „verpackt" sind. Wenn Werbefachleute ihre Botschaften mit einprägsamen Melodien an den Kunden bringen, dann sollte uns dies als Lehrer auch gelingen, wenn wir z. B. das Alpha-

---

[16] Ebd., S. 9.

Sprachliche Intelligenz

Interpersonale Intelligenz

Musikalische Intelligenz

Intrapersonale Intelligenz

Räumliche Intelligenz

Logisch-mathematische
Intelligenz

Körperlich-kinästhetische
Intelligenz

bet, die Wochentage oder Merksätze nachsingen lassen. Leider sieht unser westlicher Kulturkreis musikalisches Analphabetentum nicht als Erziehungsmanko an. Für afrikanische Stämme ist dagegen ein Leben ohne Musik unvorstellbar. So beherrschen z. B. die Kinder der Anang in Nigeria Hunderte von Liedern und zahlreiche Schlaginstrumente.

> **Wissenswertes aus der Kultur**
> Als Dreijähriger war der Geiger Yehudi Menuhin vom Besuch des San Francisco Orchestra so sehr beeindruckt, dass er sich zum Geburtstag eine Geige und Unterrichtsstunden wünschte.

Logisch-mathematische Intelligenz

Wir benutzen sie täglich z. B. beim Einkaufen oder beim Lösen von Kreuzworträtseln. Die logisch-mathematische Intelligenz beruht Howard Gardner zufolge auf unserer „Konfrontation mit der Welt der Dinge". In der kindlichen Entwicklung wird dies deutlich: Das Kind geht bei seinen ersten Erkundungen von bestimmten Annahmen über die Dinge seiner Welt aus. Wenn es sie nicht sieht, glaubt es, sie würden nicht existieren. Erst allmählich (ab dem 18. Monat) begreift es, dass Objekte auch außerhalb seines Sichtkreises existieren. Es kann sie sich vorstellen, der erste Schritt zur geistigen Abstraktion ist getan. Recht bald erkennt es Ähnlichkeiten, Mengenunterschiede und beginnt das Zählen mit konkreten Größen (z. B. Äpfel). Später werden Rechenvorgänge abstrakt gelöst. Diese Intelligenzform wird in westlichen Ländern hoch bewertet. Schüler mit großen mathematisch-logischen Fähigkeiten kommen daher in traditionellen Ausbildungssystemen sehr weit.

> **Wissenswertes aus der Forschung**
> Zu den großen logisch-mathematischen Denkern gehört Galileo Galilei. Er gelangte bei der Beobachtung des Sternenhimmels 1609 als erster zu der Überzeugung, das sich die Erde um die Sonne dreht und nicht umgekehrt.

Räumliche Intelligenz

Spätestens beim Lesen einer Straßenkarte oder beim Einparken des Autos brauchen wir unser räumliches Denkvermögen. Wir nehmen Objekte im Raum, also im Kontext ihrer Umgebung wahr. Um dreidimensionale Gebilde, z. B. ein Dreirad, in Beziehung zu seiner Umgebung zu setzen, muss das Kind zahlreiche Raum-Lage-Erfahrungen gesammelt haben. Die Entwicklung der räumlichen Intelligenz hängt stark davon ab, wie gut das Seh- und Hörvermögen, der Tast- und Raumsinn in den ersten

Lebensjahren gefördert werden. Menschen mit hoher räumlicher Intelligenz drehen in Gedanken problemlos Formen oder komplizierte Gegenstände, sie lassen sie im Kopf rotieren. Diese Fähigkeit benötigen insbesondere Architekten und Bildhauer. Der Künstler Henry Moore stellte sich seine imposanten Skulpturen gedanklich so vor, als hielte er sie in seiner Hand. Und die Bewohner Papua-Neuguineas vermögen gar, auf offenem Meer ohne Kompass und Sextanten zu navigieren. Sie orientieren sich an den Wellen und den Sternen!

Wissenswertes aus der Forschung
Untersuchungen ergaben, Blinde können sich dreidimensionale Gegenstände vorstellen, wenn sie ihre erhöhten Konturen ertasten. Die räumliche Intelligenz hängt also nicht nur von der visuellen Wahrnehmung ab!

Interpersonale Intelligenz
Hier geht es um das Verhältnis des Menschen zu anderen Individuen, um die Fähigkeit, Mitmenschen zu verstehen und ihre Gefühle nachzuvollziehen. Schon früh lernt das Kind, die Stimmungen der Erwachsenen zu unterscheiden und sie in Bezug auf sich einzuschätzen. Und Eltern entwickeln ein intuitives Gefühl für die Bedürfnisse ihrer Kinder. Menschen mit hoher interpersonaler Intelligenz zeigen großes Interesse daran, ihre Sozialkontakte zu vertiefen. Sie besitzen großes Einfühlungsvermögen, meistern persönliche Probleme gut und arbeiten gerne im Team. Im Außendienst Arbeitende, Politiker, religiöse Führer, Diplomaten, Psychologen und Pädagogen brauchen eine ausgeprägte interpersonale Intelligenz. Viele Firmen legen heute großen Wert darauf, ihre Mitarbeiter darin optimal zu schulen.

Wissenswertes aus der Geschichte
Der amerikanische Bürgerrechtler Martin Luther King setzte seine hohe interpersonale Intelligenz für tiefgreifende gesellschaftliche Veränderungen ein. Er war ein brillianter Redner und vermochte Menschen für seine Visionen zu begeistern. Ein negatives Beispiel ist Adolf Hitler, der die Menschenmassen für den Nationalsozialismus zu bewegen vermochte. Beide Persönlichkeiten verbanden erfolgreich ihre interpersonale mit ihrer sprachlichen Intelligenz.

Intrapersonale Intelligenz
Sie ist die Fähigkeit, sich selbst zu verstehen und zu akzeptieren, Zugang zur eigenen Gefühlswelt zu haben, also ein Selbst-Verständnis zu entwickeln. Schon mit zwei Monaten kann ein Säugling Freude,

Traurigkeit, Ärger oder Stolz empfinden. Diese Gefühle helfen ihm, seine Bedürfnisse zu befriedigen und Selbstmotivation zu entwickeln. Menschen mit hoher intrapersonaler Intelligenz treffen keine schnellen Entscheidungen, sie wägen alles, was sie tun, genau ab. Sie tendieren zur Selbstständigkeit, Ruhe, Bedächtigkeit und neigen dazu, lieber allein zu arbeiten als in Gruppen.

> **Wissenswertes aus der Psychologie**
> Autistische Kinder leiden unter einer eingeschränkten intrapersonalen Intelligenz. Ihnen fehlt der Bezug zu sich, also eine Ich-Vorstellung.

Körperlich-Kinästhetische Intelligenz

Sie versetzt uns in die Lage, körperliche Bewegungen vielfältig und kontrolliert zu variieren, z. B. einen Faden durch ein Nadelöhr zu ziehen oder beim Auto fahren Schaltung und Kupplung zu koordinieren. Nach 20.000 bis 100.000 Wiederholungen einer Bewegung speichert unser Hirn das Muster der erforderlichen Muskelkoordination ab. Erst dann ist die Bewegung automatisiert. Ab dem zweiten Lebensjahr vermag unser Hirn komplexe Bewegungsabläufe, wie z. B. den aufrechten Gang, problemlos zu steuern. Die Entwicklung der Feinmotorik, die zum Schnürsenkel binden oder zum Klavierspiel erforderlich ist, erfolgt vom 4. bis zum 10. Lebensjahr. Menschen mit hoher kinästhetischer Intelligenz sind motorisch sehr geschickt und haben ein großes Bewegungsbedürfnis, z. B. Tänzer, Sportler, Musiker, Handwerker. Pantomimen beherrschen diese Intelligenzform perfekt. Sie vermögen wortlos eine Geschichte nur mit Bewegungen, Gestik und Mimik allen Zuschauern verständlich zu erzählen.

> **Wissenswertes aus anderen Kulturen**
> Höhlenmalereien zeigen, dass prähistorische Menschen neben der Jagd auch dem Tanz großen Wert beimaßen.

Jede der sieben Intelligenzen kann Aufgaben sowohl für sich allein als auch im Wechselspiel mit anderen Intelligenzen bewältigen. Aber erst das Zusammenspiel aller Intelligenzen gewährleistet nach Howard Gardner ein „menschlich kompetentes Verhalten"!

Hier noch zwei Meldungen aus der Intelligenzforschung

- Eine erstaunliche Beobachtung machte der australische Sozialwissenschaftler James Flynn. Er stellte weltweit einen IQ-Anstieg des abstrakten und räumlichen Denkens fest. Über eine Erklärung streiten sich noch die Experten. Manche glauben, dass die Menschen nicht klüger, sondern nur fitter im Lösen von Tests geworden seien. Psychologen dagegen tippen auf einen anderen Grund: Kinder gewöhnen sich heute durch Fotos, Fernsehen, Video und Computer schon recht früh an das Entschlüsseln bildlicher Aufgaben. Im Anstieg des IQ's spiegle sich somit der gesellschaftliche Wandel vom Wort zum Bild wieder.

- Altwerden muss nicht zwangsläufig mit einem Leistungsverlust im geistigen Bereich einhergehen! Wissenschaftler fanden heraus, dass der Mensch eine „kristalline Intelligenz" (Wortschatz, Sprache, mechanisches Wissen, Erfahrungswissen) und eine „flüssige Intelligenz" (geistige Flexibilität, assoziatives Denken, Denktempo) besitzt. Letztere mag zwar beim jungen Menschen ausgeprägter sein, aber durch gezieltes Training (z. B. Gehirnjogging, ☞ S. 183) können beide Intelligenzformen bis ins hohe Alter leistungsstark bleiben.

Vor dem Hintergrund all dieser Ergebnisse aus der Intelligenzforschung erscheint Lernen nunmehr in einem neuen Licht. Ein Genie ist keine unerklärliche Intelligenzbestie, der Hochbegabte kein besserer Mensch und Begabung kein Produkt zufälliger Erbanlagen mehr, sondern sie ist mach- und förderbar!

Was lernen wir daraus?

Wer nun immer noch denkt, dass Lernen bloß Denken lernen bedeutet, hat nichts gelernt!
Die neue Hirn- und Intelligenzforschung lehrt uns, dass unser Hirn nicht nur die Zentrale des Denkens, sondern aller Steuerungsprozesse des Menschen ist! Ob wir ein Lied singen oder unser Auto steuern, jedesmal findet in unserem Hirn ein Kommunikationsfeuerwerk zwischen Millionen von Neuronen und multiplen Intelligenzen, zwischen Sinnesorganen, Bewegungsapparat und Gefühlen statt. Gehirnforscher schätzen, dass der Durchschnittsmensch nur etwa 10% der Gesamtkapazität seines Gehirns nutzt.

Also, keine Sorge, auch Sie können dem genialen Netzwerk des kindlichen Hirns im Lernprozess nicht überall und jederzeit gerecht werden. Aber eines ist gewiss: Je mehr neuronale Schaltungen wir im kindlichen Hirn aktivieren, um so intensiver fördern wir vernetztes Lernen und Denken. Und dies ist in früher Kindheit stärker ausbaubar als bisher angenommen. Denn nach ca. zwei Jahren, wenn jede Nervenzelle durchschnittlich 15.000 Verbindungen aufgebaut und das Hirn seine maximale Plastizität erreicht hat, werden nicht benutzte Schaltstellen wieder abgebaut! Stimuliert man jedoch die Kinder immer wieder zur Lösung von Aufgaben, die auf ihre Fähigkeiten abgestimmt sind, so entwickeln sie sich auch über einzelne Spezialbegabungen hinaus.

Eine weitere wichtige Schlussfolgerung können wir aus der neurowissenschaftlichen Forschung ziehen: Wir lernen optimal und effektiv, wenn möglichst viele Sinne und beide Hirnhälften eine gelungene Symbiose eingehen! Zwischen dem sechsten und neunten Lebensmonat vernetzen sich die Funktionen der beiden Gehirnhälften. Hirnforscher stellten fest, dass bei Kindern im Vorschulalter nur eine leichte Hemissphärendominanz nachzuweisen ist. Die starke linkslastige Dominanz der meisten Menschen verfestigt sich also erst durch ein Schul- und Lernsystem, das die linke Hirnhälfte mehr fordert und fördert als die rechte!

Aber wem nützt schon das linkslastige Eintrichtern von Informationen? Beim sturen Auswendigpauken isolierter Fakten (z. B. Vokabeln) wird nur das halbe Hirn informiert, die rechte Hirnhälfte geht leer aus. Unlust macht sich breit und das Vergessen ist vorprogrammiert. Nachhaltig speichern wir nur Informationen, die mit beiden Hirnhälften erarbeitet wurden. Zum Beispiel wird ein Kleinkind trotz ständiger Ermahnungen immer noch auf die Straße laufen. Nicht wenn es von der Gefahr gehört hat, sondern erst wenn es sie erlebt und gefühlt hat, wird es sie hirngerecht begriffen haben und sein Verhalten dauerhaft ändern. Und dies gilt nicht nur für Kleinkinder!
Jeder erfolgreiche Lernprozess ist das Ergebnis von hirngerechtem Lernen! Aber was bedeutet das? Ordnen wir doch einmal die wichtigsten Erkenntnisse aus der Hirnforschung den vier maßgeblichen Lernabschnitten zu:

1. Reizaufnahme (Sinnesorgane — Wahrnehmung)

Das Gehirn erhält sein lebenswichtiges „Informationsfutter" über die Sinnesorgane. Diese Wahrnehmungsreize vermag das Hirn z. B. in Gefahrensituationen blitzschnell einzuschätzen. Bedenken Sie, wie zuverlässig unser größtes Wahrnehmungsorgan, die Haut, äußere Reize weiterleitet: In kürzester Zeit können wir beurteilen, ob uns ein Regentropfen berührt oder eine Mücke sticht! Schnell lernen wir diese Information in bewegte Handlung umzusetzen: Wir spannen entweder den Regenschirm auf oder erschlagen die Mücke! Je mehr Sinnesorgane bei der Reizaufnahme beteiligt sind, umso differenzierter und nachhaltiger ist die Wahrnehmung. Die „Sinnesnahrung" sollte im Lernprozess vielfältig und ausgewogen sein. Unsere Kinder erleben heute vor allem eine Reizüberflutung ihrer Hör- und Sehsinne. Um so wichtiger ist es, im Kindergarten und in der Schule die anderen Sinnesorgane zu aktivieren.

2. Denken (Neues mit gespeichertem Wissen verknüpfen)

Wir alle lernen bis ins hohe Alter optimal und nachhaltig, wenn wir mit beiden Hirnhälften denken und die „Nervenbrücke" zwischen der linken und rechten Hirnhälfte aktivieren. Wenn beide Hirnhälften simultan Lernstoff verarbeiten, fühlt sich der Lernende entspannt. Es gibt nur wenige Empfindungen, die angenehmer sind als der Zustand synchroner elektrischer Erregung von linker und rechter Hirnhälfte. Der Kinesiologe Paul Dennison[17] stellte fest: Je intensiver beide Hirnhälften zusammenarbeiten, desto besser ist die Konzentrations-, Merk- und Problemlösungsfähigkeit.

3. Behalten (Wiedererkennen von gespeichertem Wissen)

Erst wenn wir neue Informationen mit bekannten verknüpfen, können wir sie über einen längeren Zeitraum bzw. ein ganzes Leben lang behalten. Und für den gesamten Informationsfluss im Hirn sorgen Billionen von Synapsen. Erst mit ihrer Hilfe ist vernetztes Denken und Erkennen, Lernen und Erinnern möglich. Aber z. B. durch Angst oder Stress wird ihre Arbeit beeinträchtigt. Denn jetzt werden verstärkt die Hormone Adrenalin und Noradrenalin ausgeschüttet. Und sie sind die Gegenspieler der Botenstoffe, die in den Synapsen für die Informationsweiterleitung zuständig sind. Auch wenn der Grund, warum wir überhaupt vergessen, noch zu den großen Rätseln der Wissenschaft gehört, so lehrt uns die Hirnforschung zumindest Folgendes:

Informationen verlieren sich innerhalb von ca. 20 Sekunden, wenn sie keinen „Aufhänger", wie z. B. Interesse und Konzentrationsbereitschaft, finden.
Informationen verlieren sich innerhalb der ersten Stunde, wenn die Arbeit des Kurzzeitgedächtnisses gestört wird, z. B. durch viele neue Eindrücke oder belastende Gefühle.
Informationen werden aus dem Langzeitgedächtnis nicht abgerufen, wenn:

- sie durch Stress blockiert sind
- sie aus Angst ins Unterbewusste verdrängt wurden
- sie falsch eingeordnet wurden
- sie lange nicht aktiviert wurden
- die Gehirntätigkeit infolge von Durchblutungsstörungen und Sauerstoffmangel beeinträchtigt ist!

4. Anwenden (Übertragen des Gespeicherten, Handeln)

Kinder müssen so oft und solange wie möglich konkretes Wissen anwenden und in Handlungen verinnerlichen. Erst dann entwickeln sie neuronale Strukturen, also „Denkwerkzeuge", und können sich

[17] Dennison, P. E., Befreite Bahnen, Freiburg 1992.

aus dem diffusen ein konkretes Bild der Wirklichkeit machen. Die geistigen Strukturen muss der Mensch von sich aus, von innen, entwickeln. Nicht die äußere Konditionierung, sondern die selbstgeschaffene Erfahrung schafft Wachstum und Gleichgewicht. Kinder brauchen Erfahrungsstrukturen, um neuen Lernstoff optimal aufzunehmen und effektiv umzusetzen. Die Schule aber bietet ihnen meist nur Fremdstoff an. Die Folgen sind Denkblockaden, Verweigerung, Verängstigung, Renitenz oder Selbstzweifel. Noch immer ist der anschauungslose und handlungsarme Frontalunterricht die übliche Lernsituation. Wir müssen Kindergarten und Schule öffnen, das Leben hereinlassen, außerschulische Lernorte aufsuchen, selbsterfahrene Erkenntnisprozesse in Projekten und offenen Lernsituationen fördern. Vergessen Sie nicht, dass bei Kindern erst im Alter von 12 bis 13 Jahren die abstrakte Phase einsetzt! Wir brauchen Lernprozesse, die das Fragen lehren, nicht das Auswendiglernen, die nicht nur Wissen vermitteln, sondern zu kritischem Denken und Handeln anleiten. Denn „Lernen ist Erfahrung. Alles andere ist einfach nur Information!" (Albert Einstein).

Und noch zwei wichtige Hinweise aus der Hirn- und Lernforschung:
- Lernen ist nicht nur ein Wechselspiel von Geist und Körper, sondern auch von Geist und Seele. Bei einer positiven Lernmotivation werden andere Hormone ausgeschüttet als bei einer negativen! Sicher haben Sie schon erfahren, dass Ihr Körper bei viel Bewegung in frischer Luft verstärkt Endorphine ausschüttet, die Glücksgefühle hervorrufen. Und die Wissenschaft vermutet, dass dort, wo Endorphine produziert werden, auch die Prozesse des Merkens und Erinnerns stattfinden!

- Der Mensch verfügt nicht nur über ein Genpotential und ein verhaltensbiologisch erworbenes Wissen, sondern auch über Triebe. Er hat einen Nahrungs-, einen Sexual-, einen Aggressionstrieb und – als den besten Verbündeten der Pädagogen – einen Neugiertrieb. Die alte Pauk- und Schulbuchschule scheint dies oftmals zu vergessen. So mancher Pädagoge bremst voreilig den Neugiertrieb mancher Kinder, um der Gesamtheit der Klasse gerecht zu werden. Aber nur ein differenzierter Unterricht vermag den entwicklungsbedingten Unterschieden der Kinder gerecht zu werden!

Das ganzheitlich arbeitende Gehirn verdient ganzheitliches Lernen!

Unser Gehirn ist ein geniales Kaleidoskop von Interaktionen zwischen rechter und linker Hemissphäre, zwischen Sinneseindrücken und Emotionen, zwischen elektrischen Impulsen und chemischen Botenstoffen, zwischen gespeicherten und neuen Informationen und zwischen multiplen Intelligenzen. Dieses ganzheitlich arbeitende Gehirn verdient ganzheitliche Lernmethoden! Denn ausschließlich linkshemisphärisches also halbhirniges Lernen ist eine Beleidung für jedes intelligente Wesen! Ein wichtiger Aspekt des ganzheitlichen Lernens ist das Lernen mit allen Sinnen, mit Sehen, Hören, Sprechen, Riechen, Schmecken und Fühlen. Erst dann können wir Informationen mit allen Eingangskanälen aufnehmen und im Gehirn vernetzen. Einer Studie zufolge behalten wir:

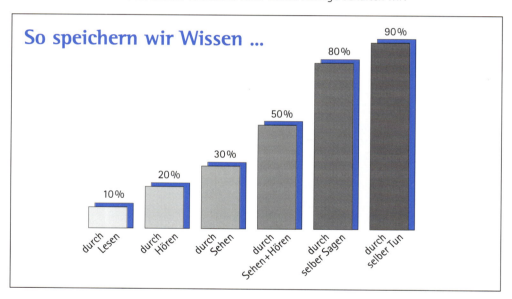

Und nach wie vor dominiert die reine Seh-Hör-Schule! Die bewusste Informationsverarbeitung findet in unserem Kurzzeitgedächtnis statt. Aber dieses ist schnell überflutet. Tagesschausprecher kennen das Problem: Über 60 % der Nachrichteninhalte werden vergessen! Und Kinder haben einen erheblich kleineren Kurzspeicher als Erwachsene; Siebenjährige haben nur 25 % der Speicherkapazität ihres Lehrers. Sie brauchen kurze, klare Sätze und vor allem den Einsatz möglichst vieler Sinne im Lernprozess!

Aber nicht nur die Erkenntnisse aus der Hirn- und Lernforschung sondern auch die zunehmenden Verhaltensauffälligkeiten (Bewegungs-, Wahrnehmungs- und Konzentrationsstörungen) erfordern ein Umdenken beim Lernen. Und zwar ein Umdenken, dass das Kind wieder in seiner Ganzheit respektiert. Schließlich kommt es als Kleinkind voller Neugier in den Kindergarten und in die Schule. Es hängt weder seine Gefühle mit dem Anorak an den Garderobenhaken noch wartet es mit leerem Kopf darauf, mit Wissen gefüllt zu werden. Manch einer würde am liebsten nur den Kopf in die Schule schicken, aber bedenken Sie bitte: Immer kommt das ganze Kind!

Unsere Kinder brauchen mehr denn je die Herausforderung an eigenes Denken, Fühlen, Erleben und Handeln. Denn die künstlichen Bilder aus den Medien verdrängen zunehmend die konkrete, echte Begegnung von Kind und Welt. Und das kindliche Begreifen gerät in die Gefahr, dem Körperlichen und der unmittelbaren Berührung mit der Sache entzogen zu werden. Unsere Kinder brauchen vielfältige, persönliche Erfahrungen, denn das Greifen, das allem Begreifen vorausgeht, kann weder durch verbale Abstraktionen noch durch elektronische Bilder ersetzt werden. Oder können Sie sich vorstellen, dass Kinder durch Schautafeln und Erklärungen das Laufen lernen, den Wald erleben oder Verantwortungsbewusstsein erwerben?

Unsere Kinder brauchen Lernprozesse, bei denen Erfahren, Entdecken und Erforschen am Anfang stehen. Sie brauchen Lernprozesse, die Bewegung, Sinneswahrnehmung und Erkenntnis effektiv verknüpfen. Beispielsweise macht das Kind beim Ablaufen einer geometrischen Form oder eines Buchstabens eine wichtige Ganzkörpererfahrung. Es setzt abstrakte Inhalte in konkrete Bewegung um. Beide Hirnhälften werden aktiviert, das energetische Potential erhöht und das sinnlich Erlebte wird besser gespeichert.

Sicher werden Sie nicht in jeder Lernphase alle Ressourcen des Gehirns fördern können, aber eines ist gewiss: Unsere Kinder haben nicht nur sprachliche und mathematische Fähigkeiten; sie können mehr als nur sprechen, rechnen und lesen. Und die Forschungsergebnisse machen Mut, neue Wege des Lernens zu gehen und Lernen als einen ganzheitlichen Reifungsprozess von Geist, Körper und Psyche zu verstehen, als ein sich ständig entwickelndes Zusammenspiel von Sinneswahrnehmungen, Denkleistungen, Bewegungsabläufen, Trieben und Gefühlen.

Fördern Sie eine ganzheitliche Arbeitsweise in Ihrer pädagogischen Einrichtung. Lassen Sie Eltern am Kindergarten- und Schulleben aktiv teilnehmen und von ihrer Arbeit und dem Leben berichten. Errichten Sie Leseecken, Mathe-Labors, Schreib- und Druckecken, Bastelräume und legen Sie Spiel- und Schulgärten an, in denen besonders Stadtkinder wieder lernen, zu säen, zu pflegen und zu ernten.

Und reflektieren Sie gemeinsam mit Kolleg/-innen oder Eltern über Ihre pädagogische Arbeit. Stellen Sie sich immer wieder die Frage, ob Sie der geistigen, psychischen und körperlichen Vielfalt Ihrer Kinder in ihren Stärken und Schwächen gerecht werden. Überprüfen Sie, wann und wie Sie die multiplen Intelligenzen, vernetztes, hirngerechtes und somit ganzheitliches Lernen fördern. Die folgenden Schlüsselaussagen zum ganzheitlichen Lernen werden Ihnen dabei behilflich sein.

Schlüsselaussagen zum ganzheitlichen Lernen
- mit Freude und Neugier forschen und entdecken
- mit allen Sinnen die Welt wahrnehmen und begreifen
- eigene und konkrete Erfahrungen machen
- Bewegungsfreiräume schaffen, Raum und Zeit bewegt erfahren
- ins Gleichgewicht mit sich und der Umwelt gelangen
- Konzentration und Entspannung fördern
- Denkstrukturen entwickeln, hirngerecht und vernetzt lernen
- Individualität und differenziertes Lernen fördern
- geeignete Inhalte und Lehrmittel anbieten
- erziehliche Partnerschaft, Eigen- und Mitverantwortung entwickeln
- mit Kopf, Herz und Hand lernen

Tja, das sind alles schöne Ziele, die Sie sicher schon oft verfolgen wollten! Aber als Pädagoge sind Sie der Prellbock, der mit wenig Personal, großen Gruppen, mit leeren Kassen Vieles leisten muss. Sie verdienen unseren Respekt! Man verlangt von Ihnen hohe Qualität, Flexibilität und Effektivität. Aber es fehlen Ihnen Anregungen, Übungen und Spiele, die ganzheitliches Lernen in Ihrer Erziehungsarbeit oder in Ihrem Unterricht konkret werden lassen.

Die folgenden sechs Bausteine zum ganzheitlichen Lernen liefern zwar keine Patentrezepte oder Allheilmittel für Ihre gestresste Pädagogenseele. Aber sie sind eine Fundgrube an Ideen, an interessanten Übungen und sofort umsetzbaren Spielen, die sich im pädagogischen Alltag bewährt haben.

Kapitel 4

Sechs Bausteine mit 70 Spielen und Übungen zum ganzheitlichen Lernen!

Der große Praxisteil

- Bewegung
- Wahrnehmung
- Konzentration
- Entspannung
- Rhythmus
- Rituale

Alle Mittel bleiben nur stumpfe Instrumente,
wenn nicht ein lebendiger Geist sie zu gebrauchen versteht!
Albert Einstein

Erster Baustein:
Bewegung

Kinder sind wie Uhren;
man darf sie nicht nur aufziehen,
man muss sie auch gehen lassen.
Jean Paul

Bewegung bedeutet:

- Fallen lernen
- überschüssige Energie abbauen
- Sauerstoff tanken
- ins Gleichgewicht kommen
- Raum und Lage erfahren
- Aggressionen abbauen
- besser behalten
- sich auf Menschen zubewegen

Wie ist der Lebensraum unserer Kinder?

Ob wir unseren Körper in Body-Building-Studios schinden oder uns bemühen, den Ansprüchen am Arbeitsplatz nach mehr Flexibilität, nach Umdenken und Umlernen gerecht zu werden, immer und überall gilt heute die Zauberformel „Sei in Bewegung!" Man könnte annehmen, wir lebten im Zeitalter der Mobilität und würden unsere Kinder in der Erziehung adäquat darauf vorbereiten.
Doch weit gefehlt: Unsere Kinder bewegen sich heute nur halb so viel wie vor 20 Jahren. Zwar ist in der Kindheit der natürliche Bewegungsdrang am stärksten ausgeprägt. Aber unsere Umwelt bietet den Kindern wenig Bewegungsraum. Wo können sie heute noch ungestört und ungestraft nach Herzenslust toben und matschen, ihre Kräfte messen, ihre Grenzen spüren, ihre Fein- und Grobmotorik entwickeln und sich spontan auf neue Menschen zubewegen?

In Großstädten ist der Lebens-, Erfahrungs- und Bewegungsraum von Kindern Mangelware geworden. Es fehlen freie Grundstücke und Hinterhöfe, wo Kinder noch etwas entdecken und erkunden können. Gewerbegebiete machen sich zusehends breit; Berlins Büroflächen sind inzwischen so groß wie 135 Fußballfelder!

Die verbliebenen Spielplätze können Großstadtkinder nur unter großen Gefahren allein aufsuchen. Alle fünf Minuten wird in Deutschland ein Kind angefahren, 50.000 Kinder jährlich! Auch die Unfallfolgen werden schwerwiegender. Kinder ratschen sich beim Fallen nicht mehr nur die Knie auf, sondern brechen sich zunehmend die Knochen. Sie haben nicht gelernt, ‚richtig' zu fallen, ihre Bewegungen der

Gefahr gemäß zu koordinieren und ihren Körper richtig abzufangen. Frühe Bewegungsförderung im Elternhaus und Kindergarten könne, so meinen die deutschen Unfallversicherer, die Unfälle von Kindern um 50% senken. Fallen will gelernt sein! Wir fallen nicht automatisch richtig. Wir erproben und trainieren unseren Körper nur durch Bewegung. Unser Hirn speichert die erworbenen Bewegungserfahrungen und ruft sie im Notfall ab.

Also, bitte liebe Eltern und Pädagogen, packen Sie die Kinder nicht in Watte, schützen Sie sie nicht vor jeder kleinen Sturzgefahr. Kinder müssen auf Bäume und Zäune klettern können und auch das Herunterfallen ist eine hilfreiche Erfahrung. Nehmen Sie die kleinen Risiken in Form von Schürfwunden und blauen Flecken in Kauf. Dadurch schützen Sie Ihr Kind vor dem großen Risiko!

Großstadtkinder sind auf Erwachsene angewiesen, um Spielplätze sicher zu erreichen und dort geschützt zu spielen. Wann sie ihren Spiel- und Bewegungsdrang ausleben können, hängt vom Zeitplan der Eltern ab. Dann sollen sie spontan ganz toll spielen, nach dem Motto: „Nun sind wir endlich hier, jetzt spielt auch schön!" Doch auf kleiner Fläche stehen wohlgeordnet diverse Geräte, die wenig zum kreativen Spiel einladen. Wer tausendmal die Rutsche, das Klettergerüst, den Sandkasten und das Wipptier benutzt hat, dem bleibt nur noch die Langeweile oder gar die Zerstörungslust. Dann wird's wenigstens spannend!

Wer keine Zeit oder Lust hat, sich auf dem Spielplatz mit dreckigem Sand bewerfen zu lassen, bleibt zu Hause. Immer mehr Kinder werden zum „Spiel-doch-was-in-deinem-Zimmer" verdonnert. 1979 spielten 22% der Stadtkinder drinnen, 1998 bereits 58%. Aber wie sieht es drinnen aus? Große Wohnungen sind teuer, kleine Wohnungen oft ungünstig geschnitten und kinderfeindlich eingerichtet. Das Kinderzimmer ist eng und vollgestellt, das Elternschlafzimmer dagegen hell und geräumig. Und wenn das Kind im Zimmer mal freudig mit dem Seilchen hüpft oder den Ball kickt, hagelt es Ermahnungen: „Mach nichts kaputt" oder „Denk an die Nachbarn!" Wer drinnen spielt macht keine spontanen Bekanntschaften, schließt keine neuen Freundschaften. Stattdessen müssen die Spielkameraden herbestellt werden. Auch Geschwister, mit denen man spontan spielen könnte, werden immer seltener: Fast 30% unserer Kinder wachsen als Einzelkind auf.[18] Nicht nur im Elternhaus, auch in Kindergärten und Schulen ist wenig Platz für Bewegung. Die Außenflächen sind klein, oftmals zubetoniert, die Gruppen- und Klassenräume beengt. Dem natürlichen Bewegungsdrang begegnen viele Pädagogen mit Disziplinregeln. Nach wie vor ist Stillsitzen in der Schule ein Sollzustand. Aber dies kann nicht die Lösung sein, denn Bewegungsmangel ist folgenreich!

[18] Stand 1997: 21.709.000 Kinder leben in Deutschland in Familien, davon 6.626.000 als Einzelkind.

Wie reagieren unsere Kinder darauf?

Die körperlichen Folgen des zunehmenden Bewegungsmangels sind erschreckend. Unsere Schulkinder sind zu:

- **54% haltungsschwach:** Sie erkennen diese Kinder an herunterhängenden und nach vorne gebeugten Schultern. Bereits drei Viertel der Sechs- bis 14-Jährigen leiden unter Störungen der Muskulaturentwicklung und zwei Drittel aller 18-Jährigen unter Haltungsschwächen.

- **26% übergewichtig:** Spätestens im Freibad fallen sie auf, die Kinder mit den wabbeligen Bäuchen und Oberschenkeln! 1989 litten nur 4% der Grundschüler unter Übergewicht, 1995 waren es bereits 11%. Fettleibigkeit ist der Preis für Bewegungsmangel und für „Fast Food"-Ernährung. Wer von unseren Kleinen kennt noch andere Namen für Fisch als Fischstäbchen oder Fisch-Mac? Abwechslungs- und vitaminreiche Ernährung sorgt nicht nur für körperliches Wohlergehen — dicke Kinder haben auch dicke seelische Probleme, sie werden ausgelacht und gehänselt.

- **25% organleistungsschwach:** Viele Organe sind durch Bewegungsmangel unterfordert und durch fettreiche Ernährung überfordert. So zum Beispiel das Herz. 10% der Zehnjährigen leiden unter Herzschwäche, ihre Ausdauerkondition lässt sehr zu wünschen übrig. So berichtete mir ein Lehrer von einem 10 Jahre alten Jungen, der nach einem 100 m-Lauf einen Pulsschlag von 190 und eine Stunde danach immer noch einen Pulsschlag von 160 hatte. Immer mehr Sportlehrer klagen über die Attest-Welle, die den Anpfiff zum Dauerlauf inzwischen zur wohlüberlegten Maßnahme werden lässt.

Auch bei den nächsten Zahlen könnte man annehmen, sie seien im Altersheim erhoben worden. Doch weit gefehlt! Es handelt sich um unsere Kinder. Jeder 2. Schüler schafft nicht mal mehr einen Liegestütz oder einen Klimmzug. So manch ein Siebenjähriger schafft keine Rumpfbeuge mehr, er ist unfähig bei gestreckten Beinen mit den Händen den Boden zu berühren! Wen wundert dann noch, dass Tanz- und Ballettschulen beklagen: „Seit Jahren fällt bei Aufnahmeprüfungen auf, dass immer mehr Kinder unter Zivilisationsschäden wie schlechten Füßen, Rückenproblemen und Hüftschäden leiden. Ein richtiger Tanzkörper ist eine Seltenheit geworden!" Einverstanden, wir wollen keine Generation von Spitzentänzern ausbilden, aber rückwärts oder auf einer Linie laufen, das sollten unsere Kinder schon noch können! Warum? Weil dies Ausdruck eines gut entwickelten Gleichgewichtssinns ist. Ohne ihn wären wir nicht in der Lage, aufrecht zu gehen, uns im Raum zu orientieren und unsere innere Balance zu finden. Wir gerieten „aus dem Lot"!

Bewegungsmangel schürt auch Aggressionen. Gewalttätigkeiten nehmen unter Kindern stetig zu. Kein Wunder, in engen Kinderzimmern und Klassenräumen staut sich die natürliche Bewegungslust und -energie. Geballt und unkontrolliert bricht sie auf Spielplätzen und Schulhöfen aus. Bei Konflikten wird nicht mehr lange gefackelt; man schlägt einfach zu! Aus nervösen Zappelphilippen werden kleine „Rambos", die um jeden Preis ihre angestauten Kräfte messen wollen.

Was brauchen unsere Kinder?

Kinder brauchen eine „bewegte Kindheit". Sie brauchen ausreichend Lebens- und Bewegungsraum, um vielfältige Primärerfahrungen zu sammeln. Ihre gesunde körperliche Entwicklung hängt davon ab, wie viel Ganzkörpererfahrungen sie machen. Heute haben Landkinder aufgrund ihrer Bewegungsvielfalt die Stadtkinder in ihren schulischen Leistungen überrundet, früher war es mal umgekehrt! Also warum nicht dem Beispiel einer Grundschule folgen, von der ich erfuhr, dass die Kinder jeden Montagmorgen die Möglichkeit erhalten, sich vor Unterrichtsbeginn für zehn Minuten draußen oder in der Turnhalle auszutoben. Diese allwöchentliche Bewegungszeit wird mit zwei Klassen gemeinsam durchgeführt und endet mit einer Ruhe- und Entspannungsphase. Das Kollegium hat mit diesen selbstbestimmten Freispielen sehr gute Erfahrungen gemacht.

Schließlich trainiert Bewegung nicht nur die Muskulatur, sondern auch Geist und Psyche! Sie vermittelt Raum- und Zeiterfahrungen, die für die intellektuelle Entwicklung des Kindes bedeutsam sind. In der Bewegung lernen Kinder, ihren Körper im Raum und innerhalb der Gruppe zu koordinieren, sich selbst und andere einzuschätzen. Nur in Bewegung entdecken sie neuen Entfaltungsraum und lernen Grenzen kennen.

Kinder brauchen also zu Hause, im Kindergarten und in der Schule während des Unterrichts Platz und Zeit für viel Bewegung! Denn sie müssen:

- ■ **überschüssige Energie abbauen:** Vor allen Dingen die „Montagskinder" sehnen sich nach Energieabbau. Sie haben ein medienüberreiztes, bewegungsarmes Wochenende mit viel Müßiggang hinter sich. Zappelphilippe und kleine Rambos brauchen weniger Ermahnung als vielmehr Bewegung. Ein Kind ist ausgeglichen und gesteigert aufnahmefähig, wenn es seine körperliche Befindlichkeit ausdrücken kann. Wer von uns Erwachsenen schafft es denn, vier Stunden brav auf einem Stuhl zu sitzen und aufmerksam zuzuhören? Selbst ein spannender Vortrag vermag unseren Bewegungsdrang nicht zu fesseln — nervös rutschen wir auf dem Stuhl, spielen mit dem Kuli oder reiben unsere Füße aneinander.

- **Sauerstoff tanken:** Das Hirn macht nur 2% unserer Körpermasse aus, aber es benötigt 25% des Sauerstoffs und 50% der Glukose. Bewegung im Freien oder bei offenem Fenster pumpt Sauerstoff ins Hirn und verwandelt müde Geister in aufnahmefähige Kinder. Mit gezielten Bewegungsübungen erreichen Sie auch bei unausgeschlafenen Montagskindern die gewünschte, volle Wachheit.

- **den Gleichgewichtssinn schulen:** Seine Entwicklung ist bis zur Pubertät abgeschlossen. Er sollte daher so oft wie möglich spielerisch geschult werden – Schaukeln, Balancieren auf einer Mauer, Ablaufen eines auf dem Boden liegenden Seils, Hüpfekästchen oder Gummitwist. Auch Wobbler (☞ S. 61), Skateboards und Rollerblades schulen hervorragend den Gleichgewichtssinn. In der Bewegung erwerben Kinder spielerisch ein Verständnis für Raum und Lage. Ist dieses unzureichend entwickelt, folgen Rechtschreib- und Leseprobleme (25% der Schüler sind davon betroffen!) oder auch Rechenschwächen (40%!). Denn wer mit sich und seinem Körper nicht im Gleichgewicht ist, wer über wenig Erfahrungen im konkreten Raum verfügt, kann auf dem Papier nur schwer die Lage von abstrakten Körpern, Buchstaben oder Zahlen korrekt organisieren.

- **die Behaltensfähigkeit steigern:** Die neurolinguistische Forschung hat nachgewiesen, dass Bewegen und Memorisieren eine fruchtbare Einheit bilden können. So rief beispielsweise der Sportmediziner Prof. Hollmann in einem kleinen Test seinen Studenten sinnarme Silben (z. B. tra, fro, mi) zu. Die Studenten konnten das Gehörte später nicht wiedergeben. Sie behielten die Silben nicht, da ihr Hirn über keinerlei Erfahrungsmuster verfügte, an denen es die Silben hätte ‚andocken' können. Daraufhin setzte der Sportmediziner eine Vergleichsgruppe auf Hometrainer und ließ sie in die Pedalen treten. Bei mittlerer Bewegungsleistung rief er ihnen dieselben Silben zu. Diese zweite Gruppe behielt das Gehörte besser, denn durch die Bewegungen hatte sie Erfahrungsmuster gesammelt, die sie mit den gehörten Silben verbinden konnte. Körpererfahrung und Lerninhalt vernetzten sich und wurden vom Hirn effektiver gespeichert.

Bewegung ist Leben, Bewegung ist Entwicklung! Alle Kinder machen durch Bewegung ihre ersten Erfahrungen mit sich und ihrem Lebensraum. Mit lebhaften Augen entdecken sie ihre Umgebung, bewegen die Lippen zum ersten Lächeln, heben den Kopf an, um noch mehr zu erfahren. Sie greifen nach ihren Fingern und Füßen und nach den ersten Gegenständen, krabbeln vor- und rückwärts, bis sie gehen, hüpfen und laufen können. Schritt für Schritt erschließen sie sich Raum und Zeit, Chancen und Grenzen, die verlockende Welt des Neuen, des Lernens. Bewegung ist das Tor zum Lernen. Öffnen Sie es in Ihrer Erziehung und in Ihrem Unterricht!

Spiele, Spiele, Spiele

1.1 Das fliegende Klassenzimmer

Jedes Kind wählt sein Lieblings-Fluggerät (z. B. Hubschrauber, Düsenjet, Segelflieger, Zeppelin), das es nachahmen möchte. Alle Kinder legen sich nebeneinander auf die Erde (das ist die Startbahn) und zählen durch. Wird ihre Zahl ausgerufen, ‚starten' sie und ‚heben' ab. Mit ausgebreiteten Armen fliegen sie durch den Raum und imitieren ihre Flugmaschine mit ihren typischen Bewegungen und Geräuschen. Nacheinander werden die Zahlen aufgerufen, bis schließlich alle Kinder durchs Klassenzimmer fliegen. Beim Kommando „Vorsicht Landung!" gleiten alle wieder auf ihren Platz.

Tipp
Die Kinder können auch von ihrem Stuhl aus in die Luft starten. Dann benötigen sie weniger Platz.

Variante
Die Kinder spielen „Springteufelchen". Sie machen sich auf ihrem Stuhl ganz klein, so als säßen sie in einem Spielkästchen. Das heißt, sie ziehen die Beine an, runden den Rücken ab, beugen den Kopf nach unten. Sobald sie das vereinbarte Signal – Buchstabe, Zahl, Wort oder Geräusch – hören, schnellen sie mit erhobenen Armen hoch und nehmen wieder ihre Ausgangsposition ein.

Fallen lernen		Alter	ab 3 Jahre bis 1. Schuljahr
überschüssige Energie abbauen	✔	Zeit	3–5 Minuten
Sauerstoff tanken	✔	Ort	drinnen oder draußen
ins Gleichgewicht kommen	✔	Sozialform	Einzelspiel
Raum und Lage erfahren	✔	Material	Stühle
Aggressionen abbauen	✔		
besser behalten			
sich auf Menschen zubewegen	✔		

1.2 Das unsichtbare Fahrrad

Zwei Spieler sitzen sich auf Stühlen gegenüber. Sie heben ihre Beine, berühren sich mit den Füßen in der Luft und treten ein unsichtbares Fahrrad. Landschaftsbeschreibungen erzeugen bedächtige oder schnelle Bewegungen bis hin zum Endspurt: „Stellt euch vor, ihr seid in den Alpen. Die Straße ist steil, ihr tretet fest und langsam. Schon geht's wieder herunter, eure Bewegungen werden immer schneller."

Tipp
Wenn die Spieler dies gut beherrschen, dann schließen sie in der nächsten Runde die Augen und fahren ‚blind'. Jetzt müssen sie ihre Bewegungen noch feiner aufeinander abstimmen, um mit dem Partner im Gleichgewicht zu bleiben. Das Spiel eignet sich auch als kurze Bewegungsübung für Erwachsene, die z.B. in einer Arbeitspause ihr Hirn schnell mit Sauerstoff anreichern wollen.

Fallen lernen	✔	Alter	3–99 Jahre
überschüssige Energie abbauen	✔	Zeit	3–5 Minuten
Sauerstoff tanken	✔	Ort	drinnen oder draußen
ins Gleichgewicht kommen	✔	Sozialform	Partnerspiel
Raum und Lage erfahren		Material	Stühle
Aggressionen abbauen	✔		
besser behalten			
sich auf Menschen zubewegen	✔		

1.3 Das Dschungelbuch

„Heute gehen wir auf Afrikaexpedition! Wählt die Menschen und Tiere, die ihr am liebsten spielt. Es gibt einige Lastenträger und viele Dschungeltiere. Die Lastenträger erklimmen langsam mit ihrer schweren Last einen Hügel, bis sie erschöpft zu Boden sinken." Wenn das „Dschungelbuch" draußen aufgeführt wird, so ist vielleicht ein echter Hügel vorhanden. Drinnen hilft die Fantasie — beim Erklimmen sind Schritte und Atmung schwer, dann laufen die Lastenträger auf der anderen Seite schnell wieder herunter. Als Last eignet sich der Schulranzen. „Plötzlich steht ihr vor einem reißenden Fluss, den ihr nur auf Seilen überqueren könnt!" Die Kinder balancieren auf Seilen, die auf der Erde liegen. Jetzt begegnen sie den anderen Mitspielern: schwerfälligen Elefanten, leichtfüßigen Gazellen, pfeilschnellen Raubkatzen, spielenden Löwenkindern, räkelnden Schlangen (mehrere Kinder liegen auf dem Boden), auf einem Bein stehenden Flamingos. Wenn die Kinder eine Figur aus diesem Afrika-Panorama gewählt haben, erproben sie die typischen Bewegungsabläufe und entwerfen eine eigene Choreografie. Afrikanische Musik bringt die Bilder des Dschungelbuchs ans Laufen. Wie in einem Film stimmen die Kinder ihre Bewegungen aufeinander ab.

Tipp
Eignet sich hervorragend für Aufführungen im Kindergarten oder in der Schule. Die Kinder entwerfen und basteln die Dekoration, komponieren und spielen die Filmmusik. Die Zuschauer werden mit afrikanischen Köstlichkeiten — Hirsegericht, exotische Früchte, Bananenmilch — verwöhnt.

Fallen lernen	
überschüssige Energie abbauen	✔
Sauerstoff tanken	✔
ins Gleichgewicht kommen	✔
Raum und Lage erfahren	✔
Aggressionen abbauen	
besser behalten	
sich auf Menschen zubewegen	✔

	Alter	ab 3 Jahre bis 2. Schuljahr
	Zeit	10–30 Minuten je nach Drehbuch
	Ort	drinnen oder draußen
	Sozialform	Einzelspiel
	Material	evtl. afrikanische Musik, Seile, Schulranzen

1.4 Eine Nacht im Spielwarengeschäft

„Wäre es nicht toll, eine Nacht in einem Spielwarengeschäft zu erleben? Dies geht nur, wenn ihr euch in euer Lieblingsspielzeug verwandelt. Bei Ladenschluss liegt ihr schlafend im Regal." Die Kinder entspannen sich auf dem Stuhl sitzend oder auf der Erde liegend. Die Augen sind geschlossen. „Es ist soweit, es ist Mitternacht (12 Schläge auf Gong oder Klangschale), ihr erwacht zum Leben und zeigt die typischen Bewegungen und Geräusche eures Lieblingsspielzeugs." Achten Sie darauf, dass die Kinder verschiedenartiges Spielzeug wählen: schnelles Polizeiauto, tanzende Ballerina, träger Schlafbär, lachender Clown usw. „Feiert, tanzt und dreht euch nach Herzenslust. Doch was ist das? Die Nacht ist vorbei, der Ladenbesitzer öffnet die Tür!" Auf ein verabredetes Türsignal (Glockenton oder Schlüsselrasseln) eilen alle ins Regal – auf ihre Plätze – zurück und schlafen endlich ein.

Tipp
Hier kann das bekannte „Puppendrehen" eingesetzt werden: Ein Kind dreht ein anderes am Arm durch den Raum und lässt es plötzlich los. Sofort verharrt die „Puppe" in der zuletzt ausgeführten Bewegung wie eine Wachsfigur. Sie kann durch Antippen wieder zum Leben erweckt werden.

Fallen lernen		Alter	ab 3 Jahre bis 1. Schuljahr
überschüssige Energie abbauen	✔	Zeit	5 Minuten
Sauerstoff tanken	✔	Ort	drinnen
ins Gleichgewicht kommen	✔	Sozialform	Einzelspiel
Raum und Lage erfahren	✔	Material	Glocke oder Schlüssel, Gong oder Klangschale
Aggressionen abbauen			
besser behalten			
sich auf Menschen zubewegen	✔		

1.5 Bewegtes Zählen

Die Kinder stehen im Raum. Zwei große, verschiedenfarbige Würfel werden nacheinander eingesetzt. Der erste Würfel bestimmt die Anzahl der Körperteile, mit denen jedes Kind den Boden berühren darf. Fällt etwa die Drei, dann berühren beispielsweise beide Füße und eine Hand oder zwei Knie und der Kopf den Boden. Wenn jedes Kind diese Einzelübung beherrscht, dann geht's weiter — aber diesmal als Gruppenspiel. Der zweite Würfel bestimmt nun die Anzahl der Kinder, die sich zu einer Gruppe zusammenfinden. Sind die Gruppen gebildet, wird der erste Würfel, der die Anzahl der Körperteile festlegt, geworfen. In Teamarbeit entsteht unter viel Gelächter eine ‚Gruppenskulptur', die standfest sein sollte. Alle Verrenkungen sind erlaubt!
Beispiel: Erster Würfel zeigt eine Drei, zweiter Würfel eine Vier: **Vier Personen** berühren **zusammen** mit **insgesamt drei Körperteilen** den Boden!

Tipp
Sie werden staunen: Die Kinder zählen unaufgefordert und voller Freude. Die Gruppen bilden sich spontan, denn die gewürfelte Zahl ist ausschlaggebend, nicht Sympathie oder Antipathie.

Fallen lernen	✔		Alter	ab 5 Jahre bis 2. Schuljahr
überschüssige Energie abbauen	✔		Zeit	5–10 Minuten
Sauerstoff tanken	✔		Ort	drinnen oder draußen
ins Gleichgewicht kommen	✔		Sozialform	Einzel- und Gruppenspiel
Raum und Lage erfahren	✔		Material	große, farbige Würfel
Aggressionen abbauen				
besser behalten	✔			
sich auf Menschen zubewegen	✔			

1.6 Der verrückte Quirl

Wenn Ihre Kinder so richtig quirlig und zappelig sind, dann ist es Zeit für den Quirl. Die Kinder stehen auf und werden auf das Spiel eingestimmt: „Stellt euch vor, ihr seid ein Quirl, der Hefeteig anrührt. Der Teig ist zäh und schwer". Die Kinder beugen sich mit herunterhängenden Armen nach vorne zur Erde (Rumpfbeuge). Beide Arme machen große, starke Kreisbewegungen. „Ihr zieht den zähen Teig mit den Armen des Quirls nach oben." Der Oberkörper der Kinder richtet sich langsam auf, während die Arme immer schneller bis über dem Kopf kreisen. Am Ende der Bewegungsabfolge stehen die Kinder auf Zehenspitzen mit gestrecktem Oberkörper und Armen. Nun beginnt alles wieder von vorn, bis die Kinder erschöpft sind.

Tipp
Der ‚Quirl' kommt bei fetziger Musik noch besser in Fahrt! Zur Kreisbewegung von Körper und Armen passt besonders gut Rock'n'Roll Musik. Je nach Zeit können die Kinder den Teig verarbeiten und sich dabei entspannen (☞ S. 122, „Schwäbischer Apfelkuchen").

Variante
Backen Sie mit überdrehten und wilden Kindern keinen Hefeteig! Er animiert sowohl beim Quirl als auch bei der anschließenden Entspannungsübung zu aggressiven Bewegungen. Besser wäre dann ein leichter Baiserteig. Er ist empfindlich und wird daher vorsichtig zu sanfter Musik angerührt.

Fallen lernen		
überschüssige Energie abbauen	✔	
Sauerstoff tanken	✔	
ins Gleichgewicht kommen	✔	
Raum und Lage erfahren		
Aggressionen abbauen	✔	
besser behalten		
sich auf Menschen zubewegen		

	Alter	2 –99 Jahre
	Zeit	3 Minuten, mit Entspannungsübung 10 Minuten
	Ort	drinnen oder draußen
	Sozialform	Einzelspiel
	Material	Rock'n'Roll oder sanfte Musik

1.7 Lebende Figuren, Buchstaben oder Zahlen

Die Kinder gehen oder hüpfen im Kreis, bis ein vereinbartes Signal (z. B. Klangschale) ertönt. Der Spielleiter hält ein großes Papier- oder Kartonblatt in die Höhe. Darauf ist eine geometrische Form (z. B. gleichseitiges oder gleichschenkliges Dreieck) oder eine Fantasiefigur (Stern, Kreuz) gezeichnet. Die Kinder bilden mit ihrem Körper stehend, sitzend oder liegend die Figur nach. Komplexe Figuren erfordern mehrere Kinder, z. B. das Rechteck braucht zwei gleich kleine Kinder und zwei gleich große Kinder. Durch häufiges Ausprobieren finden die Kinder selbst die beste Lösung der Körperdarstellung heraus. Es gibt viele Wege!

Tipp
Sie können die Formen auch groß an die Tafel zeichnen. Sie werden staunen, wie aufmerksam Ihre Kinder die vorgegebene Form, ihren eigenen Körper und den der Mitspieler betrachten. Die Gruppen entstehen nach körperlichen Merkmalen – mal ist ein kleines, dickes und mal ein großes, dünnes Kind gefragt. Seien Sie bei der Ergebniskontrolle streng: Dann betrachten die Kinder die nächste Figur noch genauer!

Variante
Je nach Altersstufe können auf diese Weise nicht nur Formen, sondern auch Buchstaben, Zahlen, ja sogar Wörter zum Leben erweckt werden. Rechtschreib- und leseschwache Kinder erleben Buchstaben nicht mehr als angsteinflößende, abstrakte Gebilde. Sie erwachen vielmehr zu lebendigen Körpern. Und Ganzkörpererfahrungen steigern die Behaltensfähigkeit!

Fallen lernen	✔
überschüssige Energie abbauen	✔
Sauerstoff tanken	✔
ins Gleichgewicht kommen	✔
Raum und Lage erfahren	✔
Aggressionen abbauen	
besser behalten	✔
sich auf Menschen zubewegen	✔

	Alter	ab 3 Jahre bis 4. Schuljahr je nach Aufgabenstellung
	Zeit	3–10 Minuten je nach Aufgabenstellung
	Ort	drinnen oder draußen
	Sozialform	Gruppenspiel
	Material	Klangschale oder anderes Signal, Formen, Buchstaben oder Zahlen auf Karton, Tafel oder Overheadprojektor

1.8 Die Bewegungskette

Alle Kinder stehen im Kreis. Das erste Kind beginnt mit einer Bewegung, z. B. Kopfnicken. Das nächste wiederholt dieses Kopfnicken und zeigt eine neue Bewegung, z. B. Arme hoch. Jedes Kind ahmt alle vorangehenden Bewegungen nach und fügt eine neue hinzu. So entsteht eine lustige Bewegungskette. Wer eine Bewegung vergisst, scheidet aus.

Tipp
Je öfter die Bewegungskette gespielt wird, um so besser behalten die Kinder die Reihenfolge der vorgeführten Bewegungen. Durch Themenvorgabe können Sie die Fantasie der Kinder anregen und gewünschte Bewegungen hervorrufen, z. B. die „Bewegte Tierkette". Der Elefant stampft, der Vogel steht auf einem Bein, der Frosch hüpft ...

Variante
In diesem Buch finden Sie zwei weitere Spielvariationen:
„Die Konzentrationskette" (☞ S. 98) und „Die Geräuschkette" (☞ S. 142).

Fallen lernen		Alter	ab 3–7 Jahre
überschüssige Energie abbauen	✔	Zeit	5–10 Minuten
Sauerstoff tanken	✔	Ort	drinnen oder draußen
ins Gleichgewicht kommen	✔	Sozialform	Gruppenspiel
Raum und Lage erfahren		Material	–
Aggressionen abbauen			
besser behalten	✔		
sich auf Menschen zubewegen	✔		

1.9 Der Detektiv im Sprachwald

Welches Kind spielt nicht gerne Detektiv? Und im Sprachwald macht die Sucharbeit so richtig Spaß! Ein Kind wird als „Detektiv" vor die Tür geschickt. Unterdessen bilden die anderen Kinder Paare. Jedes der Paare vereinbart ein zusammengesetztes Hauptwort z. B. „Blumentopf". Jedes Kind behält einen Teil des Wortes im Kopf d. h. eines wählt das Wort „Blumen" und das andere das Wort „Topf". Dann trennen sich die Paare und verteilen sich einzeln stehend im Raum. Nun wird der Detektiv hereingerufen und erfährt vom Spielleiter: „Aus unseren Büchern sind Worte, die zusammengehören, herausgefallen. Hilf uns, lieber Detektiv, die im Raum stehenden Wortpaare wieder zusammen zu bringen! Sie alle sind stumm und traurig, weil sie sich verloren haben. Aber wenn du die Kinder mit dem Finger antippst, nennen sie dir ihr Geheimwort. Bitte bring die unglücklichen Päärchen ganz schnell wieder zusammen!"

Tipp: Sollten z. B. kleinere Kinder Schwierigkeiten haben, die vereinbarten Worte zu behalten, so können sie sich Bild- oder Wortkarten um den Hals hängen. Tippt der Dektektiv sie an, so drehen sie ihre Karten schnell um, damit er sie kurz sehen kann.
Solange die Paare schweigend im Raum stehen, kann sich der Detektiv am Standort orientieren. Lustiger und schwieriger wird es, wenn sich die Kinder im Raum bewegen. Denn jetzt kann der Detektiv die gesuchte Information nur mit einer Person in Verbindung bringen. Dies erfordert mehr Konzentration.

Variante: Der Detektiv kann in vielen „Wäldern" verlorene Paare suchen, z.B. im „Wald der Gegensätze" (z.B. kalt-warm, hell-dunkel), im „Wald der Leckereien" (z.B. Quark-Speise, Kartoffel-Salat) oder im „Vokabelwald", wo sich die Paare auf ein fremdsprachiges und das dazugehörige deutsche Wort einigen. Auch Sätze oder Rechenaufgaben lassen sich auf diese Weise zusammenstellen. Dann entstehen jedoch Gruppen, deren Größe sich nach der Anzahl der Worte für einen Satz oder der Zahlen für eine Rechenaufgabe richtet. Auch Rechen- und Satzzeichen sollten dann verkörpert werden.

Fallen lernen		Alter	ab 4 Jahre bis 4. Schuljahr je nach Aufgabenstellung
überschüssige Energie abbauen	✔		
Sauerstoff tanken		Zeit	5–10 Minuten
ins Gleichgewicht kommen		Ort	drinnen oder draußen
Raum und Lage erfahren		Sozialform	Gruppen- oder Partnerspiel
Aggressionen abbauen		Material	evtl. Bild- oder Wortkarten
besser behalten	✔		
sich auf Menschen zubewegen	✔		

1.10 Bewegter Satzbau

Die Kinder sitzen auf ihren Plätzen. Das erste Kind beginnt mit einem Wort, z. B. „Ich". Sein Nachbar setzt den Satz fort und wiederholt das erste Wort „Ich bin". Jeder ergänzt den Satz durch ein weiteres Wort. Will ein Kind den Satz beenden, steht es auf und legt einen großen, runden Punkt oder ein Fragezeichen (aus Pappe oder Papier) auf seinen Tisch. Schritt für Schritt erzählen die Kinder eine kleine Geschichte.

Tipp
Jedes Kind wird sich bemühen, auch mal einen Punkt auf seinen Tisch zu legen. Alle entwickeln den Ehrgeiz, vollständige Sätze zu bilden. Dies ist bei der heute leider üblichen Comic-Sprache sehr wichtig. Die Kinder erfinden eigene Geschichten. Dies erhöht ihre Fantasie, ihren Sprachschatz und ihre Flexibilität!

Variante
Nehmen Sie das Wort „Satzbau" einmal wörtlich, und schon bauen Sie mit den Kindern tatsächlich Sätze. Üben Sie mit ihnen die Satzstellung beim Frage- oder Aussagesatz in Bewegung: Jedes Kind repräsentiert ein Satzglied, das an die richtige Stelle gestellt werden muss. Schon stehen in der Klasse ganze Sätze im Raum. Auch die Groß- und Kleinschreibung wird durch Aufstehen oder Sitzenbleiben der Kinder zur spaßigen Aktion. Schüler, die am Satzanfang oder bei einem Hauptwort aufstehen mussten, werden dies besser behalten. Selbst die Interpunktion macht bewegt mehr Spaß: Gerne spielen Kinder z. B. Kommas, die sich in der Satzreihe – stehende Mitschüler – an der richtigen Stelle einfügen. Also nur Mut und viel Spaß – die neue Rechtschreibung ist beweglich!

Fallen lernen		
überschüssige Energie abbauen		
Sauerstoff tanken		
ins Gleichgewicht kommen		
Raum und Lage erfahren	✔	
Aggressionen abbauen		
besser behalten	✔	
sich auf Menschen zubewegen	✔	

Alter	1.–6. Schuljahr je nach Aufgabenstellung
Zeit	10–15 Minuten
Ort	drinnen
Sozialform	Gruppenspiel
Material	Satzzeichen aus Pappe oder Papier

1.11 Telefonzelle putzen!

Zappelphilippe und genervte Erwachsene aufgepasst: Es ist Zeit für den Telefonzellen-Putz! Jeder Spieler legt ein viereckiges Stück Pappe oder Papier (50 x 50 cm) vor sich auf die Erde. Hat der Boden des Raumes bereits ein Viereckmuster (Fliesen), dann ist das Pappestück überflüssig. Jeder Mitspieler stellt sich *vor* sein Viereck und erfährt: „Ihr seid Fensterputzer und steht vor einer sehr schmutzigen Telefonzelle. Putzt zunächst die vier äußeren Glasflächen und zwar alle Ecken ganz gründlich". Alle „Fensterputzer" schrubben, wischen, reiben, strecken und bücken sich wie wild. Wenn alle vier Außenflächen blitzeblank geputzt sind, treten die Spieler *in* ihr Viereck und beginnen den Innenputz. Jetzt sind ihre Bewegungen eng begrenzt: Die Spieler sollten die imaginäre Telefonzelle nicht mit dem Po oder anderen Körperteilen berühren. Garantiert: Wenn alle 8 Glasflächen geputzt sind, hat kein Spieler mehr überschüssige Energie!

Tipp
Putzen auch Sie als Spielleiter fleißig Ihre Telefonzelle. Ein wenig Bewegung tut Ihnen im sitzenden Alltag sicher gut! Mit fetziger Musik macht der Telefonzellen-Putz doppelt so viel Spaß. Zu Rock'n'Roll Musik schwingt der ganze Körper!

Fallen lernen	
überschüssige Energie abbauen	✔
Sauerstoff tanken	✔
ins Gleichgewicht kommen	✔
Raum und Lage erfahren	✔
Aggressionen abbauen	✔
besser behalten	
sich auf Menschen zubewegen	

	Alter	ab 3-99 Jahre
	Zeit	3-5 Minuten
	Ort	drinnen oder draußen
	Sozialform	Einzelspiel
	Material	Pro Mitspieler 1 Viereck (50x50 cm) aus Pappe oder Papier, Rock'n'Roll Musik

1.12 Wobbler

Egal ob als Vorübung fürs Fahrrad fahren oder fürs Schreiben lernen – für beides ist Gleichgewicht eine wichtige Voraussetzung. Mit dem Wobbler trainieren Kinder ihren Gleichgewichtssinn und haben dabei einen Riesenspaß.
Auf einer Kunststoffhalbkugel liegt eine Fläche, in deren vorderem Teil sich ein labyrinthartiger Aufbau befindet. Die Kinder stellen sich auf die andere Seite des Wobblers und versuchen mit Hilfe des ganzen Körpers durch geschicktes Ausbalancieren einen kleinen Ball in die Mitte des Labyrinths zu bringen. Mal muss der Wobbler nach vorn, dann plötzlich ganz schnell nach hinten, dann wieder zur Seite geneigt werden, um den Ball in die richtige Richtung laufen zu lassen. Manchmal muss man den Wobbler auch „in der Schwebe" halten, um den Ball weiter zu bringen: eine echte Herausforderung für die Bewegungskoordination und eine tolle Schulung von Gleichgewicht und Körpergeschicklichkeit!

Variante
Bei einer zweiten, jedem Wobbler beiliegenden Spielvariante geht es darum, mehrere Plastikbälle in ein Loch zu balancieren. Die Übungen mit dem Wobbler können auch sitzend oder auf dem Bauch liegend mit ausgestreckten Armen durchgeführt werden. Dann ist gute Bauchmuskulatur gefragt!

Fallen lernen	✔	Alter	ab 4 Jahre
überschüssige Energie abbauen	✔	Zeit	5–10 Minuten
Sauerstoff tanken	✔	Ort	drinnen oder draußen
ins Gleichgewicht kommen	✔	Sozialform	Einzelspiel
Raum und Lage erfahren	✔	Material	Pro Mitspieler 1 Wobbler
Aggressionen abbauen	✔		
besser behalten			
sich auf Menschen zubewegen			

zu beziehen bei: Logo-Lern-Spiel-Verlag, Postfach 11 03 20
D-46262 Dorsten

Zweiter Baustein:
Wahrnehmung

All unser Wissen gründet sich auf Wahrnehmung. Die fünf Sinne sind die Sachverwalter der Seele.
Leonardo da Vinci

Wahrnehmung bedeutet:

- Primärerfahrungen aus der Umwelt sammeln
- sich und andere bewusst wahrnehmen
- mit Freude neue Sinnesreize aufnehmen
- Sinne schulen
- Körperkontakt fördern
- Gespräche auslösen
- besser behalten

Wie ist der Lebensraum unserer Kinder?

Die Informationsgesellschaft stellt neue Anforderungen an die sensorische und motorische Kompetenz unserer Kinder. Sie nehmen ihre Umwelt ganz anders wahr als alle Generationen vorher. Heute beziehen die Kinder ihr Wahrnehmungsrepertoire weniger aus dem eigenen, sinnlichen Erleben als vielmehr aus Bildern und Informationen der Medien und Computer. Ihre sensible, sich entwickelnde Identität ist zunehmend der Unterhaltungs- und Bewusstseinsindustrie von Medienmultis ausgesetzt.

Sie gaukeln den Kindern eine Welt vor, ein ‚Leben aus zweiter Hand', in der es bloß zu konsumieren gilt. Schon ab sechs Uhr in der Früh schwirren Monster durch den Luftraum, um sich mittels Laser in eine neue Galaxie zu beamen. Oder aggressive Dinosaurier zertrampeln laut brüllend und schnaufend jegliches Leben auf der Erde. Mittendrin lernt das Kinderherz das glücksverheißende Begehren kennen: den neuen Schokoriegel mit der Superkraft, die gestylte Barbiepuppe und das unübertreffliche Computerspiel. Hässliche Monster, dümmliche Mutanten und arrogante Helden spielen die Hauptrollen im privaten Frühstücksfernsehen. Aber auch die staatlichen Sender proklamieren jugendlichen Körperkult, brutale Gewalt, subtilen Sexismus und seichte Unterhaltung „just for fun". Kino, Fernsehen und Computerspiele bieten meist reißerische Kicks und Thrills, schnelle Befriedigung und Belohnung.

Gefährlich sind vor allem jene Bilder, die Liebe, Glück und sexuelle Erfüllung festlegen – noch lange bevor die Kinder diese Erfahrungen selbst machen konnten. Wenn ein junger Mensch seiner ersten Liebe begegnet, hat er schon hunderte Filme gesehen, die ihm vorgaukelten, wie Liebe auszusehen hat. Und bevor ein Kind seine ersten eigenen Erfahrungen mit Gewalt machen konnte, hat es bis zu seinem zwölften Lebensjahr 14.000 Morde im Fernsehen beobachtet! Ein von Fausthieben niedergestreckter Superman rennt im nächsten Moment quietschvergnügt hinter ‚dem Bösen' her, um ihm eine Ladung Fußtritte zu verpassen. Keine Angst, auch er steht gleich wieder auf! Diese Steh-auf-Männchen geben keinen Aufschluss darüber, ob ein Kinnhaken weh tut oder ein Schlag tödlich sein kann. Gewalt scheint ohne Folgen, ohne Opfer und ohne Leid abzulaufen. Die wilde Jagd rennt einfach am Leben vorbei. Aber ihre Wirkung ist nachhaltig: In einer internationalen Studie zum Medienkonsum von 5.000 Kindern im Alter von 12 Jahren in 23 Ländern fand die UNESCO heraus, dass für jeden dritten Jungen der „Terminator" das männliche Vorbild schlechthin ist!

Kinder sind zunehmend der Gefahr ausgesetzt, sich die Realität über Zerr- und Trugbilder der Medien anzueignen. Wer kennt sie nicht die ‚blaue Milka-Kuh', die schon in Kinderhirnen spukt, noch lange bevor sie eine echte Kuh gesehen haben. Wo blaue Kühe brav weiden, wo schöne Menschen glücklich leben, wo Kraftmeier alle Probleme mit Geld und Gewalt lösen, da bleibt wenig Platz für die Realität. Ein erfahrener Erwachsener hält solche Glücks- oder Gewaltszenarien vielleicht aus. Kindern und Jugendlichen fehlt jedoch der Vergleich mit eigenen Erlebnissen. Sie glauben den Bildern und halten sie für die Realität. Wer mag es ihnen verübeln? Schließlich präsentiert sich die Welt in Filmen so echt und „easy". Komplexe Zusammenhänge sind verpönt. Alles ist eindeutig, nichts muss sich der Zuschauer selbst erschließen. Die Fast-Food-Wahrnehmung erscheint einfach und perfekt, das eigene Urteils- und Erlebnisvermögen dagegen schwer und unzureichend. Ganz nach dem Motto: „Das habe ich im Fernsehen gesehen, also stimmt's!"

Schon im Jahr 1921 kämpfte Kurt Tucholsky gegen eine Presse, die nach heutigen Maßstäben ein Hort der Seriosität war: „Der Nachrichtendienst ist das komplizierteste Lügengewebe, dass je erfunden worden ist. Wer sich darauf einlässt, weiß selten, was er liest, und verwechselt das Arrangement mit der Schwere der Ereignisse".

Das war mehr als sechs Jahrzehnte, bevor Neil Postman seine Apokalypse von den Verheerungen des Fernsehens zeichnete: „Die Technologie brachte eine neue Welt hervor — eine Guckguckwelt —, in der es kaum Zusammenhänge, kaum Bedeutung gibt, sie fordert uns nicht auf, etwas zu tun, ja sie lässt es gar nicht zu; wie das Guckguck-Spiel der Kinder ruht sie abgeschlossen in sich".[19]

> **Ikomanie**
> Der Begriff setzt sich zusammen aus ‚eikon' gleich Bild und ‚mania' gleich Berauschtsein.

[19] Postmann, N., Wir amüsieren uns zu Tode. Urteilsbilder im Zeitalter der Unterhaltungsindustrie. Frankfurt a. M. 1985, S. 99

Die Ikomanie[20], das Berauschtsein durch Bilder ist ein historisch neuer Tatbestand unserer Informationsgesellschaft. Die kindliche Identität droht sich darin zu verlieren. Die neue Bilderkost ist allgegenwärtig, unausgewogen, schwer bekömmlich und sie macht krank.

Wie reagieren unsere Kinder darauf?

Der achtjährige Max kann noch immer keinen Jogurtbecher öffnen, er fällt ständig hin, auf Wanderungen verliert er meist die Gruppe, er kann noch nicht lesen und bei kleinen Rechenaufgaben versagt er. Max hat Wahrnehmungsprobleme, deren Ursachen in gestörten organischen Funktionen liegen können oder in seinen veränderten Lebens- und Umweltbedingungen.

Zu den organischen Ursachen zählen Hirnfunktionsstörungen, die während der Schwangerschaft (z. B. Infektionen der Mutter, Einnahme von toxischen Stoffen), bei der Geburt (z. B. mangelhafte Sauerstoffversorgung) oder in der frühen Kindheit (z. B. schwere, entzündliche Erkrankungen) entstanden sind. Hier können nur der Arzt und ein erfahrener Therapeut helfen.

Die meisten Wahrnehmungsstörungen sind jedoch umweltbedingt. Viele Kinder leiden unter einem Mangel an Entwicklungsreizen in ihrer Umwelt, die ihnen zu wenig sinnliche Erfahrungen, Körperkontakt und Bewegungsfreiraum bietet. Mit dieser Unterversorgung paart sich meist eine Überversorgung an visuellen und akustischen Reizen. Augen und Ohren sind überstimuliert, während die Tast-, Riech-, Schmeck- und Gleichgewichtssinne unterversorgt zu verkümmern drohen. Viele Forschungsarbeiten belegen, dass eine bestimmte Menge von Umweltreizen vorhanden sein muss, um ein erfolgreiches Wechselspiel aus äußeren und inneren Impulsen, d.h. eine gesunde Gehirnentwicklung zu gewährleisten. Welche Bedeutung spielen eigentlich hierbei die Sinne?
Sie sind lebenswichtige, hochsensible Schlüssel zur Umwelt. Das Kind begegnet den Lebewesen und Gegenständen zunächst durch seine Sinne. Es kann das Neue sehen, hören, schmecken, riechen, fühlen und ertasten. Auf diesem sensorischen Weg sammelt das Kind wichtige Eindrücke und Kenntnisse über seine Umwelt, über seine Person in Zusammenhang mit anderen Menschen und Dingen. Es begibt sich lustvoll auf eine spannende Lernreise, bei der das Begreifen mit dem Greifen beginnt.
Das Kind erwirbt, bevor es sich sprachlich mitteilt, ein sinnliches Wissen. Allmählich wächst sein Erfahrungs- und Erkenntnisschatz, auf den es in Zukunft zurückgreifen kann. Es hat gespürt, wie sich ein

---

[20] Rolff, H-G., Kindheit heute – Leben aus zweiter Hand, in: Faust-Siehl, Schmitt, Valtin, (Hrsg.): Kinder heute – Herausforderung für die Schule, Frankfurt a.M. 1990, S. 61–71.

Regentropfen oder ein Mückenstich auf der Haut anfühlen, und kann blitzschnell adäquat darauf reagieren. Nur das Selbsterfahrene – erworben aus dem praktischen Handeln mit ‚richtigen' Menschen und mit ‚echten' Dingen – setzt sich nachhaltig und ganzheitlich, d.h. mit allen Sinnen, im Gedächtnis fest. Es entstehen neue geistige Strukturen und Denkwerkzeuge, die Sicherheit für weitere Lebens- und Lernschritte geben.

Unsere Sinne funktionieren also wie Schwämme, die unzählige Reize und Empfindungen aufsaugen. Sie sind Datenautobahnen, die lebenswichtige Informationen zum Hirn transportieren. Zuständig für die biochemische Speicherung der einlaufenden Sinnesinformationen ist unser Gedächtnis. Je nach Dauer der Speicherung sprechen wir vom Ultrakurzzeitgedächtnis (UZG) oder vom Kurzzeitgedächtnis (KZG). Die zunächst im UZG ankommenden Wahrnehmungen klingen nach 10 bis 20 Sekunden wieder ab, wenn sie nicht mit bereits im Gehirn kreisenden Gedanken verknüpft werden. Ist dies der

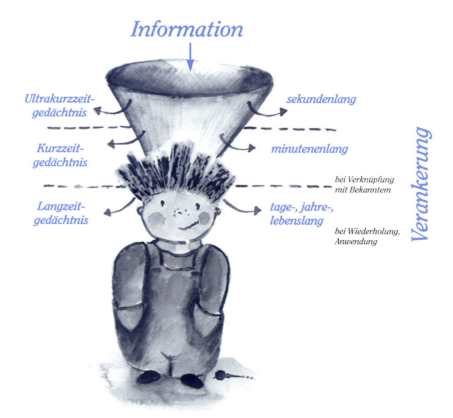

Fall, so gelangen sie ins KZG. Dort werden sie 20 Minuten lang gespeichert, bevor sie entweder vergessen oder im Langzeitgedächtnis fest verankert werden.

Je mehr Sinne den Informationstransport vornehmen, um so nachhaltiger speichert unser Hirn. Dies birgt für den menschlichen Reifungs- und Lernprozess ungeheure Chancen, aber auch große Gefahren.

Die Gefahren lauern vor allen Dingen in einer Informationsgesellschaft, die glaubt, alles Wissen medial übermitteln zu können. Immer mehr Kinder werden heute von der einseitigen Wahrnehmungsflut an Bildern und Informationen aus den Medien überrollt. Viele Eltern vermeiden die Auseinandersetzung mit ihren Kindern, geben zu schnell dem Konsum- und Mediendruck nach. Sie erziehen immer weniger aktiv, ihre Kinder sitzen passiv vor dem Fernseher oder Computer. Man braucht ja mal ein wenig Ruhe!

Es ist eine trügerische Ruhe, denn die Informations- und Reizüberflutung — immerhin beträgt der durchschnittliche Fernsehkonsum von Vier- bis 14-Jährigen 4 Stunden täglich! — ist folgenschwer. Die Seh- und Hörsinne der Kinder sind überreizt, andere wichtige Sinne (Tastsinn, Gleichgewichtssinn) dagegen verkümmern. Immer mehr Kinder geraten durch diese einseitige „Wahrnehmungskost" aus dem Gleichgewicht. Sie können die schnellen Bildschnitte und zahlreichen Informationen nicht mehr verarbeiten. Sie werden nervös, unkonzentriert, leiden unter Einschlaf-, Konzentrations- und Wahrnehmungsstörungen oder suchen überall und immer die „totale action".

Wer viel fernsieht hat wenig Zeit für Gespräche. In immer weniger Familien gibt es Gespräche, in denen Einschätzungen und Meinungen über das reale Leben ausgetauscht werden. Eine neue Studie des Familienministeriums meldet Erschreckendes: Drei Stunden und 35 Minuten sind Eltern täglich mit ihren Kindern zusammen, davon eine Stunde vor dem Fernsehen. Für Gespräche bleiben täglich ganze 19 Minuten! Wen wundert's da noch, dass der Anteil sprachgestörter Kinder im Alter von drei bis vier Jahren seit 1982 von 4% heute auf 34% gestiegen ist.

Wenn die eigene Erfahrung mit der Umwelt oder das Gespräch mit anderen ausbleiben, dann kann nur in den Bildern das Maß aller Dinge gesucht werden. Aber das Greifen, das allem Begreifen unabdingbar vorausgeht, kann weder durch spannende Fernsehfilme noch durch elektronische Computerbilder ersetzt werden. Der Regenwurm fühlt sich nur in der Hand feucht und geschmeidig an und nicht im Fernsehen!

Wenn künstliche Bilder ein Leben aus zweiter Hand vermitteln, dann stirbt die Fantasie unserer Kinder. Ist der Fernseher mal kaputt, dann heißt es gleich: „Was soll ich spielen?" Es ist erschreckend, wenn durch Bildersucht die Kreativität so verkümmert!

Und die Zahl der Kinder mit Wahrnehmungsstörungen bzw. schlechter sensorischer Integration wächst bedrohlich! Selten ist nur ein Wahrnehmungsbereich gestört oder ein isoliertes Sinnesorgan funktionsunfähig. Die Kinder stecken vielmehr in einem Leidensgeflecht von kombinierten Ausfällen des Sinnessystems. Ihr Gehirn hat die für die Verarbeitung der Sinneseindrücke erforderlichen Strukturen nicht oder unzureichend entwickelt. Sie tun sich schwer, unter der Vielzahl der Reize die wichtigen von den unwichtigen zu unterscheiden, die Informationen richtig einzuordnen und mit Erfahrungen zu verbinden. Sie können die räumliche und zeitliche Abfolge von Reizen nicht richtig einschätzen, somit auch nicht behalten und darauf adäquat reagieren. Kurzum: Die Integration der Sinnesreize ins Zentralnervensystem ist gestört.

Hier nur einige Beispiele: Kinder mit auditiven Wahrnehmungsstörungen nehmen einen akustischen Reiz, einen Laut, zwar korrekt auf, aber sie erkennen seine Bedeutung nicht oder falsch. Sie vermögen aus Einzellauten kein Wort zu bilden. Kinder mit taktilen Wahrnehmungsstörungen sind entweder schmerzunempfindlich, überschreiten gerne Körpergrenzen und suchen ständig massive Berührungsreize. Oder aber sie sind überempfindlich, fliehen vor Zärtlichkeiten, berühren ungern z. B. Matsch oder Fingerfarben und bauen eine ‚taktile Abwehr' auf.

Mit solchen und anderen Wahrnehmungsstörungen gehen immer Lernstörungen einher: Konzentrationsschwäche, beeinträchtigte Auffassungs- und Gedächtnisleistung, hohe Ablenkungs- und Störbereitschaft. All dies löst psychischen Stress aus. Wahrnehmungsgestörte Kinder können sich nur unter großen Anstrengungen situationsgerecht, ausgeglichen und mit innerer Befriedigung in ihre Umgebung einfügen. Sie fallen oft hin, rempeln andere an, lassen ständig Dinge fallen oder stoßen sie um. Dieses ständige Anecken und Auffallen erhöht ihre Unsicherheit und senkt ihre psychische Belastbarkeit. Sie leiden ständig unter der Angst, den Anforderungen nicht gerecht zu werden. Auch wenn sie zeitweise Unterrichtsaufgaben genauso gut lösen wie ihre Mitschüler, so fallen sie danach meist durch apathisches oder aggressives Verhalten auf.

Die ‚neuen Kinder' der Informationsgesellschaft brauchen eine maßgeschneiderte Umgebung. Auch wahrnehmungsgestörte Kinder können rasche Entwicklungsfortschritte machen, wenn sich die Umwelt ihren Bedürfnissen anpasst. Aber wie muss die Umwelt der neuen Kindheit beschaffen sein?

Was brauchen unsere Kinder?

Unsere Kinder brauchen Hilfe durch pädagogische Prävention, nicht erst wenn alles zu spät ist und der Therapietermin bereits feststeht!

Sie brauchen zunächst ein verständiges Erziehungsumfeld, das der permanenten Reizüberflutung mit Sachverstand zu begegnen weiß. Aber Elternhaus, Kindergarten und Schule sind auf die neuen und sehr spezifischen Herausforderungen der Informationsgesellschaft nur unzureichend vorbereitet. Noch fehlt vielen Eltern und pädagogischen Fachkräften das erforderliche Fachwissen.

Unsere Kinder brauchen Erwachsene, die sie so oft wie möglich mit Herzenslust im Freien toben und matschen lassen, die ihnen den Spaß am Entdecken und Erkunden erhalten. Unsere Sinne benötigen Übung, um sensibel wahrzunehmen. Wenn sie nicht benutzt werden, stumpfen sie ab.

Um die Sensibilität der Sinne zu erhalten und ihre Leistungsfähigkeit zu schulen, müssen Kinder selbstständig Primärerfahrungen machen. Und Kinder brennen darauf, möglichst viele unterschiedliche Dinge ihrer Umwelt mit allen Sinnen zu erleben, Erfahrungen mit sich und ihren Spielkameraden zu machen. Sie wollen ihre Fragen und Interessen durch eigenes Entdecken, Erforschen und Untersuchen vertiefen und anderen mitteilen. Aber sie brauchen Gelegenheiten und Orte dazu.

Suchen Sie daher, liebe Eltern, Erzieher/innen und Lehrer/-innen, mit ihren Kindern das Leben dort auf, wo es sich konkret zeigt: am Bach und auf der Wiese, auf der Straße und im Supermarkt, beim Bäcker und im Polizeipräsidium. Je häufiger und öfter ihre Kinder solche Primärerfahrungen machen, also mit Menschen und Dingen persönlich und konkret umgehen, desto besser erschließen sie sich die Welt in ihrer wahren Gestalt. Nur dann können sie eigene, innere Bilder und eine *echte Kompetenz* erwerben, die sie zu Problemlösungen befähigt. Fernsehen, Computer und Lernen am Modell vermitteln dagegen Sekundärerfahrungen, bei denen die Kinder oft nur eine *Scheinkompetenz* erwerben.

Zugegeben, es ist zu Hause oder im Schulalltag nicht immer einfach, das reale Leben als sinnliche Lernerfahrung einzubeziehen. Aber dies ist kein Grund, es ganz auszugrenzen! Bitte, liebe Eltern, achten Sie darauf, wer als drittes Elternteil in Ihrer Erziehung ein wichtiges Wort mitredet: das wahre Leben oder der Fernseher mit seiner Scheinwelt. Schließlich erlauben Sie sonst auch nicht jedem, sich in Ihre Erziehung einzumischen. Je länger Ihr Kind vor der Flimmerkiste sitzt, desto weniger kann es fröhlich mit Freunden spielen, matschen und toben. Fernsehen und Fast-Food haben eines gemeinsam: Sie machen Appetit auf mehr, aber sie ernähren nicht! Sicher, Fernsehverbot löst bösen Protest und nerviges Gequengel aus. Aber zur Erziehung gehören auch Verbote. Und Diskussionen über Fernsehkonsum sind allemal einfacher zu meistern als massive Wahrnehmungsstörungen! Lehnen Sie bei aufkommender Langeweile den scheinbar rettenden Knopfdruck ab. Sie werden staunen, welch kreative Spiele Ihr Kind erfinden wird. Jedes Kind lässt sich von seiner Fernsehsendung weglocken, wenn draußen z. B. ein kleines Feuer gemacht wird. Appelle und Verbote reichen nicht aus, attraktive Angebote mit Spielkameraden und das Engagement der Eltern sind gefragt!

Fernsehen in Maßen und wohlüberlegte, vielfältige Primärerfahrungen, selbstentdeckendes Lernen mit allen Sinnen, persönlicher und sinnlicher Kontakt mit Menschen und Dingen sollten in Ihrer Erziehung und in Ihrer Unterrichtspraxis keine Schlagworte bleiben. Denn wenn vorbereitete Kunstwelten sich breitmachen und reale Erlebniswelten verdrängen, wenn nur noch Bilder ‚sprechen' und die persönliche Kommunikation erlahmt, wenn langweilige Perfektion herrscht und die Fantasie stirbt, dann ist der Störfall in der Entwicklung Ihres Kindes vorprogrammiert.

Viele Eltern wollen die Wahrnehmungs- und Bewegungsstörungen ihrer Kinder nicht wahrhaben oder versuchen sie zu verheimlichen. Noch zu selten informieren Schulärzte die Schulen über ihre Befunde im Bereich der Wahrnehmung und Bewegung, obwohl sie die ‚Lernlaufbahn' stark beeinträchtigen. Sicher, es gibt keine Patentrezepte; jedes Kind hat eine andere Familien- und Lerngeschichte. Aber eines ist gewiss: Es gibt sie in zunehmendem Maße, die wahrnehmungsgestörten Kinder, und sie benötigen unsere Hilfe! Sie brauchen einen Schulalltag, der sie nicht zusätzlich bedrückt, hindert oder gar diskriminiert. Oft empfindet der traditionelle Schulunterricht mit seinen Regeln der Gleichschrittigkeit, Gleichzeitigkeit und Gleichmäßigkeit ein wahrnehmungsgestörtes Kind als Bedrohung. Es bedroht den reibungslosen Ablauf der Unterrichtsroutine und einen Schulfrieden, den es schon lange nicht mehr gibt. Kinder mit sensorischen und motorischen Auffälligkeiten werden häufig als „Störer", „Dummköpfe" oder „Zappelmonster" gebrandmarkt. So geraten sie nur ins schulische und später ins gesellschaftliche Abseits.

Je intensiver, liebevoller und kompetenter die pädagogische Prävention im Elternhaus, Kindergarten und Schule betrieben wird, umso besser können die Kinder der Informationsgesellschaft den neuen Anforderungen an ihre sensomotorische Kompetenz gerecht werden.

Je früher wahrnehmungs- und bewegungsgestörte Kinder therapeutische Hilfe erhalten, desto nachhaltiger kann ihnen im Sinne einer echten Nachreifung geholfen werden. Kinder mit Störungen im sensomotorischen Bereich benötigen mehr Bewegung drinnen und draußen, mehr sinnliche Erfahrungen durch Toben und Matschen. Und sie brauchen mehr Zeit, Geduld, Geborgenheit, große Zuversicht und neue Wege der Unterrichtsvermittlung. Ihre auditiven und visuellen Sinne sind von den vielfältigen Medieneindrücken überlastet, sie gleichen verstopften Autobahnen. Werden nun diese Sinneskanäle zum ausschließlichen Transport von Informationen genutzt, so darf sich keiner wundern, wenn der Lernstoff im Stau stecken bleibt und den ‚Zielhafen Hirn' nicht erreicht! Die Umleitung über andere Sinne wird erforderlich. Denken Sie immer daran: Ihre Kinder können mehr als nur hören und sehen! Sie können sich Informationen in Bewegung abholen, Dinge ertasten, schmecken und riechen. Aber hierfür reicht das Schulbuch nicht aus. Lernen mit allen Sinnen erfordert flexible Unterrichtsmethoden, kreative Lernmaterialien und -spiele. Keine Sorge, darunter leidet die Vermittlung von Lernstoff nicht, sie wird vielmehr interessanter und kindgerechter!

Spiele, Spiele, Spiele

2.1 Der Tanz der magnetischen Hände

Jedes Kind streckt beide Arme nach vorne aus, erhebt die Handflächen und geht auf einen Spielpartner zu. Wenn ihre erhobenen Handflächen sich beinahe berühren, bleiben die Kinder stehen. „Nun stellt euch vor, zwischen euren Handflächen ist ein Magnet, der euch anzieht. Ihr müsst also jede Handbewegung des Partners nachmachen. Wählt einen Bestimmer, der als erster die Handbewegungen macht, die seinen Partner magnetisch anziehen. Auf meinen Zuruf hin wechseln die Paare den Bestimmer. Tanzt zur Musik durch den ganzen Raum, so als wäret ihr unsichtbar miteinander verbunden. Ahmt dabei genau die Bewegungen eures Tanzpartners nach."

Tipp
Wählen Sie langsame, beschauliche Musik, denn die Kinder müssen sich tänzerisch behutsam aufeinander abstimmen. Achten Sie darauf, dass die Kinder nicht an einem Ort stehen bleiben, sondern den ganzen Raum nutzen. Auch sollten sie die Handbewegungen mit dem ganzen Körper nachvollziehen. Recht bald entsteht ein wunderschöner Tanz, bei dem die Kinder aufmerksam ihre Bewegungen koordinieren und Erfahrungen mit ihrem Körper im Raum sammeln. Dabei werden sie von Mal zu Mal besser!

Variante
Erst ab dem vierten Lebensjahr vermag ein Kind den magnetischen Tanz umzusetzen. Für Dreijährige ist dies noch zu abstrakt. Sie können allerdings freudig mittanzen, wenn man ihnen gestattet, ihre Handflächen zu berühren. Der dann eingeschaltete Tastsinn hilft ihnen, dem Tanzpartner unbeschwert zu folgen.

Primärerfahrungen aus der Umwelt sammeln		
sich und andere bewusst wahrnehmen	✔	
mit Freude neue Sinnesreize aufnehmen		
Sinne schulen: Sehen	✔	
Körperkontakt fördern	✔	
Gespräche auslösen		
besser behalten		

Alter	ab 4 Jahre bis 2. Schuljahr
Zeit	5–10 Minuten
Ort	drinnen
Sozialform	Einzelspiel
Material	beschauliches Musikstück

2.2 Die Vermisstenanzeige

Wissen Sie noch, welches Hemd ihr Mann oder welche Hose ihr Kind beim Verlassen der Wohnung trug? Könnten Sie heute eine eindeutige Vermisstenanzeige aufgeben? Gar nicht so einfach, oder? Selbst Menschen, die wir sehr lieben, beobachten wir wenig. Ihr Erscheinungsbild geht rasch im Alltagstrott unter. „Die Vermisstenanzeige" hilft Ihren Kindern, sich aufmerksam zu beobachten: Zwei Kinder sitzen sich gegenüber und schauen sich intensiv an. Nach kurzer Zeit drehen sie ihre Stühle um, so dass sie Rücken an Rücken sitzen und sich nicht sehen können. Erst jetzt erfahren sie, dass sie abwechselnd eine mündliche Vermisstenanzeige ihres Partners erstatten sollen und zwar so detailliert wie möglich: Augen- und Haarfarbe, Kleidung, Schmuck, körperliche Merkmale usw.

Tipp
Mit ‚Vermisstenplakaten' können Sie das aufmerksame Wahrnehmen der Kinder verstärken. Jedes Kind erhält einen Bogen Packpapier. Abwechselnd legt sich ein Spielpartner darauf, während der andere mit einem dicken Stift die Konturen entlang des Körpers nachzeichnet. Dann wird der Gestaltumriss mit persönlicher Augen- und Haarfarbe, Kleidung usw. ausgemalt. Die fertigen Vermisstenplakate bilden einen schönen Wandschmuck. Das Spiel eignet sich besonders für die Kennenlernphase neuer Gruppen oder Klassen.

Primärerfahrungen aus der Umwelt sammeln	
sich und andere bewusst wahrnehmen	✔
mit Freude neue Sinnesreize aufnehmen	✔
Sinne schulen: Sehen	✔
Körperkontakt fördern	✔
Gespräche auslösen	✔
besser behalten	✔

	Alter	ab 3 Jahre bis 2. Schuljahr
	Zeit	10–30 Minuten
	Ort	drinnen
	Sozialform	Paarspiel
	Material	evtl. Packpapier, Filzstifte

2.3 Irgendetwas stimmt hier nicht!

Hier ein lustiges Wahrnehmungsspiel für die ganze Gruppe oder Klasse! Alle Kinder haben fünf Minuten Zeit, um sich aufmerksam anzuschauen. Danach bitten Sie zwei oder mehrere Kinder, den Raum zu verlassen. Draußen nehmen sie kleine Veränderungen an ihrer äußeren Erscheinung vor, z. B. Frisur verändern, Schuhe, Kleidungstücke oder Schmuck tauschen. Beim Ruf „Irgend etwas stimmt hier nicht!" treten die verwandelten Kinder vor die Gruppe, die nun so schnell wie möglich die Veränderungen beschreiben soll.

Variante
Es geht auch umgekehrt: Die herausgeschickten Kinder erraten, wer oder was sich während ihrer Abwesenheit im Gruppen- oder Klassenraum verändert hat. Besonders großen Spaß macht es, wenn sich der Erzieher oder Lehrer verwandelt! Übrigens, nicht nur die äußere Erscheinung ist wandelbar. Auch neue Gestik und Mimik schärfen die Beobachtungsgabe der Kinder. Betreten Sie den Raum oder begrüßen Sie die Kinder mal ganz ungewohnt und fragen Sie: „Was ist denn heute anders an mir?"

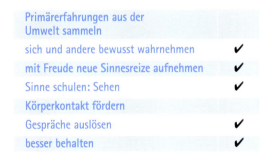

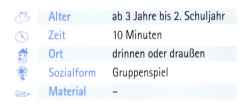

2.4 Wir gehen auf Entdeckungsreise!

„Wer eine Reise macht, sieht neue Menschen, Tiere und Dinge. Steht auf und geht auf Entdeckungsreise. An den Wänden hängen Bilder mit schönen Motiven. Betrachtet sie in Ruhe, geht wieder zu eurem Platz und malt eines oder mehrere Motive. Wenn ihr vergessen habt, wie sie genau aussahen, so steht auf und betrachtet sie, so oft ihr wollt. Ihr könnt auch eine kleine Bildergeschichte malen, die ihr nachher allen erzählt."

Tipp
Bitte achten Sie darauf, dass die Bilder von weitem nicht leicht erkennbar sind. Denn die Kinder sollen sich ihre Bildideen in Bewegung abholen. Sie können je nach Auswahl der Bilder, Fotos oder Zeichnungen die Kinder auf themenbezogene Reisen schicken, z. B. auf eine Winterreise mit ihren typischen Motiven (Wollmütze, Eiszapfen, Schlitten) oder auf einen Tauchausflug mit bunten Lebewesen aus dem Meer oder auf Geschäftsreise mit Aktenkoffer, Hotel, Flugzeug, Zahnbürste.

Variante
Sie können auch draußen z. B. Baum, Stein oder Papierkorb mit bunten Punkten markieren. Wenn die Kinder ihre Bildideen von realen Dingen abholen, dann bewegen sie sich in der frischen Luft und sammeln wichtige Primärerfahrungen.

Primärerfahrungen aus der Umwelt sammeln	✓
sich und andere bewusst wahrnehmen	
mit Freude neue Sinnesreize aufnehmen	✓
Sinne schulen: Sehen	✓
Körperkontakt fördern	
Gespräche auslösen	✓
besser behalten	✓

	Alter	ab 3 Jahre bis 4. Schuljahr
	Zeit	20–30 Minuten
	Ort	drinnen oder draußen
	Sozialform	Einzelspiel
	Material	vorbereitete Bildmotive

2.5 Aus der Hand lesen

„Habt ihr schon mal von Wahrsagern gehört, die aus der Hand lesen? Sie behaupten, an den Linien der inneren Handfläche die Zukunft des Menschen voraussehen zu können. Nun, das geht sicher zu weit! Aber eines ist gewiss: Wenn wir unsere Hände aufmerksam berühren, können wir viel Neues entdecken! Begebt euch auf diese spannende Tastreise: Reicht euch zu zweit die Hände, ertastet und befühlt sie gegenseitig. Sind sie warm oder kalt, rauh oder weich? Hat euer Spielpartner kurze oder lange Finger, trägt er Ringe, gibt es besondere Merkmale, z. B. kleine Narben oder gar einen Pickel? Vergesst nicht, dabei eure Augen zu schließen und still zu sein. Nur so kommt ihr den Feinheiten der Hände auf die Spur, die ihr uns gleich beschreiben sollt!"

Tipp
Dieses Tastspiel eignet sich hervorragend, um kleine Kampfhähne zu besänftigen. Das gegenseitige Ertasten der Hände beruhigt sie und erhöht ihre Sensibilität füreinander. Sie spüren sich und den anderen wieder! Spielen Sie „Aus der Hand lesen" vielleicht jeden Montagmorgen, wenn die Kinder aus dem medienüberreizten Wochenende kommen und recht unsensibel und egozentrisch miteinander umgehen!

Variante
Das Händelesen kann zur Massageübung umfunktioniert werden. Nach einer längeren, für die kindliche Motorik anstrengenden Schreibphase ist es ratsam, dass sich die Kinder ihre eigenen Händchen oder die des Nachbarn massieren.

Primärerfahrungen aus der Umwelt sammeln		Alter	ab 3 Jahre bis 1. Schuljahr
sich und andere bewusst wahrnehmen	✔	Zeit	2–5 Minuten
mit Freude neue Sinnesreize aufnehmen	✔	Ort	drinnen
Sinne schulen: Tasten	✔	Sozialform	Paarspiel
Körperkontakt fördern	✔	Material	–
Gespräche auslösen	✔		
besser behalten			

2.6 Ein ungewöhnlicher Liebesbrief

„Wisst ihr, dass man Briefe nicht nur lesen, sondern auch fühlen kann, vor allen Dingen wenn darin liebe Worte stehen? Versucht es mal: Benutzt als Schreibunterlage den Rücken eures Tischnachbarn und schreibt mit eurem Finger langsam und in großen Buchstaben eine liebe Botschaft. Habt ihr erraten, was in dem Liebesbrief steht? Wenn nicht, dann versucht es nochmals, aber diesmal deutlicher!"

Variante
Auf diese Weise können nicht nur Buchstaben und Worte eingeübt werden. Auch kleine Rechenaufgaben oder geometrische Formen lassen sich so spannend vermitteln.

Primärerfahrungen aus der Umwelt sammeln	
sich und andere bewusst wahrnehmen	✔
mit Freude neue Sinnesreize aufnehmen	✔
Sinne schulen: Tasten	✔
Körperkontakt fördern	✔
Gespräche auslösen	
besser behalten	✔

	Alter	1. bis 4. Schuljahr
	Zeit	5–10 Minuten
	Ort	drinnen
	Sozialform	Paarspiel
	Material	–

2.7 Verborgene Schätze entdecken

Ihre Kinder haben sicher schon viele Gegenstände in ihrem Gruppen- oder Klassenraum betrachtet. Aber haben sie sie auch schon ertastet? Wenn nicht, dann verstecken Sie mal die vielen kleinen Dinge des Alltags, z. B. Würfel, Buchstaben aus Holz, Lineal, Schere oder Radiergummi, in kleine Leinensäckchen. „Wie fühlt sich der verborgene Schatz an und wie heißt er?" Nun ist der Tastsinn gefragt und so manch visuell bekanntes Stück wird plötzlich zum unbekannten Tastobjekt.

Tipp
Achten Sie darauf, dass Sie möglichst verschiedene Materialien einsetzen, z. B. Holz, Plastik, Stoff oder Metall. So vergrößern Sie die Vielfalt der Tasterfahrungen: hart, weich, kalt, warm, eckig, rund, glatt oder klebrig. Bitten Sie die Kinder, den ertasteten Schatz auch zu beschreiben, dann bereichern sie ihren Wortschatz vor allen Dingen an Adjektiven.

Variante
Selbstverständlich können auch Schätze versteckt werden, die unmittelbar mit dem Lernstoff in Verbindung stehen, wie z. B. verschiedene Blattformen, Früchte aus der Natur, Buchstaben oder Zahlen.

Primärerfahrungen aus der Umwelt sammeln	✔
sich und andere bewusst wahrnehmen	
mit Freude neue Sinnesreize aufnehmen	✔
Sinne schulen: Tasten	✔
Körperkontakt fördern	
Gespräche auslösen	✔
besser behalten	✔

Alter	ab 3 Jahre bis 4. Schuljahr
Zeit	5–10 Minuten
Ort	drinnen
Sozialform	Einzelspiel
Material	gefüllte Leinensäckchen

2.8 Wer suchet, der findet!

Immer wenn Sie das Gefühl haben, Ihre Kinder könnten etwas Abwechslung, Bewegung und Sinnesschulung gebrauchen, dann geben Sie ihnen interessante Suchaufträge, die sie im Freien erledigen sollen. Dabei ist es wichtig, dass Sie das zu Findende nicht benennen, sondern umschreiben, also: „Suche etwas Flauschiges, Kaltes, Hartes, Rundes, Eckiges, Duftendes, Warmes, Natürliches, Süßes, Saures, Grünes, zwei gleich kleine Dinge usw." Aus den einzelnen Fundstücken kann eine Gemeinschaftscollage oder ein Objekt gestaltet werden.

Primärerfahrungen aus der Umwelt sammeln	✔
sich und andere bewusst wahrnehmen	
mit Freude neue Sinnesreize aufnehmen	✔
Sinne schulen: Sehen, schmecken, tasten, riechen	✔
Körperkontakt fördern	
Gespräche auslösen	
besser behalten	

	Alter	ab 3 Jahre bis 2. Schuljahr
	Zeit	10–20 Minuten
	Ort	drinnen oder draußen
	Sozialform	Einzelspiel
	Material	–

2.9 Das Konzert der Alltagsgeräusche

„Dreht euch alle mit dem Rücken zu mir, so dass ihr mich nicht sehen könnt. Bitte seid ganz leise und hört aufmerksam zu." Lassen Sie nacheinander verschiedene Alltagsgeräusche erklingen: ein Papierblatt raschelt, ein Buch schlägt zu, ein Wecker klingelt, der Kopf eines Kugelschreibers klickt, die Hände klatschen, die Finger schnippen, die Schultasche wird geöffnet usw.
„Welche Alltagsgegenstände habt ihr herausgehört. Wisst ihr noch die Reihenfolge?"

Tipp
Gehen Sie auch mal mit den Kindern raus auf den Schulhof, auf die Strasse oder in die Natur. Mit geschlossenen Augen lassen sich viele verschiedene Geräusche ausmachen.

Variante
Dieses Spiel kann auch mit Stimmen durchgeführt werden. Wählen Sie einige Kinder aus, die je einen Satz sprechen. „Wer hat da gesprochen und wie würdet ihr die Stimme beschreiben, war sie hell, dunkel, warm, kühl, witzig oder traurig?"

Primärerfahrungen aus der Umwelt sammeln	✔	Alter	ab 4 Jahre bis 2. Schuljahr
sich und andere bewusst wahrnehmen	✔	Zeit	5–10 Minuten
mit Freude neue Sinnesreize aufnehmen	✔	Ort	drinnen oder draußen
Sinne schulen: Hören	✔	Sozialform	Einzelspiel
Körperkontakt fördern		Material	geräuschvolle Alltagsgegenstände
Gespräche auslösen	✔		
besser behalten	✔		

2.10 Die Schnüffelbande

Jedes der Kinder hat drei riechende Dinge mitgebracht, z. B. Obst, Gewürze, Marmelade, Cornflakes, Parfüm, Seife, Blumen oder Kaffee. Von allen Mitbringseln werden Proben entnommen, die in der Mitte des Raums auf Tische gelegt werden. „Bitte verbindet eure Augen, ich führe euch zu einem Tisch. Nun ratet mal, was es hier zu riechen gibt. Versucht die Gerüche zu gruppieren, riecht ihr Süßes, Blumiges oder stinkt es gar? Besprecht eure Eindrücke mit den anderen Kinder am Tisch."

Tipp
Überlegen Sie, ob Ihr derzeitiger Lernstoff nicht auch erschnüffelt werden kann. Wenn ihre Kinder wenig geruchssensibel sind, sollten Sie ihnen helfen. Bereiten sie verschiedene Themen-Tische vor, z. B. mit Frühstücksgegenständen, Natur- und Marktprodukten oder Kunststoffen, und sagen sie den Kindern, an welchem Tisch sie stehen. Steigern Sie allmählich den Schwierigkeitsgrad der Duftaufgaben. Besonders schwer ist es, wenn zunächst alle Riechobjekte auf einem Tisch stehen und dann auf andere Tische zu Themen- oder Dufteinheiten gruppiert werden.
Übrigens: Auf dem Schulhof, auf der Straße oder in die Natur gibt es so manche Gerüche zu entdecken! Ein Duftspaziergang ist anregend und entspannend zugleich.

Primärerfahrungen aus der Umwelt sammeln	✔	Alter	ab 3 Jahre bis 4. Schuljahr
sich und andere bewusst wahrnehmen		Zeit	10–20 Minuten
mit Freude neue Sinnesreize aufnehmen	✔	Ort	drinnen oder draußen
Sinne schulen: Riechen	✔	Sozialform	Einzelspiel
Körperkontakt fördern		Material	‚geruchvolle Dinge' Augenbinden
Gespräche auslösen	✔		
besser behalten	✔		

2.11 Das Probierstübchen

Für das Probierstübchen brauchen Sie wahrhaft ‚geschmackvolle' Dinge, z. B. diverse Nüsse, Gewürze, Käse- und Wurstsorten, Früchte oder Gemüse. All dies wurde vorher von Ihnen oder von den Kindern zu Hause zerkleinert und in Tütchen gefüllt. Servieren Sie die Geschmacksproben auf Papierteller und mit Plastiklöffeln. Mit verbundenen Augen beginnt nun die lustige Raterunde nach dem Motto „Was schmeckt ihr?" Steigern Sie die Geschmacksaufgaben ähnlich wie in dem Spiel „Die Schnüffelbande", hier ist die Geschmacksbande am Werk.

Tipp
Überlegen Sie, ob Ihr derzeitiger Lernstoff nicht auch erschmeckt werden kann. Reden Sie mit den Kindern über Geschmäcker: Bevorzugt ihr süß oder sauer und warum? Gibt es kulturelle Unterschiede in punkto Geschmacksrichtung? In welchen Kulturen isst man gerne scharf? Wie schmeckt es beim Chinesen? Sind türkische Süßigkeiten süßer als deutsche?
Setzen Sie das nächste Kindergarten- oder Schulfest unter ein kulinarisches Motto z. B. „Süßes und Saures aus aller Welt" oder „Chinatown" oder „Mediterrane Speisekammer".

Primärerfahrungen aus der Umwelt sammeln	✔	Alter	ab 3 Jahre bis 4. Schuljahr
sich und andere bewusst wahrnehmen		Zeit	10–20 Minuten
mit Freude neue Sinnesreize aufnehmen	✔	Ort	drinnen
Sinne schulen: Schmecken	✔	Sozialform	Einzelspiel
Körperkontakt fördern		Material	‚geschmackvolle' Dinge, Augenbinden, Papierteller, Plastiklöffel
Gespräche auslösen	✔		
besser behalten	✔		

2.12 Der Musterwürfel

Vom Greifen zum Begreifen: Ein Spiel, das es in sich hat und das mitwächst, ein Spiel zur Wahrnehmung und Konzentration und zum Erkennen von Raum-Lage-Beziehungen! Sie werden sich wundern, mit welcher Konzentration Kinder mit den Musterwürfeln des russischen Pädagogen Boris Nikitin spielen. Es geht darum, vorgegebene farbige Muster mit den Würfeln nachzulegen. Die 16 Holzwürfel mit jeweils 8 Farbflächen bieten eine erstaunliche Kombinationsvielfalt.

Die Kinder werden dabei vom Leichten zum Schweren geführt. Bald haben sie den „Dreh" raus und jedes Erfolgserlebnis ermutigt die Kinder, sich an komplexere Vorlagen zu wagen. Irgendwann beginnen sie auch eigene Muster zu erfinden, die die kleinen Künstler stolz präsentieren werden.

So wird die Vorstellungskraft geschult und die Kinder lernen spielerisch Raum-Lage-Beziehungen zu durchschauen und symmetrische Formen zu erkennen.

Tipp
Lassen Sie die Kinder auch umgekehrt vorgehen und zunächst eigene Muster legen, die sie dann abzeichnen und zu einem eigenen Vorlagenheft zusammenfassen. Dann können die Kinder wechselseitig die Vorlagen der anderen nachlegen.

Primärerfahrungen aus der Umwelt sammeln	
sich und andere bewusst wahrnehmen	
mit Freude neue Sinnesreize aufnehmen	✔
Sinne schulen: Sehen	✔
Körperkontakt fördern	
Gespräche auslösen	✔
besser behalten	✔

	Alter	ab 3–10 Jahre
	Zeit	5–20 Minuten
	Ort	drinnen
	Sozialform	Einzel- oder Paarspiel
	Material	ein Musterwürfel für 1–2 Kinder

Die Musterwürfel (Aufbauende Spiele Nr. 1–7) sind zu beziehen bei: Logo-Lern-Spiel-Verlag, Postfach 11 03 20, 46262 Dorsten.

Dritter Baustein:
Konzentration

Das höchste Gebot der guten Pädagogik ist es, gegen alle Zerstreuung zu arbeiten.
Johann Wolfgang von Goethe, Wahlverwandschaften

Konzentration bedeutet:

- Aufnahmebereitschaft auslösen
- Aufmerksamkeit steigern
- Sinne schärfen
- Gedanken und Gefühle ordnen
- mehrkanalig lernen
- Kreativität und vernetztes Denken fördern
- Informationen nachhaltig speichern
- Energiereserven aufladen

Wie ist der Lebensraum unserer Kinder?

„Dieses Kind kann keine fünf Minuten sitzen bleiben und sich mit einer Sache beschäftigen!" Wer kennt dieses Problem nicht? Kaum hat sich das Kind für ein Spiel oder ein Buch entschieden, ertönt schon der Satz: „Ich bin fertig!" Dann hampelt es ziellos im Raum herum und kann sich trotz des vielfältigen Spieleangebots zu nichts so richtig entschließen. Es wird unzufrieden und beginnt zu nerven. Immer wieder stellen Sie sich die Frage „Wie kommt es, dass dieses Kind so unkonzentriert ist?"

Zunächst einmal zu Ihrer Beruhigung: Es müssen nicht immer Konzentrationsstörungen vorliegen. Vielleicht erwarten Sie nur zu viel. Für ein Vorschulkind ist es schon eine beachtliche Leistung, 20 Minuten lang einer Beschäftigung nachzugehen. Und von einem Schüler, der abgeschlafft nach Hause kommt, können Sie nicht erwarten, dass er sich sofort konzentriert an die Hausaufgaben setzt. Ständige Ermahnungen im Unterricht und Familienkräche helfen da wenig. Hier ist vielmehr Ihre Beobachtungsgabe gefragt: Wann und wo kann sich dieses Kind am besten konzentrieren, wie kann ich ihm dabei helfen?

Im übrigen sind Sie mit diesen Problemen nicht allein. In den pädagogischen Beratungsdiensten gehören Abgelenktsein und mangelnde Konzentration zu den am häufigsten genannten Erziehungs- und Schulproblemen. Wen wundert's? Schließlich zwingt uns das moderne Leben immer mehr, unsere Aufmerksamkeit gleichzeitig auf verschiedene Dinge zu lenken. Beim Spazierengehen müssen wir auf den Straßenverkehr achten, beim Kochen das Handy bedienen, beim Fernsehen noch schnell die Nägel lackieren, unter der Dusche den Einkaufszettel fürs Wochenende entwerfen und beim Einkauf

auf die Preise, die Handtasche, die quengelnden Kinder achten und auch noch an das Geburtstagsgeschenk für den Opa denken.

Tagtäglich vollführen genervte Berufstätige den Seiltanz zwischen Arbeit und Familie. Sicher, dieser stressigen Alltagsakrobatik können sich nur wenige entziehen. Aber muss sie sich wirklich so massiv auf die Erziehung unserer Kinder auswirken? Haben Sie sich schon mal gefragt, welches Vorbild Sie in puncto Konzentrationsfähigkeit abgeben? Vielleicht neigen auch Sie dazu, wenn Sie abends Ihrem Kind ein Buch vorlesen, sich ständig vom Telefon unterbrechen zu lassen oder beim Abendessen fernzusehen? Oder während ein Kind Ihnen etwas erzählt, ungeduldig durch den Gruppen- oder Klassenraum zu laufen. Aber von Kindern fordern wir, sie sollten sich Mühe geben, sich konzentrieren, sich nicht ablenken lassen, sich ein für allemal merken, was gesagt oder gezeigt wurde. Aber sind wir Erwachsene so ohne Weiteres in der Lage dazu?

„Eben hab ich's noch gewusst!" Tja, Konzentration stellt sich nun mal nicht per Knopfdruck ein! Vielleicht haben auch Sie schon die Erfahrung gemacht, dass Sie sich auf einem Fest mit einem interessanten Menschen angeregt unterhielten. Zu Hause angekommen wissen Sie plötzlich nicht zu sagen, ob derjenige eine Brille trug oder welche Haarfarbe er hatte. Und doch, beim nächsten Zusammentreffen, Monate später, erkennen Sie diesen Menschen sofort wieder. In diesem Fall braucht Sie die Frage „Leidest du schon an Alzheimer?" nicht zu beunruhigen. Denn unser Gedächtnis ist kein Koffer, den wir auf Kommando – z. B. bei Prüfungen – öffnen können. Wir merken uns Einzelheiten nicht wie Vorräte im Kopf, sondern vielmehr als Netzwerk von Eindrücken, die bei bestimmten Anlässen wieder aufleben.

Ist dieses Netzwerk jedoch mit Sinnesreizen und Informationen überfrachtet, dann kann kein klarer Gedanke aufkommen. Und wer hat bei dem stetig wachsenden Erfolgs- und Zeitdruck, dem hohen Stress- und Lärmpegel noch die Muße, sich auf eine Sache so einzulassen oder einen Gedanken so zu vertiefen, dass alles andere in Vergessenheit gerät? Konzentration und Entspannung haben nur dann eine Chance, wenn wir einen Wahrnehmungsfilter entwickelt haben, der uns hilft, das Wichtige vom Unwichtigen, das Sinnvolle vom Nutzlosen, das Informative vom Ablenkenden zu trennen. Wenn diese mentale Selektionsfähigkeit schon bei uns Erwachsenen nicht immer funktioniert, wie mag es dann erst Kindern gehen, bei denen sie noch unzureichend entwickelt ist?

Wie reagieren unsere Kinder darauf?

Kinder sind der Reiz- und Informationsflut hilflos ausgesetzt. Die zahlreichen Umwelteindrücke und die Bildermacht der Medien sind allgegenwärtige Verführungen. Und ihr Preis ist hoch: Nervosität und Überreiztheit, psychische Überforderung und Unausgeglichenheit, geistige Ablenkung und Verwir-

rung. Manche Kinder entwickeln sich zu kleinen „Zappelphilippen", die überall ein Bündel an überschüssiger Energie mit sich herumtragen. Vor allem aggressive Kinder leiden unter ständiger physischer und psychischer Anspannung, die motorische Unruhe und Konzentrationsprobleme auslöst. Andere Kinder wiederum ziehen sich in eine Welt der inneren Bilder und Gedanken zurück, träumen still vor sich hin in den Tag hinein und werden zu kleinen „Hans-guck-in-die-Luft".
Konzentrationsschwäche macht sich meist in Form von störenden Nebengedanken oder ablenkenden Gefühlen bemerkbar. Sie treten vor allem dann auf, wenn Kinder:

- unter psychischer Anspannung leiden (z. B. Konflikte mit Eltern, Freunden, Erziehern oder Lehrern)
- unter physischer Anspannung leiden (z. B. Bewegungsmangel, Müdigkeit, Hunger, Durst oder Schmerzen)
- von äußeren Bedingungen abgelenkt werden (z. B. Hitze, Kälte, Unordnung oder starker Lärm)

In seltenen Fällen können schwerwiegende Symptome auftreten, wie z. B. die Abkehr von der realen Außenwelt, Desorientierung oder schwere Gedächtnisstörungen. Stark konzentrationsgestörte Kinder fassen einen Inhalt unzureichend oder gar nicht auf, sind schwer fixierbar und handeln ohne Rücksicht auf die wirkliche Situation. Bei schweren Krankheitsbildern treten auch Störungen des Selektionsvermögens auf. Die Kinder sind dann in ihren Gedanken, Wahrnehmungen und Reaktionen zeitweise blockiert, verstärkt empfindlich und gestresst. Depressive Kinder neigen dazu, ihre Gedanken ständig kreisen zu lassen und ins Grübeln zu fallen. Dann leiden auch sie unter Denkblockaden. Solche schweren Konzentrationsstörungen und Unruhezustände können mit Übungen und Spielen nicht behoben werden. Hier ist eine fachliche Beratung und Behandlung erforderlich.

Auf die ständige Ermahnung, sich jetzt endlich zu konzentrieren, reagieren Kinder meist mit Hilflosigkeit. Denn dieselben Erwachsenen, die gerade noch das vielseitige Interesse des Kindes gelobt haben, erwarten plötzlich unter dem Drohruf „Konzentration!" die volle Wachheit für eine Sache oder einen Inhalt. Also, wie soll man es ihnen recht machen und vor allen Dingen, was bedeutet dieses alles entscheidende Wort? Ich jedenfalls habe als Schülerin bei dem Spruch „Jetzt konzentriere dich doch mal!" die Stirn kraus gezogen, den Kopf auf die Handflächen gestützt, den Lehrer in Denkerhaltung interessiert angeschaut und trotzdem an meine Ritterburg zu Hause gedacht. Und nicht viel anders scheinen es noch heute die meisten Kinder zu handhaben.
Wir benutzen das Wort Konzentration zu Hause und in der Schule ganz selbstverständlich. Nur welches Kind vermag es schon zu verstehen? Fragen Sie mal im Freundeskreis herum und Sie werden die verschiedensten Antworten hören: „Nachdenken", „sich intensiv beschäftigen", „sich etwas merken", „nicht ablenken lassen", „Gehirn trainieren" ... Mal ehrlich, wissen Sie, wie vielschichtig dieser Begriff ist und was er uns alles abverlangt?

Was brauchen unsere Kinder?

Die Frage lässt sich erst nach einem kleinen Exkurs durch die neurologischen, psychologischen und pädagogischen Definitionen beantworten. Über das lateinische Wort ‚concentrare', d.h. in einem Punkt vereinigen, haben Wissenschaftler unterschiedlicher Disziplinen viel nachgedacht:
Die **Psychologen** legen bei Konzentration großen Wert auf die Aufmerksamkeit, d.h. die aktive Hinwendung auf einen bestimmten Bewusstseinsinhalt unter gleichzeitiger Ablenkung anderer. Es geht um die Klarheit des Erlebens, also um die Selektion der Reizangebote aus der Umwelt, um die Ausblendung aller momentan unwichtigen Wahrnehmungsstimuli, um eine Einengung des Gesichtskreises bei gleichzeitiger Wahrnehmungssteigerung. Erst dann können die benötigten Reize gebündelt, verstärkt und die Konzentrationsaufgabe erfolgreich durchgeführt werden. Dabei spielt die richtige Dosis an Motivation eine entscheidende Rolle. Denn erzwungene Anspannung oder geballte Willensanstrengung können das Wahrnehmungs- und Konzentrationsvermögen blockieren.

Die **Hirnforscher** definieren Konzentration als individuell unterschiedlich ausgebildete Fähigkeit, Sinneswahrnehmungen und Bewusstseinsinhalte zu registrieren, über längere oder kürzere Zeit zu speichern und bei geeignetem Anlass wieder hervorzuholen. Das Gedächtnis spielt eine fundamentale Rolle beim Verstehen, Beurteilen und Lernen, bei der Organisation unserer Handlungen, Gedanken und Sprache. Jede Sekunde unseres bewussten Denkens und Handelns wird von dieser Kommandozentrale koordiniert. Ein Heer von Wissenschaftlern versucht derzeit ihre Funktionsweise zu entschlüsseln. Eine Erfolgsmeldung kam Ende 1997 aus amerikanischen Labors: Neuropsychologen identifizierten eine groschengroße Region im Gehirn, die das ‚innere Sprechen' steuert. Dieser innere Monolog ist ein wichtiges Arbeitsprinzip unseres Gedächtnisses. Mit seiner Hilfe merken wir uns z.B. Telefonnummern oder besondere Eindrücke als ‚innere Worte und Bilder'. Wie stark die geistigen Leistungen vom Gedächtnis abhängen, zeigen Kinder zwischen dem fünften und achten Lebensmonat. Dann können sie sich erstmals an den Platz eines Spielzeugs erinnern, nachdem sie kurzfristig abgelenkt wurden. Je älter Kinder werden, desto mehr Informationen können sie speichern. Und die Speicherung ist um so nachhaltiger, je mehr Sinne dabei beteiligt sind und für eine optimale neuronale Vernetzung sorgen.

Die **Pädagogen** legen Wert auf effektives Lernen: Für sie bedeutet Konzentration die bewusste Hinwendung der Wahrnehmungs- und Denktätigkeit auf einen Lerninhalt. Aber bloße Wissensvermittlung reicht nicht aus! Elternhaus und Schule müssen auch das „Lernen lernen und lehren!" Warum? Weil Schüler ohne effektive Lerntechniken nicht selbstständig werden können. Die Ergebnisse der Schulerfolgsforschung belegen, dass 30–40% der Leistungsunterschiede nicht etwa auf mangelnde Begabung der Schüler, sondern auf ihr Lern- und Arbeitsverhalten zurückzuführen sind. Und dieses entwickelt sich nicht autonom, es bedarf der Anleitung aus dem familiären und schulischen Umfeld.

Was Sie wissen sollten
Das Bildungsziel „Das Lernen lernen" postulierte Humboldt bereits 1809 im Königsberger Schulplan. Es wurde in den zwanziger Jahren zwar von den Reformpädagogen Gaudig, Kerschensteiner und Petersen in der Schulpraxis erprobt. In der curricularen Pädagogik der siebziger Jahre geriet es jedoch in Vergessenheit.

Fassen wir diese Definitionen zusammen, dann ergeben sich folgende Bedingungen für eine effektive Konzentration: gesteigerte Aufmerksamkeit, Selektion und Focussierung der Sinne, Gedanken und Gefühle auf einen Inhalt, auf ein Objekt oder eine Handlung und ihre nachhaltige Speicherung im Gedächtnis. Es wird deutlich, dass eine bloße Ermahnung diese Spannbreite an mentalen Leistungen nicht auszulösen vermag. Kinder müssen wieder lernen, sich auf Wesentliches zu konzentrieren und Ablenkungen zu widerstehen. Denn die Lern- und Konzentrationsfähigkeit wird eine Schlüsselqualifikation für ihre berufliche Zukunft sein. Konzentration kann und muss trainiert werden. Aber Vorsicht: „Üben, üben, üben" hilft nur begrenzt! Das Training sollte über Konzentrationsübungen hinaus ganzheitlich angegangen werden. Es geht darum, neue Aufnahmebereitschaft und Aufmerksamkeit unter Einbeziehung möglichst vieler Sinne, d.h. mit Kopf, Herz und Hand auszulösen. Dem hohen Anspruch eines ganzheitlichen Trainings werden Sie gerecht, wenn Sie die folgenden sieben Säulen gelungener Konzentration beachten:

1. Verhalten beobachten
Konzentrationsschwächen werden oft durch individuelle Probleme ausgelöst. Sie resultieren aus dem:
- Energiebereich: Müdigkeit, Abgeschlagenheit, Nervosität, Bewegungs- und Sauerstoffmangel
- Lernbereich: mangelhafte Motivation und Arbeitshaltung, fehlende Vorkenntnisse
- Gefühlsbereich: akute emotionale Sorgen oder Ängste
- Sozialbereich: Konflikte in der Gruppe oder Klasse

2. Umgebung vorbereiten
In so manchen Kinderzimmern, Gruppen- oder Klassenräumen gibt es einfach zu viele Ablenkungen. An den Wänden hängen unzählige Zeichnungen und Plakate, die Regale sind mit diversen Bastelarbeiten voll gestopft und von der Decke baumeln bunte Mobiles. Wo sollen Augen und Hirn die nötige Ruhe zur Konzentration finden? Bitte sorgen Sie für möglichst viele klare Flächen und Farben, für Ordnung und Übersichtlichkeit, für räumliche Ruhe und Ausgewogenheit.

3. Motivieren und mental einstimmen

Denken Sie daran: mit der Ermahnung „Jetzt konzentriert euch mal!" ist es nicht getan. Immer wenn wir abstrakte Begriffe wie „Konzentration" verwenden, sollten wir mit mentalen Bildern oder immer wiederkehrenden Ritualen die Vorstellungskraft der Kinder aktivieren und ihre Faszination wecken. Und das Gehirn ist auch für die Kleinen etwas Beeindruckendes. Natürlich können sie seine Funktionsweise noch nicht im Detail verstehen, aber schon Erstklässer hören gerne die Geschichte vom „wundervollen Werkzeugkasten", den jeder von uns im Kopf hat und der nie voll wird. (☞ Diese Geschichte finden Sie auf S. 168 und weitere Konzentrationstipps im Spieleteil des sechsten Bausteins: Rituale) Konzentrationsphasen lassen sich gut einleiten mit immer wiederkehrenden Liedern, Stofftieren (z. B. der hellwache Panther auf dem Pult) oder Symbolen (z. B. Abbildungen wie Glühbirne, offener Werkzeugkasten) nach dem Motto: „Achtung, es ist Zeit, die Glühbirne im Kopf einzuschalten und den Werkzeugkasten weit zu öffnen!" Aber auch Stille hat eine große Signalfunktion: Sie vermag Aufmerksamkeit und konzentriertes Zuhören einzuleiten. Setzen Sie bei großer Unruhe eine vereinbarte Stille-Regel ein, z. B. wenn mehr als einer redet, halten alle Kinder inne und reagieren nicht mehr. Sie schweigen solange, bis geklärt ist, wer nun an der Reihe ist. Dies führt vielleicht am Anfang zu Gelächter, aber sehr schnell lernen die Kinder mit Stille umzugehen und sie zu genießen.

4. Wahrnehmungsreize und Gedanken ordnen

Nur in einer klaren Umgebung haben klare Gedanken eine Chance. Richten Sie daher zu Beginn einer jeden Konzentrationsphase Ihr Augenmerk auf den Arbeitsplatz der Kinder. Erklären Sie ihnen, welches Material für die Konzentrationsaufgabe erforderlich ist. Alles Unnötige und Ablenkende, wie Hefte, Bücher oder Blätter, wird vom Tisch geräumt. Denn die Kleinen sind noch keine großen Genies, die selbst im Chaos strukturiert denken. Der Arbeitsplatz ist nun vorbereitet, aber wer kann sich schon konzentrieren, wenn im Kopf noch viele Gedanken umherschwirren. Es gilt also, das Gehirn von ablenkendem Ballast zu befreien mit Hilfe eines kleinen ‚Denkzettels': „Wenn es noch Gedanken in eurem Kopf gibt, die euch stören, oder wenn ihr glaubt, dass ihr euch unbedingt an etwas erinnern müsst, dann schreibt oder malt es kurz auf. Ihr habt fünf Minuten Zeit." Dieser kleine Denkzettel verschwindet dann rasch im Schulranzen. Nun gilt es, die Gedanken der Kinder auf den neuen Konzentrationsstoff zu lenken. Je nach Lerninhalt kann dies überraschend geschehen oder bei vernetzten Aufgaben, die nach und nach bewältigt werden sollen, ist ein ‚Denknetz' sehr hilfreich. Aus ihm können die Kinder das Lernziel, die hierzu erforderlichen Konzentrationsschritte und ihre Vernetzung entnehmen. Der Lernprozess wird transparent und die Kinder arbeiten motivierter, vor allem wenn sie das Denknetz gemeinsam erarbeitet haben (☞ Die Vorgehensweise für die Erstellung eines Denknetzes finden Sie auf S. 104f). Diese Mind Map-Methode hilft Ihnen, sich effizient Notizen zu machen und Aufsätze und Referate optimal vorzubereiten. Anders aber als bei der traditionellen Art, etwas linear zu notieren, wird beim Mind Mapping netzartig notiert. Es werden sogenannte ‚geistige Landkarten' angelegt. Die

Gedanken können dann strukturiert, d.h. organisiert werden. Ob zur Gedankenordnung, zur Vorbereitung eines Referates oder zum Strukturieren komplexer Themen – der Struktur des Gedächtnisses ist diese Methode wesentlich adäquater, d.h. Mind Mapping ist vor allem auch eine Technik zur Verbesserung der Gedächtnisleistung und der Konzentrationsfähigkeit.

5. Informationen verarbeiten

Jetzt gilt es, die Informationen und Wahrnehmungen kognitiv aufzunehmen, zu verarbeiten und zu speichern, d.h. sie dem Kurz- oder Langzeitgedächtnis zuzuleiten. Es ist die Phase der geistigen Durchdringung und Vernetzung: Welche Verbindung kann zwischen der neu erworbenen Erkenntnis und dem alten Lernstoff gezogen werden? Wie passt alles zusammen? Hier einige Tipps zur effektiven Informationsverarbeitung:

- **Mehrkanaliges Lernen fördern:** Erarbeiten Sie mit den Kindern den Lernstoff nicht nur lesend und betrachtend. Nutzen Sie auch andere Lernkanäle wie Sprechen, Malen und vor allem praktisches Umsetzen. Fragen Sie sich immer wieder, ob Sie beide Gehirnhälften der Kinder aktivieren: Kann Mathematik mit Rhythmus oder Sprache mit Bewegung gekoppelt werden? Der bekannte Biochemiker Frederic Vester stellte fest: „Je mehr Wahrnehmungsfelder im Gehirn beteiligt sind, desto mehr Assoziationsmöglichkeiten für das tiefere Verständnis werden vorgefunden, desto größer werden Aufmerksamkeit und Lernmotivation."[21]

- **Lernschritte kontrollieren und festigen:** Geben Sie den Kindern so oft wie möglich die Gelegenheit, Wichtiges in Stichworten wiederzugeben, Fragen zu stellen und zu beantworten, sich gegenseitig abzuhören. Schließen Sie Wissenslücken z. B. nach Klassenarbeiten durch gezieltes Wiederholen und Auffrischen der Inhalte.

- **Gedächtnishilfen geben:** Wir brauchen sie alle im Alltag, die berühmten Eselsbrücken. Also warum sie nicht gleich bei schwierigem, abstraktem Lernstoff herstellen? Weitere effektive Gedächtnishilfen sind Grafiken, Merkverse und Merklieder. So kommen auch visuell oder rhythmisch veranlagte Lerntypen zum Zuge. Und wenn der Lernstoff sehr komplex ist, können die Kinder gemeinsam eine Lernkartei erstellen.

- **Vokabeln erleben:** Wer kennt es nicht, das sture Vokabeln aufsagen, das von kurzfristigem Erfolg gekrönt ist. Langfristiger und nachhaltiger sind Vokabeln memorisierbar, wenn Bewegung und

---

[21] Vester, F., Denken, Lernen, Vergessen, München 1992, S. 142.

möglichst viele Sinne mitspielen: erst still lesen, dann gehend und laut wiedergeben. Dabei den betreffenden Gegenstand anfassen, z. B. door = Tür berühren. Schwer merkbare Vokabeln werden auf große Plakatkartons geschrieben und für alle sichtbar aufgehängt. Nach 8 bis 10 Vokabeln sollte eine Pause gemacht werden. Übrigens: Unser Gedächtnis vermag nicht mehr als 30 bis 40 Vokabeln pro Tag zu speichern!

- **Tipps zum Mathe lernen:** So manche Matheaufgabe ist einprägsamer, wenn sie in einem übersichtlich gestalteten Heft mit getrennten Haupt- und Nebenrechnungen und mit bunt hervorgehobenen Merksätzen steht. Übrigens: Mathe-Hausaufgaben sollten möglichst am selben Tag gemacht werden, an dem sie gegeben wurden.

- **Tipps zum Textlernen:** Texte lassen sich in kleinen Teilschritten effektiver erarbeiten und memorisieren: 1. Kurz überfliegen, 2. Gründlich lesen, 3. Wichtiges unterstreichen, herausschreiben oder malen, 4. Inhalt in eigene Worte fassen, Fragen stellen 5. Zweites Mal lesen, 6. Vertiefen durch Gesprächsaustausch.

6. Energiereserven berücksichtigen

Hohe Konzentrationsleistungen erfordern hohen Energieverbrauch. Hierin unterscheidet sich das Gehirn nicht von einer Batterie oder einem Akku. Wenn die Energiereserven aufgebraucht sind, geht nichts mehr. Hier einige Tipps, um dies zu verhindern:

- **Sauerstoff zuführen:** In so manchen Kinder- und Klassenzimmern ist die Luft zum Durchschneiden. Bitte bedenken Sie: Das Hirn macht zwar nur 2% unserer Körpermasse aus, aber es benötigt 50% der Glukose und 25% des Sauerstoffes. Und volle Wachheit kann in den Köpfen der Kinder nur herrschen, wenn sie durch Bewegung im Freien oder regelmäßiges Lüften der Räume genügend Sauerstoff zugeführt bekommen. Ansonsten schalten ihre ‚Glühbirnen' auf Notstrom und die Konzentrationsfähigkeit erlahmt.

- **Ausgewogene Ernährung:** Für den erfolgreichen Start in den Tag sollte ein gesundes Frühstück mit viel Obst, Säften, rohem Gemüse, Jogurt und Vollkornbrot sorgen. Aber der Blick in so manche Butterbrotdose lässt viel zu wünschen übrig: Weißbrot, Brötchen, Kuchen, Süßigkeiten oder – nichts! Die bei Kindern zweifellos sehr beliebten Leckereien mindern die Leistungsfähigkeit erheblich. Der zunächst rasch erhöhte Blutzuckerspiegel fällt drastisch ab, es stellt sich eine Unterzuckerung ein, die zu Konzentrationsschwäche und Abgeschlagenheit führt. Also: Vorsicht vor all dem Zuckerwerk, denn es bringt zwar, wie die Werbung für Schokoriegel behauptet, „verbrauchte Energie rasch zurück", aber der Leistungsabfall kommt um so schneller. Hier der kleine Tipp eines Grundschullehrers: Küren Sie wöchentlich oder monatlich den ‚Frühstückskönig oder die -königin' der Gruppe. Sie glauben gar nicht, wie schnell die Kinder nur Gesundes in den Butterbrotdosen haben wollen und nebenbei ihre Eltern „umziehen".

- Lernpausen einrichten: Das Hirn braucht wie ein Akku die Gelegenheit zum Aufladen und Auftanken. Dieser Zeiteinsatz ist kein Verlust, sondern vielmehr Garant für erfolgreiches Konzentrieren. Jeder Mensch hat seinen individuellen Rhythmus von Leistungsfähigkeit und Ruhebedürfnis. Der amerikanische Wissenschaftler Ernest Rossi[22] fand heraus, dass dieser Rhythmus mit den Aktivitäten der einzelnen Körperzellen zusammenhängt. Während der Körper Erholung sucht, befinden sich die Zellen im Regenerationsstadium. Erst nach ca. 20–30 Minuten leiten sie dem Gehirn die Information weiter, dass dieser Prozess nun abgeschlossen ist. Erst dann können wir unsere Aufmerksamkeit nach außen lenken. Dieser Zeitraum ist zwar für den Unterricht zu lang, aber die Leistung steigt bereits um 30%, wenn folgender Rhythmus eingehalten wird: Je nach Alter 10–30 Minuten konzentrierte Anspannung, dann drei Minuten Entspannung. Übrigens, wussten Sie, dass uns konzentriertes Arbeiten am leichtesten von 7 bis 10 Uhr und von 17 bis 20 Uhr fällt?

7. Lob aussprechen

Nach erfolgreicher Konzentration sollten Sie die Kinder auch mal loben. Denn das Gehirn verfügt über ein ‚Belohnungszentrum'. Unser Organismus schüttet nach der Anerkennung einer gelungenen Aufgabe Dopamin aus. Dieser Neurotransmitter bzw. Botenstoff des Zentralnervensystems ruft Glücksempfindungen hervor. Die Neuronen speichern das positive Erlebnis und verlangen nach mehr. Großer Lernerfolg ist also höchstwahrscheinlich auch das Resultat vieler Dopaminausschüttungen und immer wiederkehrender Glücksgefühle.

Wenn Sie, liebe Eltern, noch einige kleine Ratschläge beherzigen, dann rückt das Wunschziel nach konzentrierten Kindern immer näher:

- Hausaufgaben: Möglichst zu festen Zeiten und nicht gleich nach dem Mittagessen machen, denn ein voller Bauch studiert nicht gern. Mit leichten Aufgaben beginnen und langsam steigern. Eventuell kleinen Tagesplan anfertigen, Erledigtes abhaken, kurzes zusammenfassendes Gespräch und Lob aussprechen.

---

[22] Rossi, E., 20 Minuten Pause, Paderborn 1993.

- **Bewegung:** Wenn das Kind im Kindergarten oder in der Schule viel gesessen hat, dann braucht es zu Hause dringend Bewegung. Ein kleiner Spaziergang oder Dauerlauf vor den Hausaufgaben bringt Sauerstoff ins Hirn und beruhigt die Nerven.

- **Ruhe:** Hat das Kind im Kindergarten und in der Schule kaum Gelegenheit gehabt, eine Sache in Ruhe zu Ende zu führen, weil es ständig von den anderen gestört wurde? Dann sollte es wenigstens am Nachmittag eine Atmosphäre vorfinden, in der es konzentriert und ungestört spielen kann. Es braucht Raum und Zeit, um seine Interessen herauszufinden und auszuprägen, um sich ungestört auf eine Sache oder einen Menschen einzulassen.

- **Musik:** So manch ein hausaufgabengeplagter Schüler schwört auf die beschwingende Wirkung seiner Lieblingsmusik. Zu Unrecht! Zwar stört die Musikuntermalung nicht bei einfachen Aufgaben, z. B. beim Abschreiben eines Textes, aber für konzentriertes Arbeiten ist sie ein Fehler- und Ablenkungsfaktor! Es ist sinnvoller, Musik gezielt für Erholungspausen zu nutzen.

- **Vorbild:** Wer andere zur Konzentration anleiten möchte, sollte sein eigenes Verhalten in dieser Hinsicht kritisch beobachten.[23] Machen Sie nicht alles gleichzeitig. Zeigen Sie Ihrem Kind deutlich, wofür Sie sich jetzt entschieden haben. Und sagen Sie ihm ruhig, dass Sie bei Arbeiten, die Konzentration erfordern, nicht gestört werden wollen.

- **Gemeinsame Projekte:** Jedem Kind macht es Spass, mit den Eltern gemeinsam etwas Großes herzustellen, ein Vorhaben anzugehen, das lange dauert, das die volle Aufmerksamkeit erfordert und in vielen Teilschritten zum Erfolg führt. Sie werden sich wundern, wie konzentriert und freudig Ihr Kind an einer Ritterburg aus Karton baut, an einer Seilbahn durchs Kinderzimmer oder an einer Hütte im Wald. Wichtig ist nur, dass Sie mitmachen und Ihr Kind zunächst in den einzelnen Phasen des Vorhabens begleiten. Später werden Sie feststellen, dass es nur noch zu Projektbeginn Ihre Anwesenheit benötigt. Dann wird es Ihre Ratschläge allein über lange Zeit konzentriert umsetzen. Es ruft nicht mehr wie früher nach kurzer Zeit „Ich bin fertig", sondern sagt „Ich rufe dich, wenn ich fertig bin!"

---

[23] Ein kleiner Tipp: Fragebögen zur Selbsterkundung und -beobachtung Ihres eigenen Konzentrationsverhalten finden Sie in: KIKO, Kinder konzentrieren sich. In dieser vom Schroedel Verlag herausgegebenen Sammelmappe finden Sie effektive Übungen zur Unterstützung des Lernens für die Klassen 1–6.

Spiele, Spiele, Spiele

3.1 Hallo wach!

Wenn Sie vor einer Gruppe von Kindern sitzen, die abgeschlafft sind, sich nicht mehr spüren und in deren Köpfen nichts mehr hineinzugehen scheint, dann ist es höchste Zeit für „Hallo wach". Gehen Sie mit den Kindern an die frische Luft oder öffnen Sie zumindest alle Fenster. „Bitte steht alle auf und streckt beide Arme seitwärts nach außen. Jetzt schlagt ihr mit der rechten Hand auf den ausgestreckten linken Arm. Beginnt am unteren Ende des Arms und schlagt langsam bis oben zum Brustkorb. Dort wechselt ihr die Hand. Nun schlagt mit der linken Hand auf den rechten Arm. Damit alle Körperteile so richtig wach werden, schlagen beide Hände die vorderen Körperteile über Brust, Bauch, Oberschenkel bis hin zu den Füßen ab. Wenn ihr dort angelangt seid, geht's von unten wieder hoch. Aber jetzt bearbeitet ihr eure rückseitige Körperpartie, d.h. die hinteren Unter- und Oberschenkel bis hin zum Po."

Tipp
Diese Übung sollten Sie unbedingt selbst mitmachen. Denn Nachahmen ist für die Kinder einfacher als komplizierte Beschreibungen. Fragen Sie die Kinder, ob ihre Haut nach der Übung so richtig kribbelt. Wenn nicht, dann sollten Sie beim nächsten Mal ihren Körper fester abschlagen. Denn das Wachrütteln unseres größten Sinnesorgans, der Haut, löst den Appell an das Gehirn aus: „Hallo wach, irgendwas ist los!"

Aufnahmebereitschaft auslösen	✔	Alter	4–99 Jahre
Aufmerksamkeit steigern	✔	Zeit	3–5 Minuten
Sinne schärfen	✔	Ort	drinnen oder draußen
Gedanken und Gefühle ordnen		Sozialform	Einzelspiel
mehrkanalig lernen		Material	–
Kreativität und vernetztes Denken fördern			
Informationen nachhaltig speichern			
Energiereserven aufladen	✔		

3.2 Der Konzentrationskristall

Der Konzentrationskristall dient als Einstieg in die Konzentrationsphase. Er hilft, die Gedanken und Gefühle der Kinder zu bündeln und richtet ihre Aufmerksamkeit auf ein Thema: „Wer kann aus allen Buchstaben ein Wort herstellen?"

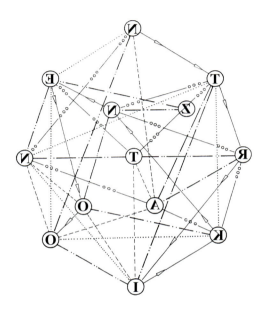

Tipp
Lösungswort: KONZENTRATION. Bei Erstklässlern ist es ratsam, die Buchstaben nicht auf den Kopf zu stellen. Für die Größeren ruft dies jedoch eine höhere Konzentration hervor. Vergrößern Sie diese Vorlage und benutzen Sie sie als Folie oder als Arbeitsblatt.

Variante
Das Lösungswort ist variabel. Sie können anstelle von ‚Konzentration' jedes andere Wort einsetzen, am besten eines, dass auf die neue Konzentrationsaufgabe einstimmt.

Aufnahmebereitschaft auslösen	✔		Alter	1–4. Schuljahr
Aufmerksamkeit steigern	✔		Zeit	2–3 Minuten
Sinne schärfen			Ort	drinnen
Gedanken und Gefühle ordnen	✔		Sozialform	Einzelspiel
mehrkanalig lernen			Material	Konzentrationskristall
Kreativität und vernetztes Denken fördern	✔			
Informationen nachhaltig speichern				
Energiereserven aufladen				

3.3 Bedienung bitte!

Wie wär's, wenn Sie den Klassenraum für kurze Zeit in ein Café verwandelten? Ein Kind erklärt sich bereit, den Oberkellner zu spielen. Es werden Gruppen mit jeweils drei oder vier Kindern gebildet. Nun sitzen alle wie in einem Café an mehreren Tischen. Zunächst beraten die Kinder, was sie aus dem sichtbaren Angebot des Klassen- oder Gruppenraums bestellen möchten. Dann ruft eines: „Bedienung bitte". Der Oberkellner eilt herbei und nimmt die Bestellung der einzelnen Kinder am Tisch auf, z. B. „Ich hätte gerne ein Blatt, einen roten Buntstift und zwei Kreidestücke." Natürlich darf der Oberkellner die Bestellung nicht notieren, er muss sie im Gedächtnis behalten. Nach jeder Bestellung bringt er die gewünschten Bestellteile zur Spielgruppe.

Tipp
In jeder Gruppe notiert ein Kind die Bestellung seines Tisches stillschweigend und verdeckt, damit der Oberkellner keine ungewollte Hilfestellung erhält. So müssen Sie als Spielleiter nicht alle Bestellungen behalten. Bei Vorschulkindern sollte die Gruppengröße auf zwei Kinder pro Tisch reduziert werden. Die Gruppenstärke kann allmählich mit steigendem Alter und häufigem Training anwachsen.

Variante
Die Übung wird wesentlich schwieriger, wenn das Bestellte wie im wahren Leben wieder rückgängig gemacht wird, z. B. „Ich möchte doch lieber kein weißes Blatt sondern etwas Blaues."

Aufnahmebereitschaft auslösen	✔	Alter	von 4–99 Jahren
Aufmerksamkeit steigern	✔	Zeit	10–15 Minuten
Sinne schärfen		Ort	drinnen
Gedanken und Gefühle ordnen	✔	Sozialform	Gruppenspiel
mehrkanalig lernen		Material	–
Kreativität und vernetztes Denken fördern			
Informationen nachhaltig speichern	✔		
Energiereserven aufladen			

3.4 Die Konzentrationskette

Alle Kinder stehen im Kreis. Das erste Kind führt eine Bewegung, z. B. Kopfnicken verbunden mit einem Geräusch, z. B. Händeklatschen, vor. Das nächste wiederholt das Kopfnicken und Händeklatschen und fügt eine neue Kombination von Bewegung und Geräusch (z. B. auf einem Bein stehend pfeifen) hinzu. Jedes weitere Kind im Kreis ahmt alle vorangehenden Kombinationen nach und fügt immer eine neue hinzu. So entsteht allmählich eine lustige Konzentrationskette. Wer eine Kombination vergisst, der scheidet aus!

Tipp
Übrigens, die Tierwelt gibt viele Vorbilder für solche Kombinationsleistungen: Der Elefant stampft und trompetet lauthals, der Vogel pfeift auf einem Bein stehend ein Lied und der hüpfende Frosch quakt.

Variante
Diese Übung verlangt ein hohes Maß an Konzentration. Es ist daher ratsam, mit zwei vorbereitenden Spielvariationen zu beginnen: „Die Geräuschkette" (☞ S.142) und „Die Bewegungskette" (☞ S. 57). Erst wenn diese beherrscht werden, kann man sich an die kombinierte „Konzentrationskette" wagen.

Aufnahmebereitschaft auslösen			Alter	ab 3 Jahre
Aufmerksamkeit steigern	✔		Zeit	10–15 Minuten
Sinne schärfen	✔		Ort	drinnen oder draußen
Gedanken und Gefühle ordnen	✔		Sozialform	Gruppenspiel
mehrkanalig lernen	✔		Material	–
Kreativität und vernetztes Denken fördern	✔			
Informationen nachhaltig speichern				
Energiereserven aufladen				

3.5 Die bewegte Geheimsprache

Alle Kinder stehen im Kreis und lernen zunächst das bewegte ABC:

A: beide Arme in die Luft strecken	**J:** jucken	**S:** Hände als Fernglas formen
B: ein Bein heben	**K:** Hand küssen	**T:** auf die Schenkel trommeln
C: aus beiden Armen formen	**L:** lachen	**U:** umarmen
D: der Körper duckt sich	**M:** an den Mund fassen	**V:** Vogelflug mit Armen nachahmen
E: essen, Kaubewegungen	**N:** an die Nase fassen	**W:** Wange streicheln
F: Finger bewegen	**O:** an beide Ohren fassen	**X:** Beine stehend überkreuzen
G: gähnen	**P:** den Po vorstrecken	**Y:** beide Arme nach oben strecken und auf einem Bein stehen
H: hüpfen	**Q:** wie ein Frosch quaken	
I: kleinen Finger heben	**R:** den Rücken zudrehen	**Z:** zappeln

Erst wenn die Kinder dieses Bewegungsalphabet beherrschen, können sie einzeln in die Kreismitte treten und zunächst ein kurzes Wort als bewegte Geheimsprache vorführen. Wer es entschlüsselt, darf ein weiteres vorführen.

Tipp
Die Kinder müssen jeden Buchstaben einzeln und nacheinander als Bewegung vorführen. Wenn sie mehrere Bewegungen gleichzeitig zeigen, dann ist die Reihenfolge der Buchstaben unklar und das Wort nicht entschlüsselbar.

Variante
Natürlich lassen sich auch ganze Sätze in Geheimsprache bilden. Dann müssen die Kinder allerdings schon sehr geübt sein.

Aufnahmebereitschaft auslösen		Alter	2.–4. Schuljahr
Aufmerksamkeit steigern	✔	Zeit	10–15 Minuten
Sinne schärfen	✔	Ort	drinnen oder draußen
Gedanken und Gefühle ordnen	✔	Sozialform	Gruppenspiel
mehrkanalig lernen	✔	Material	–
Kreativität und vernetztes Denken fördern	✔		
Informationen nachhaltig speichern	✔		
Energiereserven aufladen			

3.6 Eine Geschichte für Detektive

Erzählen Sie den Kindern eine Geschichte oder lesen Sie eine aus ihrem Sprachbuch vor. Der Text sollte möglichst viele Einzelheiten schildern. Stellen Sie zum Schluss Fragen wie z. B. „Welche Farben, Gegenstände, Tiere oder Menschen kamen in der Geschichte vor? Wer weiß noch, wo das Haus stand oder wann der Junge nach Hause kam?" Ganz besonders spannend wird es, wenn Sie einen logischen Fehler einbauen wie z. B. „Der Bauer kam um 18 Uhr morgens nach Hause." Wer den Denkfehler entdeckt, darf am nächsten Tag eine selbst ausgedachte Detektivgeschichte erzählen.

Tipp
Desto öfter Sie diese kleine Konzentrationsübung zum besseren Textverständnis durchführen, desto aufmerksamer werden die Kinder zuhören, vor allen Dingen, wenn Sie vorher ankündigen: „Heute weiß ich gar nicht, ob in meiner Geschichte ein Fehler ist oder nicht."

Variante
Die Kinder können den Inhalt der Geschichte auch als Zeichnung wiedergeben.

Aufnahmebereitschaft auslösen	✔		Alter	ab 5 Jahre bis 4. Schuljahr
Aufmerksamkeit steigern	✔		Zeit	5–10 Minuten
Sinne schärfen			Ort	drinnen
Gedanken und Gefühle ordnen	✔		Sozialform	Einzelspiel
mehrkanalig lernen			Material	–
Kreativität und vernetztes Denken fördern	✔			
Informationen nachhaltig speichern	✔			
Energiereserven aufladen				

3.7 Der Steckbrief

Zunächst nennt ein Kind seine steckbrieflichen Angaben über einen Mitspieler seiner Wahl, z. B.: „Der Gesuchte wohnt in der Waldgasse 20 und besitzt ein rotes Fahrrad." Der Gesuchte schweigt solange, bis einige Kinder seinen Namen rufen. Der Erkannte entwirft nun einen neuen Steckbrief. Je geübter die Kinder sind, um so komplizierter können die steckbrieflichen Angaben werden.

Tipp
Oft sitzen Kinder jahrelang zusammen in einer Gruppe oder Klasse und wissen wenig voneinander. Diese kleine Konzentrationsübung eignet sich vor allem für die Phase des Kennenlernens.

Variante
Steckbrieflich können nicht nur Personen, sondern auch Gegenstände oder Themen des aktuellen Lernstoffs gesucht werden. Die Aufmerksamkeit und Wahrnehmung der Schüler wird durch die kleine Ratespielaufgabe erhöht.

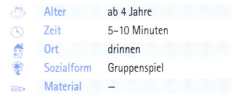

Aufnahmebereitschaft auslösen	✔	Alter	ab 4 Jahre
Aufmerksamkeit steigern	✔	Zeit	5–10 Minuten
Sinne schärfen	✔	Ort	drinnen
Gedanken und Gefühle ordnen	✔	Sozialform	Gruppenspiel
mehrkanalig lernen		Material	–
Kreativität und vernetztes Denken fördern			
Informationen nachhaltig speichern	✔		
Energiereserven aufladen			

3.8 Das Streichholz-Duell

Es spielen je zwei Kinder zusammen. Sie stehen sich zunächst gegenüber. Jedes von ihnen hat auf dem rechten Handrücken eine Streichholzschachtel liegen. Die linke Hand wird in diesem Spiel nicht benötigt und verschwindet deshalb hinter dem Rücken. Ziel der Übung ist es, den Mitspieler so geschickt zu ‚attackieren', dass seine Streichholzschachtel herunterfällt. Der Angriff darf allerdings nur mit der rechten Hand erfolgen. Da dort aber die eigene Streichholzschachtel liegt, kann das ‚Duellieren' nur mit äußerster Vorsicht erfolgen, sonst verliert man seine Streichholzschachtel. Das Duell erfordert also hohe Körperkonzentration und Geschicklichkeit. Es gilt, im richtigen Augenblick gezielt anzugreifen und dabei gleichzeitig die eigene Streichholzschachtel durch geschicktes Balancieren zu verteidigen. Fällt eine der Streichholzschachteln herunter, bekommt der Gegenspieler einen Punkt.

Tipp
Wenn die Fingerspitzen ein wenig nach oben gerichtet werden, liegt die Streichholzschachtel in der entstandenen kleinen Kuhle des Handrückens und kann nicht so leicht herunterrutschen.

Aufnahmebereitschaft auslösen		Alter	ab 4 Jahre
Aufmerksamkeit steigern	✔	Zeit	5 Minuten
Sinne schärfen	✔	Ort	drinnen oder draußen
Gedanken und Gefühle ordnen	✔	Sozialform	Paarspiel
mehrkanalig lernen		Material	pro Kind eine Streichholzschachtel
Kreativität und vernetztes Denken fördern			
Informationen nachhaltig speichern			
Energiereserven aufladen	✔		

3.9 Wir drehen einen Stummfilm

Erzählen Sie den Kindern von der guten alten Stummfilmzeit, in der die Schauspieler durch Gestik, Mimik und stumme Lippenbewegungen agierten. Die Filmdialoge erhielten im Nachhinein eine Text-Untertitelung und während der Stummfilm lief, sorgte ein kleines Live-Orchester im Kino für seine musikalische Untermalung. Die Eigenproduktion eines kleinen Stummfilms ist eine ausgesprochen lustige Konzentrationsübung. Zunächst werden Gruppen von je drei bis fünf Kindern gebildet. Gemeinsam denken sie sich einen kleinen Werbespot oder eine kurze Filmsequenz aus, die sie später allen vorführen. In jeder Gruppe werden mehrere Rollen verteilt: die stummen Schauspieler, der Sprecher und der Geräuschemacher. Aufgabe der Schauspieler ist es, ihre Filmrollen mit viel Mimik, Gestik und stummen Lippenbewegungen darzustellen. Um ihre stummen Aktionen zu beleben, sind Worte erforderlich. Dies ist Aufgabe des Sprechers, der synchron zu den Lippenbewegungen der Schauspieler den Text spricht. Aber die Schauspieler sind nicht nur stumm, sie bewegen sich auch geräuschlos, z.B. leise Schrittabfolge, lautloses Räuspern oder Händeklatschen. Nun ist es Aufgabe des Geräuschemachers, dieses Schauspiel zum richtigen Zeitpunkt mit den passenden Geräuschen zu unterlegen. Wenn z.B. die Schauspieler lautlos lachen, muss er lautstark lachen. Es bedarf also einer intensiven Absprache in der Gruppe über Text, Geräusche, Bewegungen und Timing. Und damit alles perfekt wirkt, ist ein hohes Maß an Aufmerksamkeit und genauer Abstimmung zwischen den Filmemachern erforderlich. Die abschließende Kurzfilm-Vorführung wird für die Zuschauer garantiert ein Riesenspaß!

Tipp
So mancher Lernstoff kann als Stummfilm-Vorlage dienen! Die eingeübten Stummfilme eignen sich übrigens ausgezeichnet zur Vorführung auf dem nächsten Schulfest.

Aufnahmebereitschaft auslösen		Alter	3.–4. Schuljahr
Aufmerksamkeit steigern	✔	Zeit	20–40 Minuten
Sinne schärfen	✔	Ort	drinnen
Gedanken und Gefühle ordnen	✔	Sozialform	Gruppenspiel
mehrkanalig lernen	✔	Material	–
Kreativität und vernetztes Denken fördern	✔		
Informationen nachhaltig speichern	✔		
Energiereserven aufladen			

3.10 Die Mind Map Methode

Unser Gehirn entwickelt tagtäglich geistige Landkarten und Denknetze, um die Flut an Eindrücken und Informationen aus der Umwelt zu strukturieren und zu verarbeiten. Die Engländer Tony Buzan[24] und Peter Russell[25] entwickelten eine effektive Lern- und Arbeitstechnik, die der ganzheitlichen und vernetzten Arbeitsweise unseres Gehirns gerecht wird: Die Mind Map Methode. Ob zum Vorbereiten von Referaten, zum Aufsatzscheiben, aber auch um z. B. den Inhalt eines Buches wiederzugeben: Mind Mapping ist eine hevorragende Vorbereitung. Und wie geht das? Ganz einfach, hier die wichtigsten Regeln:

- Setzen Sie das zentrale **Thema als Kreis** oder Ellipse in die Blattmitte!
- Zweigen Sie vom zentralen Thema die wichtigsten **Hauptgedanken wie Äste** ab!
- Organisieren Sie von den jeweiligen Hauptästen die **weiterführenden Gedanken wie Zweige**!
- Verwenden Sie zu Beginn **Substantive**, dies spart Zeit und Platz. Schreiben Sie die Kernaussagen an die jeweiligen Äste und Zweige!
- Schreiben Sie in **Druckschrift**, denn durch das oft schwierige Entziffern der Schreibschrift verlieren Sie leicht den Überblick!
- Verdeutlichen Sie Abhängigkeiten und Verbindungen mittels **Strichen**. Heben Sie Wichtiges mit **Farbe** hervor!
- Spontane **Ideen festhalten**. Notieren Sie Gedanken und Eingebungen, die Sie nicht sofort einordnen können, am Ast „Sonstiges"!
- Benutzen Sie **Symbole und Zeichen**, um Bestimmtes hervorzuheben, z. B. ein Ausrufezeichen für Vorsicht oder ein Fragezeichen für Unklarheiten. Entwickeln Sie eigene Symbole!

Tipp
Benutzen Sie diese Methode so oft wie möglich in Ihrem Unterricht, denn sie fördert das vernetzte Denkvermögen der Kinder und hilft ihnen komplexe Lerninhalte geistig zu durchdringen. Das Mind Mapping kann gemeinsam in der Gruppe oder bei geübten Kindern auch eigenständig erarbeitet werden.

[24] Buzan, T., Nichts vergessen! Kopftraining für ein Supergedächtnis, München 1994.
[25] Russell, P., Der menschliche Computer, München 1991.

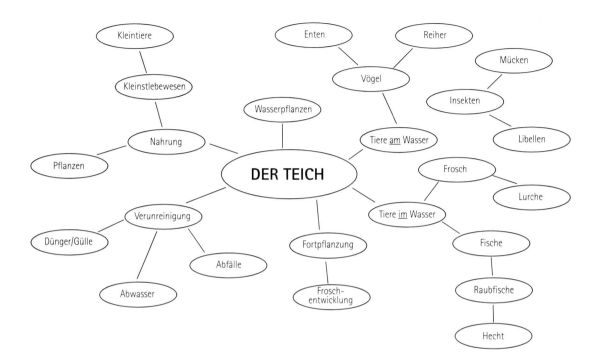

Aufnahmebereitschaft auslösen	✔	
Aufmerksamkeit steigern	✔	
Sinne schärfen		
Gedanken und Gefühle ordnen	✔	
mehrkanalig lernen		
Kreativität und vernetztes Denken fördern	✔	
Informationen nachhaltig speichern		
Energiereserven aufladen		

	Alter	ab 3. Schuljahr
	Zeit	5–10 Minuten
	Ort	drinnen
	Sozialform	Einzel- oder Gruppenspiel
	Material	–

3.11 Blinde Kassierer

Zunächst werden Gruppen von je sechs bis acht Kindern gebildet. Sie sitzen in Stuhlkreisen. Bitte rufen Sie aus jeder Gruppe ein Kind zu sich nach vorne. Jedes Kind erhält verschiedene Geldstücke (z.B.: 1 DM, 2 DM, eine Fünfzig-Pfennig-Münze, 1 Groschen und zwei Ein-Pfennig-Münzen) in die Hand gedrückt und speichert die Gesamtsumme im Kopf (hier also z. B. 3,62 DM). Diese Übergabe erfolgt leise und verdeckt, damit die anderen Gruppenmitglieder keine Details erfahren. Die ‚eingeweihten' Kinder setzen sich mit der in der verschlossenen Hand liegenden Geldsumme wieder in ihre Gruppen. Nun legen alle Kinder ihre Hände hinter den Rücken. Das ‚eingeweihte' Kind reicht seinem rechten Nachbarn hinter dem Rücken eine Münze weiter. Er ertastet diese sorgfältig, identifiziert den Münzwert und speichert ihn im Kopf ab. Wenn er fertig ist, reicht er die Münze wiederum an seinen Nachbarn weiter und erhält sofort die nächste Münze. Jede neu erhaltene wird zu den vorangegangenen Münzen addiert. Schritt für Schritt erhöht sich die ertastete Summe im Kopf der Spieler. So wechseln alle Münzen reihum den Besitzer, bis sie wieder beim ersten Kind angelangt sind. Während des Spielablaufs ist absolute Ruhe angesagt. Erst wenn alle Münzen wieder beim ‚eingeweihten' Kind angelangt sind, nennen die einzelnen Gruppenmitglieder die von ihnen errechnete Summe und erfahren dann das korrekte Ergebnis.

Tipp: Bei den ersten Versuchen werden Sie feststellen, dass die Summe selten richtig ertastet wird. Ein Grund mehr, um häufiger sowohl den Tastsinn als auch das Gedächtnis zu schulen. Übrigens, die Übung wird wesentlich komplizierter, wenn mehrere gleiche Münzen weitergereicht werden z. B. zwei 1-Mark-Stücke; 10 Pfennig; 2 Pfennig und wieder 10 Pfennig. Dann beginnt das Zweifeln und Grübeln.

Variante: Wesentlich schwieriger wird die Übung, wenn die Münzen subtrahiert werden. Dann ist es ratsam, mit einem 5-Mark-Stück zu beginnen. Übrigens, mit dieser Übung lassen sich hervorragend die neuen Euro-Münzen einführen!

Aufnahmebereitschaft auslösen	✔		Alter	ab 2. Schuljahr
Aufmerksamkeit steigern	✔		Zeit	5–10 Minuten
Sinne schärfen	✔		Ort	drinnen
Gedanken und Gefühle ordnen	✔		Sozialform	Gruppenspiel
mehrkanalig lernen	✔		Material	verschiedene Geldmünzen
Kreativität und vernetztes Denken fördern				
Informationen nachhaltig speichern	✔			
Energiereserven aufladen				

3.12 Mathe-Magie mit Magico

Ein tolles Spiel fürs vernetzte Denken: Auf einem Holzbrett müssen kleine Holzkugeln so in die neun Mulden verteilt werden, dass sich in der Waagerechten, Senkrechten und Diagonalen die Summen ergeben, die auf den Aufgabenkärtchen vorgegeben werden. Die Kinder können mit den roten Einser- und den blauen Fünferkügelchen so lange probieren, immer wieder neu rechnen, die Kugeln umtauschen, bis sie die richtige Kombination errechnet haben.
Es gibt Aufgabenkärtchen in vier Schwierigkeitsstufen, so dass die Kinder vom Leichten zum immer Kniffligeren geführt werden. Dabei entwickeln sie strategisches Verhalten, Kreativität und Flexibilität und üben gleichzeitig spielerisch Addition und Subtraktion.
Ein super Spiel zur Intelligenz-Förderung!

Variante
Es gibt für kleinere Rechenkünstler (ca. ab 6 Jahre) eine einfachere Variante mit nur vier Mulden: Magico 4.

Aufnahmebereitschaft auslösen	✔	Alter	ab 8 Jahre
Aufmerksamkeit steigern	✔	Zeit	5–30 Minuten
Sinne schärfen	✔	Ort	drinnen
Gedanken und Gefühle ordnen	✔	Sozialform	Einzelspiel
mehrkanalig lernen		Material	Lernspiele Magico 4 oder 9
Kreativität und vernetztes Denken fördern	✔		
Informationen nachhaltig speichern	✔		
Energiereserven aufladen			

zu beziehen bei: Spectra-Verlag, Postfach 11 04 51, 46263 Dorsten

Vierter Baustein:
Entspannung

Die zur Produktion so nötige Muße fehlt immer mehr.
*Johann Wolfgang von Goethe,
Brief an Wilhelm von Humboldt*

Entspannung bedeutet:

- äußere Reize ausschalten, Augen schliessen
- Stille geniessen
- Spannungen, Stress und Ängste positiv abbauen
- Selbstvertrauen und Kreativität entwickeln
- Gruppenatmosphäre harmonisieren
- Durchblutung fördern, Muskeln kräftigen
- Energiereserven auftanken, effektiv lernen

Wie ist der Lebensraum unserer Kinder?

Viele Menschen leiden heute unter chronischen Spannungszuständen, Schlafstörungen, Abgeschlagenheit, Herz- und Magenproblemen. Diese psychosomatischen Erkrankungen sind der Preis einer modernen Gesellschaft, die „time is money" zum Leitspruch gewählt hat. Sie lässt nur unentwegten Tatendrang, quirlige Dynamik und ständige Präsenz als Erfolgsgaranten gelten. Ruhe und Muße dagegen werden mit drohendem Stillstand und Misserfolg verwechselt.
Und so jagen wir eiligen Schrittes von einem Termin zum nächsten, spielen mehrere Rollen parallel auf vielen Berufs- und Alltagsbühnen, hetzen voller Ehrgeiz zum Freizeitsport, um dann erschöpft und ausgebrannt ins Bett zu fallen. Und beim Aufwachen plagen uns wieder die Fragen „Was muss ich heute alles schaffen, und wie erledige ich alles am schnellsten?" Wir leben in ständiger Zeitnot und mit hektischer Nervosität, leiden unter körperlicher und psychischer Daueranspannung. Bis irgendwann der innere Schnellkochtopf explodiert! Dann entladen wir unseren Stress meist am falschen Ort, zum falschen Zeitpunkt und an unschuldigen Opfern.

Wir sind oftmals unfähig, zur Besinnung und Ruhe zu kommen, die Kraft der Muße zu entwickeln und unsere Energiereserven aufzutanken. Denn mit der Entspannung verhält es sich genau umgekehrt: Hier hilft kein noch so verbissenes Wollen, sondern nur Innehalten, Los- und Geschehenlassen. Statt dessen treiben uns Pflichtbewusstsein, verbissener Ehrgeiz, Macht- und Erfolgssucht bis zur äußersten Belastungsgrenze. Wir sagen solange „Für Entspannung habe ich keine Zeit!", bis die typischen Stresskrankheiten unserem hektischen Lebensrhythmus ein jähes Ende bereiten. Erst wenn wir mit Magengeschwüren oder Herzrhythmusstörungen im Krankenhaus liegen, besinnen wir uns wieder auf das grundlegende Lebensprinzip von Aktivität und Passivität. In diesen besinnlichen Augenblicken müssen wir uns eingestehen, dass beharrlicher Wille und unermüdliches Schaffen vielleicht zum kurzfristigen Erfolg führen, aber letztlich zum langfristigen Desaster, zum Verbrauch der letzten Energiereserven, zum Raubbau an unserer Gesundheit.

Wie reagieren unsere Kinder darauf?

Auch an unseren Kindern geht der rastlose Zeitgeist nicht spurlos vorbei. Immer mehr Kinder sind dem stetig anwachsenden Erfolgsdruck hilflos ausgesetzt und leiden unter verbissenem Ehrgeiz. In einer Untersuchung der Universität Heidelberg über Verhaltensauffälligkeiten von Erstklässern[26] äußerten 27 % der Eltern, dass ihre Kinder glauben, perfekt sein zu müssen. In der Untersuchung traten zwei aktuelle Gefühlsströme der Erstklässler deutlich zutage: zum einen ihr gesteigertes Konkurrenzdenken und zum anderen ihr ausgeprägtes Bedürfnis nach Zuwendung und Aufmerksamkeit. Die daraus resultierende Einstellung „Ich muss immer besser sein als die anderen und alle müssen mich beachten!" bringt immer mehr Kinder aus dem inneren Gleichgewicht und führt zu einer erschreckenden Zunahme an Verhaltensauffälligkeiten: motorische und verbale Unruhe, Unausgeglichenheit, Konzentrationsstörungen und Aggressivität. Diese Kinder stehen ständig unter Strom, sind nervös und reizbar. Ihr Alltag wird von der Angst überschattet, den äußeren Ansprüchen und inneren Erwartungen nicht gerecht zu werden. Sie erleben nur selten entspannte Momente, obwohl es entscheidend für ihre geistige und körperliche Gesundheit wäre, mal innezuhalten, um die eigenen Kräfte aufzuspüren und zu mobilisieren. Immer mehr Pädagogen klagen über die Unfähigkeit der Kinder, sich zu entspannen und die Augen über einen kurzen Zeitraum geschlossen zu halten. Statt dessen blinzeln sie kichernd durch die Augenlider, als hätten sie die Sorge, etwas zu verpassen. Kein Wunder: Entspannung will gelernt sein!

All denjenigen, die glauben, Entspannung und Schule wären ein Widerspruch, in der Schule ginge es um Anstrengung und Konzentration, entspannen könne man sich zu Hause und solche Übungen raubten wertvolle Lernzeit, sei in Kürze erläutert, warum gezielte Entspannung für eine gesunde, kindliche Entwicklung so wichtig ist.

Entspannung fördert die Persönlichkeitsentwicklung

Entspannungsübungen bringen Körper, Geist und Seele wieder ins Gleichgewicht, bewirken ein In-sich-hinein-hören, sensibilisieren die Wahrnehmung für die eigene Person und helfen psychosomatische Beschwerden zu verringern. Kinder sollten so oft wie möglich erleben, dass sie mit gezielten Übungen etwas für ihr eigenes Wohlbefinden tun und eine Balance zwischen Körper und Geist, zwischen Konzentration und Entspannung selbst herstellen können. Denn Enspannung hat auch eine emanzipatorische Wirkung. Wer sich die Zeit nimmt, seine inneren Werte zu mobilisieren, gerät nicht so leicht in den Strudel der Manipulation. Er hat einen eigenen Standpunkt und Selbstsicherheit entwickelt.

---

[26] Im Rahmen der Einschulungsuntersuchung wurden 4.400 Eltern über Lebenssituation und Verhaltensformen ihrer Kinder befragt.

Entspannung fördert das positive Miteinander

Studien[27] belegen, dass immer mehr Kinder unter sozialen, psychischen und physischen Problemen leiden. Inzwischen gibt es in jeder Schulklasse eine Vielzahl motorisch unruhiger Schüler, die jedes zielgerichtete Arbeiten erschweren. Oft entladen sie ihre angestauten Muskelspannungen durch Gewalttätigkeit. In Entspannungsübungen finden diese aggressiven Kinder wieder den Zugang zu ihren inneren Selbstregulierungskräften. Sie erfahren, dass sie ihre Spannungen positiv abbauen können und nicht auf brutales Zuschlagen angewiesen sind. Entspannung wirkt harmonisierend auf die Klassengemeinschaft und ist ein wichtiger Mosaikstein zur Humanisierung des Schullebens.

Entspannung fördert effektives Lernen

Zahlreiche Forschungsergebnisse[28] zeigen auf, dass entspannte Menschen sich besser konzentrieren können und dass ständige Anspannung ihre Hirntätigkeit stark beeinträchtigt. Unser Körper produziert unter Stress die Hormone Adrenalin, Noradrenalin und Kortisol, die über den Blutkreislauf zu den Synapsen gelangen. Diese Enden der Gehirnnerven schließen sich daraufhin, d.h. die Informationsaufnahme und -weiterleitung ist blockiert. Eine Überdosis Stress ruft Ängste und Beklommenheit hervor, reißt Denk- und Konzentrationslücken. Da helfen fortwährende Wiederholungen des Lernstoffs oder ständige Ermahnungen wenig. Statt dessen muss die Ursache der Blockade durch gezielte Entspannungsübungen behoben werden. Konzentration und Entspannung stehen also nicht im Gegensatz, sondern in einer fruchtbaren Wechselbeziehung zueinander. Volle Aufnahmefähigkeit und Wachheit erreichen wir nur, wenn wir auch im Unterricht das grundlegende Lebensprinzip von An- und Entspannung berücksichtigen. In den Lernprozess eingeflochtene Entspannungsphasen bedeuten also keinen Zeitverlust. Die Kinder lernen, äußere Reize zeitweise bewusst auszuschalten, Energiereserven gezielt auf- und Stress abzubauen. Sie werden leistungsfähiger, ihre Konzentrations- und Merkfähigkeit wächst.

Was brauchen unsere Kinder?

Kinder brauchen gezielte Anleitung zur Entspannung im Elternhaus, im Kindergarten und in der Schule. Dabei geht es nicht um oberflächliches Ruhigstellen und Disziplinieren, sondern um geistige Leistungssteigerung im ganzheitlichen Sinne, um die Ausgewogenheit von Verstand und Gefühl. Kinder sollen motiviert werden, ihr Innenleben, ihre Empfindungen und Gedanken, ihren Atem kennen zu ler-

---

27 Hurrelmann, K., Eine gute Schule ist der beste Beitrag zur Jugendpolitik. In: Humane Schule, 19. Jahrgang, Mai 1993.
28 ■ Vester, F., Denken, Lernen, Vergessen, München 1978, S. 7.
■ Diorio, D. / Viau, V. / Meaney, M., The role of the Medial Prefrontal Cortex in the Regulation of Hypothalamic-Pituitary-Adrenal Responses to Stress. In: Journal of Neuroscience, 11/1993.

nen und diese Kräfte bewusst zu mobilisieren. Aus diesen Erfahrungen gewinnen sie das Selbstvertrauen, auch mal innezuhalten und loszulassen. Im entspannten Zustand lösen sich physische und psychische Anspannung. Wir atmen gleichmäßig und ruhig, die Muskelspannung lässt nach, der Blutdruck sinkt und der Puls schlägt langsamer. Um diesen Zustand zu erreichen, bedarf es:

- einer ruhigen Umgebung
- der Bereitschaft, die Augen zu schliessen und sich auf einen inneren Monolog einzulassen
- der Fähigkeit, seine Gedanken losziehen zu lassen wie Wolken, die kommen und gehen

Aber Vorsicht: Mit Langlegen und Faulsein ist es nicht getan! Wir müssen schon aktiv werden, wenn wir nicht vollkommen benommen aus dem Mittagsschlaf erwachen, sondern echte Entspannung erfahren wollen. Hierzu bedarf es gezielter Übungen, von denen wir Ihnen fünf vorstellen möchten.

1. Verbal gesteuerte Entspannungsübung

Kinder haben eine sehr ausgeprägte Vorstellungskraft, die es zu nutzen und zu fördern gilt. Hierzu eignen sich die bekannten Fantasie-Reisen. Mit ihrer Hilfe bauen Kinder Ängste und innere Spannungen ab, werden kreativ und gewinnen Selbstvertrauen. In Gedanken können sie im Schnee herumtollen, die Rolle des starken Löwen oder des schlauen Fuchses einnehmen. Fantasie-Reisen helfen, sowohl Lerninhalte zu vertiefen als auch soziale Verhaltensweisen vor Augen zu führen. Sie haben den Vorteil, dass selbst Kinder, denen die Entwicklung eigener, innerer Bilder schwer fällt, mittels einer Geschichte in das Reich der Fantasie entführt werden. Von Nachteil kann es jedoch sein, dass eine dem ganzen Klassenverband oder Kindergartengruppe erzählte Fantasie-Reise nicht immer alle Gemütslagen und Erfahrungen der Kinder anzusprechen vermag. So manch ein Großstadtkind hat Mühe, sich z. B. den Erholungswert einer Sommerwiese vorzustellen. Achten Sie daher auf die Methodik: Beginnen Sie die Geschichte nicht direkt mit dem Erholungsschauplatz (z. B. Sommerwiese), sondern holen Sie die Kinder zunächst aus ihrer stressigen Realität heraus. Die Erzählung sollte nicht abrupt mit plötzlichem Augenöffnen enden. Entlassen Sie die Kinder behutsam, gestärkt und mit Dehnübungen der Muskeln in die Wirklichkeit. Im folgenden Spieleteil finden Sie die „Reise zu meinem Ruhepol" (☞ S. 119) eine methodisch korrekt durchgeführte Fantasie-Reise.

2. Stilleübungen und Bildmeditation

Unglaublich aber wahr: Die meisten Kinder lieben die Stille! Diese Erfahrung machte bereits Maria Montessori, die in ihrer Pädagogik den Stilleübungen einen wichtigen Stellenwert beimaß. Kinder, die sich von gelenkten Fantasie-Reisen eher eingeengt fühlen, bevorzugen diese freie, wenn auch schwierigere Entspannungsform. Zu Übungsbeginn fällt es noch vielen Kindern schwer, bewegungslos und mit geschlossenen Augen in die Stille hineinzuhören: „Schließt die Augen, werdet ganz ruhig, bewegt euch nicht, lauscht in die Stille und spürt euren Körper". Die Übung kann zwei bis fünf Minuten dauern und sitzend oder liegend durchgeführt werden. Wenn es den Kindern noch schwer fällt, einfach die Stille zu geniessen, dann setzen Sie Bildmeditationen als methodische Vorstufe ein. Hier gibt der Spielleiter ein imaginäres Bild als Hilfestellung vor, z. B. „Stell dir vor, du bist ein großer Kastanienbaum. Spürst du, wie tief die Wurzeln im Boden stecken? Spürst du, wie sich seine Blätter im Wind bewegen?" Abschließend tauschen die Kinder ihre Erfahrungen aus.

3. Musikalisch gesteuerte Entspannungsübung

Für Kinder, denen es noch schwer fällt, Ruhe auszuhalten, kann Musik eine geeignete Brücke zur Stille bilden. Mit geschlossenen Augen lauschen sie einem Musikstück und lassen ihren Gedanken freien Lauf. Bitte wählen Sie hierfür Musikstücke aus, die eine ruhige, angenehme Atmosphäre verbreiten, die die Atmung harmonisieren und seelisches Wohlbefinden hervorrufen. Klassik und Barock halten viele geeignete Entspannungsstücke bereit, z. B. die berühmte „Mondscheinsonate" von Beethoven, „Die vier Jahreszeiten" von Vivaldi oder Mozarts „Kleine Nachtmusik". Inzwischen bieten aber auch zahlreiche Verlage speziell für Entspannungsübungen komponierte Meditationstitel aus dem Bereich der sogenannten ‚Wellness-Musik' an.

4. Entspannung durch Kopfkino

Auch freie, also selbst gewählte Reisen im Kopf haben eine sehr entspannende Wirkung. Sie eignen sich besonders für ältere und fantasievolle Kinder, die über eine große Vorstellungskraft verfügen, sich auch bereitwillig darauf einlassen und ihre Gefühlslage selbst einzuschätzen vermögen. Um diese hohe Stufe der Entspannung zu erreichen, bedarf es jedoch einer gezielten Vorbereitung. Erklären Sie den Kindern zunächst, dass sie viel Geld sparen, wenn sie ihr eigenes ‚Kino im Kopf' einschalten, und dass sie dort Filme selbst wählen und produzieren können, wann immer sie wollen. Das kleine ‚Kino im Kopf' hat schon vielen Kindern geholfen, sich zu entspannen oder ihre Gefühle, z. B. die Sehnsucht nach ihren Eltern, selbstständig auszuloten. Kopfkino ist ein kindgemäßer Begriff für mentales Training, dessen Entstehungsgeschichte im Übrigen sehr interessant ist: Lange Zeit bedienten sich die Amerikaner bei der Suche nach geeigneten Astronauten eines gängigen Verfahrens, sie *wählten* einfach die besten Bewerber aus. Die Russen dagegen *machten* aus ihren Kandidaten die besten: Sie entwickelten das mentale Training. Es befähigte die Astronauten, die in der Raumkapsel auftretenden Ereignisse und möglichen Gefahrenmomente vor ihrem ‚geistigen Auge' zu sehen und sie vorwegnehmend zu bewältigen. Diese ersten Erfahrungen der Russen auf dem Gebiet des mentalen Trainings wurden später weltweit auf den Sport übertragen. Heute absolvieren alle Spitzensportler nicht nur ein körperliches, sondern auch ein mentales Training, bei dem sie detailgenau den langen Weg bis zum gesteckten Ziel geistig durchlaufen. Dies gibt ihnen Sicherheit und konditioniert sie optimal auf den Sieg. Mentales Training eignet sich aber nicht nur für Spitzensportler. Jeder von uns vermag mit dieser Methode intensive Entspannungsmomente einzuleiten, Probleme vorwegnehmend zu analysieren und Ängste abzubauen. Die Erläuterung dieser sehr variabel einsetzbaren Technik finden Sie unter „Kopfkino – mentales Training" (☞ S. 124).

5. Entspannung durch Bewegung, isometrische Übungen

Obwohl sich viele Menschen nach Entspannung sehnen, können sie oftmals nur schwer von ihrer Alltagshektik auf erholsame Passivität umschalten. So manch einer muss erst joggend oder schwimmend den Stress abbauen, bevor sich bei ihm Ruhe und Gelassenheit einstellen. Kindern geht es nicht viel anders. Manchmal ist das Herumtoben und Spielen im Freien als Vorstufe zur späteren Entspannung im Klassenraum erforderlich. Aber was tun mit den kleinen ‚Zappelphilippen', wenn es in Strömen regnet oder die Pause schon vorbei ist? Der bewusste Wechsel zwischen Muskelanspannung und -entspannung kann auch durch isometrische Übungen im Klassenraum erreicht werden. Diese gezielten Kontraktionsübungen dienen der allgemeinen Durchblutung und der Muskelkräftigung. Und hierzu bedarf es nicht der hochtechnisierten Welt eines Body-Building-Studios, unsere Vorstellungskraft stellt alles Erforderliche kostenlos zur Verfügung! Um die gewünschten Muskeln zu aktivieren, reicht es aus, wenn wir uns vorstellen, wir müssten einen Gegenstand tatsächlich wegdrücken oder uns daran hochziehen. Der Blutkreislauf wird durch solche Übungen in Gang gebracht, dadurch wird mehr Sauerstoff zugeführt und das Gehirn bringt mehr Leistung. Ein Übungsbeispiel finden Sie unter „Body-Building im Kopf – isometrische Übungen" (☞ S. 120).

Die Frage, ob die Kinder sich nun mit Fantasie-Reisen, isometrischen Übungen, Kopfkino, Yoga oder Meditation am besten entspannen, kann nicht allgemeingültig beantwortet werden. Manchmal kann schon ein klärendes Gespräch zwischen Eltern und Kind, zwischen Lehrer/-in und Schüler/-in entspannend wirken. Sicher ist es ratsam, viele Entspannungsmethoden auszuprobieren und ihre Wirkung auf einzelne Kinder zu beobachten. Die einzig wahre Methode für alle werden Sie sicher nicht finden. Und das ist auch gut so, denn Entspannung können wir nicht kaufen, wir können uns nur selbst entspannen und die Kinder auf ihrem eigenen Weg geduldig bestärken.

Abschließend noch einige wichtige Tipps: Voraussetzung für alle Entspannungsübungen ist die richtige Atemtechnik. Sie führt die Kinder behutsam aus ihrer angespannten, aufgeregten Stimmungslage heraus und bringt Körper und Geist in Einklang. Im folgenden Spiele- und Übungsteil finden sie unter der Überschrift „Mit der Welle atmen" eine Übung, die die Kinder zur richtigen Atmung anleitet.

- ■ Entspannungsübungen sind um so effektiver, je öfter sie eingesetzt werden. Sie sollten einen festen, zeitlichen und methodischen Platz im Gruppen- oder Unterrichtsgeschehen erhalten. Kleine strukturgebende Rituale, wie z.B „Mein Traumkissen" (☞ S. 118) können sehr hilfreich sein, um von der Konzentrations- in die Entspannungsphase überzuleiten.

- Erzieher und Lehrer sollten den Eltern helfen, die Bedeutung von Entspannungsphasen nachzuvollziehen. Dies geht am besten, wenn einige solcher Übungen anlässlich eines Elternabends praktisch durchgeführt werden. So manch gestresstes Elternpaar wird dankbar sein, wenn es gut informiert und tatkräftig zu Hause die Arbeit von Kindergarten und Schule unterstützen kann.

- Entspannungsübungen müssen methodisch behutsam eingeleitet werden. Wichtige Voraussetzung für gelungene Entspannung ist die Bereitschaft der Kinder, die Augen zu schließen. Hieran kann so manche Übung scheitern. Dann sitzen Sie nicht vor einer ruhigen und besonnenen Kinderschar, sondern vor kichernden und durch die Augenschlitze blinzelnden Kindern. Die im folgenden Spieleteil erläuterte Übung „Feurige Hände" macht Kindern das Augenschliessen leichter.

- Bitte geben Sie bei Entspannungsübungen nicht zu schnell auf. Lassen Sie sich durch störende Bemerkungen der Kinder, es sei langweilig, nicht von Ihrem Vorhaben abhalten. Jedes Kind muss zunächst das Vertrauen entwickeln, dass es mit geschlossenen Augen nichts verpasst und dass sein Innenleben manchmal interessanter sein kann als die reizüberflutete Außenwelt.

- Erwarten Sie keine Wunder! Wie in jedem gruppendynamischen Prozess oder Unterricht kann auch bei Entspannungsübungen etwas daneben gehen. Schließlich bringen Sie den Schüler/-innen weiterhin das Lesen, Rechnen und Schreiben bei, auch wenn so manche Stunde nicht von Erfolg gekrönt war.

- Und noch ein letzter Tipp für Eltern: Zärtlichkeit ist der beste Berater in Sachen Entspannung! Eine Umarmung gibt den Kindern die Zuversicht, geliebt zu werden, aufgehoben zu sein und Spannungen lösen zu können. Also, wie wäre es mit einer regelmäßigen ‚Schmusezeit' vor dem Schlafengehen, vor den Hausaufgaben oder dem Gang in den Kindergarten oder in die Schule?

Es gibt kein Allheilmittel für Entspannung, keine Methode, die alle Kinder gleichermaßen und zur selben Zeit entspannt. Die Basis aller Entspannungsübungen ist ein erfahrungsorientierter Ansatz. Die richtige Wahl zum richtigen Zeitpunkt bleibt der Beobachtungsgabe, Kreativität und Sensibilität der Eltern und Pädagogen überlassen. Und der Erfolg von mehr Ruhe, Entspannung und Konzentration setzt nicht über Nacht oder bereits nach der ersten Übung ein. Es bedarf vieler kleiner einfühlsamer Schritte und vor allen Dingen des positiven Vorbilds der Erwachsenen. Schließlich können wir nichts an Kinder weitergeben, was wir selbst nicht mehr besitzen. Psychisch ausgeglichene Lehrer und Eltern vermögen Entspannungsübungen überzeugender zu vermitteln. Sicher können Sie im Familien- und Berufsalltag nicht ständig vor Ausgeglichenheit strotzen. Laden daher auch Sie regelmäßig Ihren Energieakku mit Entspannungsübungen auf!

Spiele, Spiele, Spiele

4.1 Feurige Hände

„Bitte reibt eure Handflächen ganz fest aneinander, bis sie warm werden. Das geht noch viel fester: Die Innenseiten müssen brennen wie Feuer! Schließt nun die Augen und legt die feurigen Handballen auf eure Augenlider. Genießt die Wärme auf den Augen und atmet ruhig ein und aus!"

Tipp
Diese Übung eignet sich vor allem für Kinder, die nur kurz oder ungern die Augen schließen. Achten Sie darauf, dass die Kinder die warmen Handballen auf die Augen legen. Dann können sie nicht durch die Fingerspalten blinzeln. Wem es immer noch schwer fällt, die Augen zu schließen, dem sollten Sie die Übung mit einem kleinen Hinweis schmackhafter machen: „Weißt du, dass Blinde besser hören als Sehende. Probier es mal aus! Du kannst mit geschlossenen Augen sogar deine inneren Körpergeräusche hören".

Variante
„Wer möchte, kann mit geschlossenen Augen an sein Lieblingstier oder seinen Lieblingsferienort denken."

äußere Reize ausschalten, Augen schliessen	✔	Alter	ab 3 Jahre bis 4. Schuljahr	
Stille geniessen		Zeit	3–5 Minuten	
Spannungen, Stress und Ängste positiv abbauen		Ort	drinnen oder draußen	
Selbstvertrauen und Kreativität entwickeln	✔	Sozialform	Einzelspiel	
Gruppenatmosphäre harmonisieren		Material	–	
Durchblutung fördern, Muskeln kräftigen				
Energiereserven auftanken, effektiv lernen	✔			

4.2 Mit der Welle atmen

Voraussetzung für eine gelungene Entspannung ist die richtige Atemtechnik. Sie ist einfach zu erlernen, wenn Sie die kindliche Vorstellungsgabe nutzen: „Stellt euch bitte eine Meereswelle vor, die langsam bis zum höchsten Punkt anschwillt und gleichmäßig wieder abrollt. Versucht mit den immer wiederkehrenden Bewegungen der sanft fließenden Welle zu atmen. Bitte atmet ganz bewusst langsam und zählt beim Ein- und Ausatmen jeweils bis Sechs. Atmet tief durch die Nase ein und lasst den Bauch weit hervortreten. Die Meereswelle hat jetzt ihren Höhepunkt erreicht, nun haltet die Luft drei Pulsschläge lang an. Atmet langsam aus, entleert dabei erst den Bauchraum und dann den Brustkorb. Wenn die Luft ganz raus ist, dann haltet wieder drei Pulsschläge lang an. Und nun atmet erneut tief ein."

Tipp
Schreiben Sie die richtige Atemtechnik an die Tafel:
6 > Einatmen   3 > Anhalten   6 > Ausatmen   3 > Anhalten   6 > Einatmen usw.
Achten Sie darauf, dass die Kinder vollständig ausatmen. Wir alle neigen dazu, länger ein- als auszuatmen. Führen Sie die richtige Technik vor: Durch die Nase in den Bauch einatmen, durch den Mund ausatmen!

Varianten
Die Kinder stehen: „Stellt euch vor, ihr wäret bunte Luftballons, die feste aufgeblasen werden und durch ein kleines Loch langsam wieder die Luft verlieren." Es macht den Kindern übrigens großen Spaß, beim Ein- und Ausatmen ihren Brustumfang mit einem Meterband zu messen.
Die Kinder liegen auf dem Boden: „Stellt euch vor, ihr wäret Luftmatratzen, die aufgepumpt und bei jedem tiefen Atemzug praller werden. Wenn ihr so richtig prall seid, dann lasst die Luft langsam wieder raus".
Die Kinder hören Aesops Fabel vom Frosch, der sich aufblies, um so groß zu werden wie sein Freund, der Ochse. Sie stellen die Tiere spielerisch nach, atmen tief ein und plustern sich langsam auf, bis sie schließlich ‚zerplatzen'. Die Übung kann von Trommelschlägen begleitet werden.

äußere Reize ausschalten, Augen schliessen		Alter	ab 3 Jahre bis 4. Schuljahr
Stille geniessen		Zeit	3–5 Minuten
Spannungen, Stress und Ängste positiv abbauen	✔	Ort	drinnen oder draußen
Selbstvertrauen und Kreativität entwickeln		Sozialform	Einzelspiel
Gruppenatmosphäre harmonisieren	✔	Material	evtl. Tafel
Durchblutung fördern, Muskeln kräftigen			
Energiereserven auftanken, effektiv lernen	✔		

4.3 Mein Traumkissen

Erinnern Sie sich an die Augenblicke in Ihrer Schulzeit, wo Sie abgeschlagen und müde Ihre auf den Tisch gestützten Arme gerne ausgestreckt und den Kopf darauf gelegt hätten, um einmal die Augen zu schließen? Ihren Kindern geht es nicht anders. Und ein kleines, überall einsetzbares Kissen kann leicht Abhilfe schaffen: Es leitet das kurze Entspannungsritual ein und gibt den Kindern Geborgenheit. Und so wird's gemacht: Jedes Kind bemalt eine unbedruckte Leinentasche mit dem gewünschten Traummotiv (z. B. Blumenwiese, Sternenhimmel). Nun wird die Tasche mit weichem Material (Schaumstoff, Stoffreste, Watte) gefüllt und unterhalb der Tragegriffe zugenäht. Fertig ist das ‚Traumkissen am Griff'! Es kann jederzeit in einen anderen Gruppen- oder Klassenraum mitgenommen oder am Kleiderhaken aufgehängt werden. Und wenn alle abgeschlafft dreinschauen, dann ist „Traumzeit! — Holt schnell euer Kissen auf den Tisch und legt euren Kopf darauf. Schließt die Augen, atmet ganz ruhig und genießt eure wunderschönen Träume."

Tipp
Setzen Sie das Traumkissen als Ritual ein, um von der Konzentrations- zur Entspannungsphase überzuleiten. Die Kinder werden ihr kleines Kissen so lieb gewinnen wie ein Schmusetier. Es vermittelt ihnen Zuversicht und Weichheit.

Variante
Erzählen Sie den Kindern — während sie sich auf dem Kissen entspannen — von Ihrem nächtlichen Traum. Denn was die Lehrerin oder der Erzieher so alles erlebt, interessiert die Kinder immer. Aktivieren Sie mit der Erzählung so viele Sinne wie möglich, sprechen Sie z. B. von summenden Bienen, duftenden Blüten und weichen Gräsern. In der Traumzeit kann auch ruhige, meditative Musik eingesetzt werden.

äußere Reize ausschalten, Augen schliessen	✔	Alter	ab 3 Jahre bis 3. Schuljahr
Stille geniessen	✔	Zeit	5–10 Minuten
Spannungen, Stress und Ängste positiv abbauen	✔	Ort	drinnen
Selbstvertrauen und Kreativität entwickeln		Sozialform	Einzelspiel
Gruppenatmosphäre harmonisieren	✔	Material	Pro Kind: 1 unbedruckte Leinentasche mit Tragegriffen, weiches Füllmaterial, Stofffarbe oder dicke Filzstifte.
Durchblutung fördern, Muskeln kräftigen			
Energiereserven auftanken, effektiv lernen	✔		

4.4 Die Reise zu meinem Ruhepol

Die Kinder liegen bequem auf Matten, ohne sich gegenseitig zu berühren. Mit geschlossenen Augen lauschen sie der Geschichte: „Stell dir vor, du stehst in der Pause auf dem Schulhof. Viele Kinder laufen kreuz und quer, einige rempeln und schreien dich an. Es klingelt und alle drängeln die Treppe hinauf ins Klassenzimmer. Du setzt dich genervt auf deinen Stuhl und sehnst dich nach einem ruhigen Ort. Du hast Glück, heute geht ihr in die Turnhalle. Dort liegst du mit geschlossenen Augen auf einer Matte und in deinen Gedanken beginnt eine weite, wunderschöne Reise. Deine Lieblingssachen darfst du mitnehmen. Bevor du sie sanft in den Koffer legst, berührst du sie liebevoll. Behutsam schließt du den Koffer und legst dich mit ihm auf einen weichen Teppich. Du atmest tief ein und aus, ganz tief ein und aus ... bis der Teppich langsam abhebt und mit dir durch die warme Luft gleitet. Von hoch oben nimmst du Abschied und winkst der hektischen Welt, die ganz klein unter dir liegt. Hier ist es friedlich und duftet nach Frühling. Du betrachtest jede weiße Wolke, die gemächlich an dir vorbeizieht. Manche ähneln Tieren, andere haben wunderbare Fantasieformen. Zwei Vögel singen dir leise eine kleine Melodie. Lange schwebst du so dahin. Deine Muskeln entspannen sich, sie werden ganz weich und locker. Dein Herz schlägt ruhig und gleichmäßig. Du atmest tief ein und aus, tief ein und aus ... bis der Teppich behutsam wieder heruntergleitet. Sanft setzt er auf weichem Sand auf. Du bleibst noch ein wenig liegen, du genießt die Entspannung und tankst ganz viel Kraft. Der Schulalltag macht dir nun keine Angst mehr. Ein sanfter Ton (Klangschale) weckt dich, du öffnest langsam deine Augen, streckst dich und dehnst deine Glieder genüsslich wie eine Katze."

Tipp

Stimmen Sie die Geschichte auf die Lebensumstände der Kinder ab. Erzählen Sie mit ruhigem Tonfall. Führen Sie die Kinder zunächst aus einer stressigen Situation heraus. Geben Sie ihnen Zeit, die Reise zu genießen. Helfen Sie ihnen mit verbalen Suggestionen, ihren Körper und Atem zu spüren, z.B. „Du bist ganz ruhig, behagliche Wärme strömt durch deinen Körper." Geben Sie den Kindern auch Zeit, wieder in den Alltag zurückzukehren. Am Ende der Reise sollte immer eine Brücke zum Alltag geschlagen werden.

äußere Reize ausschalten, Augen schliessen	✔	Alter	ab 5 Jahre bis 4. Schuljahr
Stille genießen		Zeit	5–10 Minuten
Spannungen, Stress und Ängste positiv abbauen	✔	Ort	drinnen
Selbstvertrauen und Kreativität entwickeln	✔	Sozialform	Einzelspiel
Gruppenatmosphäre harmonisieren	✔	Material	Decken oder Matten Klangschale
Durchblutung fördern, Muskeln kräftigen			
Energiereserven auftanken, effektiv lernen	✔		

4.5 Body-Building im Kopf – Isometrische Übungen

Isometrische Übungen, bei denen ein bewusster Wechsel zwischen Muskelanspannung und -entspannung stattfindet, dienen der allgemeinen Durchblutung und Kräftigung. Wir können uns den Besuch eines Body-Building-Studios sparen, denn unsere Vorstellungskraft stellt alles Erforderliche kostenlos zur Verfügung! Um die gewünschten Muskeln zu aktivieren, brauchen wir uns nur vorzustellen, wir müssten einen Gegenstand tatsächlich wegdrücken oder uns daran hochziehen. Bei jeder Übung werden die zu trainierenden Muskeln sechs Sekunden lang ganz fest angespannt und sofort wieder losgelassen. Dann lässt der Muskelschmerz langsam nach und die Entspannung ist deutlich spürbar. Jede Übung sollte dreimal wiederholt werden.

Zwei Trainingsbeispiele für die

- Arm- und Schultermuskulatur: „Steht auf und stellt euch vor, ihr stündet in einer offenen Tür, deren Rahmen ihr mit eurer bloßen Muskelkraft wegdrücken müsstet. Winkelt eure seitlich erhobenen Armen ein wenig an und drückt den Rahmen ganz fest weg. Ihr setzt alle Kraft ein, denn der Rahmen ist aus Metall. Drückt ganz feste, drückt den Unterkiefer nach vorn und zählt bei der Muskelanspannung bis Sechs, lasst dann schnell wieder los und entspannt eure Muskeln."
- Unterschenkel- und Fußmuskulatur: „Setzt euch auf einen Stuhl, zieht eure Schuhe aus und stellt euch vor, ihr würdet mit den Zehen eine Banane greifen. In jedem Fuß befindet sich eine Banane, die ihr nun so fest es geht mit den Zehen zerdrückt. Zählt bei der Muskelanspannung bis Sechs und lasst dann schnell wieder los."

Variante

Isometrische Übungen haben eine große Variationsbreite. Sobald wir ein geeignetes Vorstellungsbild im Kopf mobilisieren – z. B. Wegdrücken eines imaginären Schrankes oder Hochziehen an einer imaginären Stange –, spannen wir automatisch die gewünschten Muskelpartien an. So können alle Muskeln gezielt gestärkt und kleine Zappelphilippe von ihren Spannungen erlöst werden.

äußere Reize ausschalten, Augen schliessen		Alter	ab 5 Jahre bis 99 Jahre
Stille geniessen		Zeit	2–5 Minuten
Spannungen, Stress und Ängste positiv abbauen	✔	Ort	drinnen oder draußen
Selbstvertrauen und Kreativität entwickeln		Sozialform	Einzelspiel
Gruppenatmosphäre harmonisieren		Material	–
Durchblutung fördern, Muskeln kräftigen	✔		
Energiereserven auftanken, effektiv lernen	✔		

4.6 Wolkenkratzer wollen hoch hinaus

„Stellt euch vor, dass ihr euch in ein Hochhaus, einen Wolkenkratzer verwandelt. Zunächst hockt ihr als Steinhaufen zusammengekrümmt auf der Erde. Langsam entsteht Stockwerk für Stockwerk. Im Zeitlupentempo erhebt ihr euch und streckt Arme und Finger nach oben. Auf den Fußspitzen stehend dehnt sich euer ganzer Körper nach oben, bis ihr glaubt, die Wolken berührt zu haben. Bleibt so lange es geht in dieser Stellung und fallt dann rasch wieder zusammen."

Tipp
Diese Übung beugt Rücken- und Haltungsschäden vor, strafft die ganze Körpermuskulatur und wirkt sehr belebend. Bauen Sie die Wolkenkratzer am besten im Freien, dann tanken die Kinder zugleich Sauerstoff.

Variante
Wenn Sie diese Übung liegend durchführen wollen, dann erzählen Sie den Kindern die Geschichte von der kleinen Baumwurzel, die tief ins Erdreich dringen will, Jahr für Jahr im Zeitlupentempo wächst und sich kraftvoll ausdehnt.

äußere Reize ausschalten, Augen schliessen		Alter	ab 3 Jahre bis 99 Jahre
Stille geniessen		Zeit	2–3 Minuten
Spannungen, Stress und Ängste positiv abbauen	✔	Ort	drinnen oder draußen
Selbstvertrauen und Kreativität entwickeln		Sozialform	Einzelspiel
Gruppenatmosphäre harmonisieren		Material	–
Durchblutung fördern, Muskeln kräftigen	✔		
Energiereserven auftanken, effektiv lernen	✔		

4.7 Schwäbischer Apfelkuchen

Jedes Kind wählt einen Partner, den es massieren möchte. Dieser legt sich in Bauchlage auf eine Matte oder Decke. Seine Augen sind geschlossen, die Beine leicht gespreizt und die Arme liegen locker am Körper. Der Masseur kniet sich neben seinen liegenden Partner. Nun kann die Rückenmassage beginnen: „Heute backen wir einen schwäbischen Apfelkuchen. Ich sage euch Schritt für Schritt, wie man ihn zubereitet. Aber zunächst müsst ihr das Kuchenblech säubern. Dazu braucht ihr Wasser (mit beiden Handflächen wellenförmig über den Rücken streichen). Nun entfernt ihr den gröbsten Schmutz mit einem weichen Schwamm (leichte Kreisbewegungen mit einer Hand). Für die hartnäckigen Stellen nehmt ihr einen Stahlschwamm (Hand zur Faust ballen, mit Faust-Innenfläche feste an den Problemzonen von Hals und Schulter kreisen). Spült den Schmutz mit Wasser ab (mit beiden Handflächen wellenförmig über den Rücken streichen). Fettet das saubere Kuchenblech ein (Fingerspitzen wie Pinsel über den ganzen Rücken streichen) und legt den schweren Teig darauf (beide Handflächen mit Nachdruck auf unteren Rückenteil legen). Verteilt den zähflüssigen Teig in jeden Winkel des Kuchenblechs (beide Handflächen mit Nachdruck über ganzen Rücken ziehen). Drückt ihn rundherum an die Ränder (mit Fingern die kleinen seitlichen Fettpolster rollen). Damit der Kuchen gut aufgeht, braucht der Teig kleine Luftlöcher (mit zwei ausgestreckten Fingern sanft in den Rücken pieksen). Verteilt nun die Apfelscheiben (mit Fingern das gewünschte Muster auf den Rücken legen). Jetzt kommen noch die Streusel darauf (Fingerspitzen kitzeln leicht über den Rücken)."

Tipp
Achtung: Die Wirbelsäule darf nicht massiert werden! Dies können nur Fachleute. Variieren Sie die Backprodukte je nach Stimmungslage: Für aggressive Kinder eignet sich ein leichter Baiserteig eher als ein schwerer Hefeteig. Die Bewegungen werden dann sanfter und behutsamer. Übrigens, die Kinder können sogar auf dem Stuhl sitzend backen, wenn sie ihren Rücken zum Masseur drehen. Dann wäre auch eine lange Backblech-Kette hintereinander sitzender Kinder möglich.

äußere Reize ausschalten, Augen schliessen	✔		Alter	ab 5 Jahre bis 4. Schuljahr
Stille geniessen			Zeit	5–10 Minuten
Spannungen, Stress und Ängste positiv abbauen	✔		Ort	drinnen
Selbstvertrauen und Kreativität entwickeln			Sozialform	Paarspiel
Gruppenatmosphäre harmonisieren	✔		Material	Matten oder Decken
Durchblutung fördern, Muskeln kräftigen	✔			
Energiereserven auftanken, effektiv lernen	✔			

4.8 Kleine Handpflege

Schreiben kann anstrengend sein, vor allem wenn man es gerade erst gelernt hat. Schnell verkrampfen sich Handgelenk oder Finger und die Schrift wird krakelig. Gönnen Sie daher den kleinen Kinderhänden eine erholsame Massage: „Ballt beide Hände ganz fest zu Fäusten, so als müsstet ihr einen harten Gegenstand zerdrücken. Haltet an, solange ihr könnt, und lasst dann eure Finger wieder los. Jetzt reibt eure Hände fest aneinander, so als würdet ihr sie einseifen. Massiert jeden einzelnen Finger und genießt, wie eure Hände warm und weich werden."

Tipp
Die Übung sollte vor allem bei Erstklässlern mehrmals täglich wiederholt werden.

Variante
Handmassagen können auch als Paarübung durchgeführt werden. Dann spüren die Kinder einander wieder.

Äußere Reize ausschalten, Augen schliessen	
Stille geniessen	
Spannungen, Stress und Ängste positiv abbauen	✔
Selbstvertrauen und Kreativität entwickeln	
Gruppenatmosphäre harmonisieren	
Durchblutung fördern, Muskeln kräftigen	✔
Energiereserven auftanken, effektiv lernen	✔

	Alter	1.–2. Schuljahr
	Zeit	2–3 Minuten
	Ort	drinnen
	Sozialform	Einzel- oder Paarspiel
	Material	–

4.9 Kopfkino — Mentales Training

Mentales Training eignet sich für Kinder und Erwachsene gleichermaßen. Beginnen Sie zunächst mit der Wahl Ihres Übungsziels.

Wollen Sie sich entspannen? Dann begeben Sie sich in Gedanken an Ihren Lieblingsort, in Ihr ganz persönliches ‚Wolkenkuckucksheim', z. B. ans Meer. Je mehr Sinne Sie dabei aktivieren, um so intensiver wird Ihre mentale Entspannungsreise.

Wollen Sie Stress reduzieren? Dann können Sie stress- und angstbesetzte Anlässe z. B. eine Prüfung mental entschärfen, wenn Sie sich Schritt für Schritt die Situation veranschaulichen: „Wo werde ich sitzen, wie werde ich reagieren, was wird der Andere sagen und tun?"

Wollen Sie die Selbstheilungskräfte mobilisieren? Dann lassen Sie Ihren Körper und seine Problemzonen vor Ihrem geistigen Auge transparent werden: „Ich spüre, wie das Blut in mein rechtes Bein hinunter fließt und wieder herauf, die Helferzellen werden aktiv ...". Vorsicht: Diese Übung ist kein Ersatz für schulmedizinische Behandlung, sie vermag jedoch den Heilungsprozess zu unterstützen!

Und so wird's gemacht:
1. **Geeigneten Ort wählen und Augen schließen:** Suchen Sie einen Platz zu Hause oder im Freien, an dem Sie sich wohl fühlen. Von hier aus sollten Sie nun immer die ‚Regie' für Ihren mentalen Film führen. Schließen Sie die Augen und wählen Sie eines der drei Übungsziele (s. o.).
2. **Schlüsselsatz aussprechen:** Wählen Sie einen Schlüsselsatz, mit dem Sie von nun an immer Ihre Übung beginnen, z. B. „Jetzt gehe ich in mein Wolkenkuckucksheim" oder „Jetzt widme ich mich meinem Magenproblem."
3. **Bauch-Brust-Atmung und gewählte Übung durchführen:** Füllen Sie beim Einatmen erst den Bauch dann die Brust. Leeren Sie beim Ausatmen erst den Bauch dann die Brust. Halten Sie dabei den Rhythmus 6-3-6-3 ein (☞ Übung S. 117 „Mit der Welle atmen"). Wiederholen Sie dies mindestens dreißigmal, dann sinkt der Adrenalinspiegel. Ihre Angst- und Stress-Stimmung lässt nach. Jetzt können Sie sich beruhigt Ihrem Übungsziel widmen.
4. **Übung beenden:** Kommen Sie behutsam in die Realität zurück, spannen Sie alle Muskeln fest an, öffnen Sie langsam die Augen und dehnen Sie Ihren Körper genüsslich.

Tipp
Kurze Übungen täglich sind effektiver als lange Übungen gelegentlich!

äußere Reize ausschalten, Augen schliessen	✔		Alter	ab 6 Jahre bis 99 Jahre
Stille geniessen	✔		Zeit	10–30 Minuten
Spannungen, Stress und Ängste positiv abbauen	✔		Ort	drinnen oder draußen
Selbstvertrauen und Kreativität entwickeln	✔		Sozialform	Einzelspiel
Gruppenatmosphäre harmonisieren			Material	–
Durchblutung fördern, Muskeln kräftigen				
Energiereserven auftanken, effektiv lernen	✔			

4.10 Farbklänge

Spielen Sie den Kindern ein entspannendes Musikstück vor: „Wer von euch kann seine Gefühle und Gedanken zu dieser Musik in Farben ausdrücken? Nehmt Farbe, einen dicken Pinsel und verteilt die Farben großflächig über euer Zeichenblatt."

Tipp
Ermuntern Sie vor allem die Kinder, die kleine Motive am unteren Blattrand bevorzugen, große Farbflächen zu malen. Sie sollten die Angst vor der großen Blattfläche verlieren und ihren Gefühlen freien Lauf lassen.

Variante
Auf diese Weise kann auch ein großes Gruppenbild entstehen, an dem alle Kinder gemeinsam arbeiten.

äußere Reize ausschalten, Augen schliessen		Alter	ab 3 Jahren
Stille geniessen		Zeit	10–20 Minuten
Spannungen, Stress und Ängste positiv abbauen	✔	Ort	drinnen
Selbstvertrauen und Kreativität entwickeln	✔	Sozialform	Einzel- oder Gruppenspiel
Gruppenatmosphäre harmonisieren	✔	Material	Papier, Pinsel, Farben, Musikkassette
Durchblutung fördern, Muskeln kräftigen			
Energiereserven auftanken, effektiv lernen			

4.11 Der unsichtbare Bleistift

Kinder, die viel sitzen müssen, leiden oft an Verspannungen des Nacken- und Kopfbereichs. Eine kleine, lustige Übung verschafft rasche Abhilfe: „Heute schreiben wir mal ohne Bleistift und Papier. Wir benutzen zur Geheimschrift ganz einfach unsere Nase und die Luft. Wer kann denn mal versuchen, mit der Nase einen Kreis, ein Viereck, eine lange Linie von rechts nach links oder von oben nach unten in die Luft zu schreiben? Jetzt probiert es mal mit eurem Namen!"

Tipp
Führen Sie diese lustige Übung mindestens einmal täglich durch. Kinder, die sich leicht ablenken lassen, sollten dabei die Augen schließen.

äußere Reize ausschalten, Augen schliessen	✔	Alter	ab 1. Schuljahr
Stille geniessen		Zeit	2–5 Minuten
Spannungen, Stress und Ängste positiv abbauen	✔	Ort	drinnen oder draußen
Selbstvertrauen und Kreativität entwickeln		Sozialform	Einzelspiel
Gruppenatmosphäre harmonisieren		Material	–
Durchblutung fördern, Muskeln kräftigen	✔		
Energiereserven auftanken, effektiv lernen	✔		

Fünfter Baustein:
Rhythmus

Das ganze Leben
bedarf des rechten
Rhythmus!
Plato

Rhythmus bedeutet:

- Rhythmus im Alltag entdecken
- eigenes Zeitgefühl entwickeln
- Körperkonzentration verbessern
- langsames Gehen fördern
- Bewegung mit akustischen Reizen verbinden
- seinen Rhythmus auf den Anderer abstimmen
- Sprache rhythmisch erfahren
- besser behalten

Wie ist der Lebensraum unserer Kinder?

„Ich habe kein Gefühl für Rhythmus, ich bin unmusikalisch!" Ein oft gehörter Spruch und ein weit verbreiteter Irrtum zugleich, denn Rhythmus ist mehr als nur Musik!
Rhythmus ist Leben! Wir erleben den natürlichen Rhythmus von Geburt und Tod, Winter und Sommer, Tag und Nacht, Ebbe und Flut. Die Mütter unter Ihnen, liebe Leserinnen, erinnern sich sicher noch an den schönen Augenblick, als Sie erstmals am Wehenschreiber den Herzschlag Ihres Kindes hörten und seine ersten Bewegungen spürten. Ihr Kind machte sich zunächst rhythmisch bemerkbar. Während der Schwangerschaft entwickelte sich eine Harmonie zwischen Ihrem und dem kindlichen Rhythmus. Wenn Sie aus dem Takt kamen, dann reagierte Ihr Kind gleichfalls mit Unruhe.

Rhythmus ist pulsierende Bewegung! Eltern wiegen ihre Säuglinge liebevoll in den Schlaf. Übrigens: Sie legen den Kopf des Kindes meist an ihre linke Schulter. Britische Wissenschaftler fanden heraus, warum sie instinktiv richtig handeln. Das Baby kann so den Herzschlag der Erwachsenen hören und ihre geflüsterten oder gesungenen Botschaften gelangen in sein linkes Ohr. Es übermittelt die beruhigenden Laute an die rechte Hirnhälfte, die für die Verarbeitung von Emotionen zuständig ist.
Rhythmus ist Reflex und Reaktion! Unsere existenziellen Rhythmen der Atmung und des Herzschlags vollziehen sich unbewusst und automatisch. Es sind Reflexe des Überlebens. Aber schon früh wird unser Rhythmus von äußeren Reizen beeinflusst. So konnte die pränatale Forschung nachweisen, dass Embryonen bereits im Mutterleib für Musik empfänglich sind: Auf rockige Musik reagierten sie mit heftigen und auf klassische Musik mit entspannten Bewegungen.

Dass die Psyche des Menschen auf Melodien reagiert, ist nichts Neues. Schon die alten Chinesen kannten Kriegs- und Heilungsmelodien. Auch die Entdeckung, Menschen mit musikalischen Mitteln zur Arbeit zu bewegen, ließ nicht lange auf sich warten. Schon seit dem 15. Jahrhundert spielte man in europäischen Manufakturen Musik, um die Leistung der Arbeiter anzukurbeln. Während des Zweiten Weltkriegs entwarf der englische Sender BBC sogar ein spezielles Radioprogramm, um den Aushilfskräften in der Rüstungsindustrie die Arbeit musikalisch zu versüßen. Nach neuesten Untersuchungen steigert Musikuntermalung die Produktivität um bis zu 25 %. Kein Wunder, dass heute weltweit 130.000 Firmenchefs diese bewährte Methode einsetzen. Inzwischen schätzen auch Zahnärzte die beruhigende Wirkung von Musik bei der leidigen Prozedur des Zähnebohrens. Und an der Sport- und Schmerzklinik in Lüdenscheid beschallt der Pionier der Musikmedizin, Ralph Spintge, seine Patienten, um den Genesungsablauf gezielt zu unterstützen. Ob in der Disco, im Auto, in der Boutique, im Supermarkt, am Arbeitsplatz oder beim Arzt, es gibt heute kaum noch einen Ort, an dem uns nicht heiße oder seichte Rhythmen beschallen!
Aber unser durchschnittlicher täglicher Musikkonsum von drei Stunden kann nicht darüber hinweg täuschen, dass jeder von uns seinem individuellen Rhythmus folgt. Es gibt stumme Morgenmuffel, unermüdliche Nachteulen und begeisterte Frühaufsteher. Der eine braucht mehr, der andere weniger Schlaf. Es gibt Säuglinge, die zur großen ‚Freude' ihrer Eltern nachts aktiv werden, und andere, die brav durchschlafen.

Aber schließlich plagt sich der Mensch, seitdem er aus dem Paradies vertrieben wurde, von früh bis spät ums richtige Tempo. Als Jäger und Ackerbauer folgte er noch dem Rhythmus der Natur. In der High-tech-Gesellschaft bestimmt die Atomuhr sein Lebenstempo. Immer schneller dreht sich die Geschwindigkeitsspirale. Marktlogik, Wettbewerb, Rationalisierung, Lean-Management und Just-in-time-Produktion fordern die letzten Temporeserven des arbeitenden Menschen. Er steckt in einer zeitlichen Zwangsjacke, der Arbeitsdruck wächst und die Erholung schwindet. Die Non-stop-Gesellschaft gewährt ihm nur ungern einen gesunden Rhythmus von Tag und Nacht, von Arbeits- und Feiertag, von Konzentration und Entspannung. Auch den natürlichen Rhythmus der Jahreszeiten haben wir längst überholt. Im Winter fliegen wir ins sonnige Mallorca und zu jeder Jahreszeit gibt's Erdbeeren. Überhaupt kann es beim Essen nicht schnell genug gehen: Fast-Food oder Mikrowellenkost! Kein Wunder, dass uns zunehmend moderne Zeitkrankheiten wie Herzinfarkt u. Ä. bedrohen.

Selbst unser Freizeit-Tempo wird von außen bestimmt: Es ist Zeit für die Tagesschau, das Kinderprogramm oder für die Late-Night-Show! Die Bildschnitte werden immer schneller, die Zeitintervalle zur Verarbeitung immer kürzer. Es gilt in kurzer Zeit viel zu zeigen. Nur eines wird übersehen: Quoten vermögen zwar zu messen, ob wir fernsehen, aber nicht wie viel unser Hirn davon speichert. Wahrscheinlich wäre das Ergebnis für alle Fernsehanstalten blamabel!

Effizienz und Zeitökonomie bestimmen mehr und mehr unser Privatleben. Eine Verabredung ohne vorherigen Blick in den Terminkalender ist selten geworden. Zeit ist für stressgeplagte Menschen ein hohes Luxus- und Statussymbol. Dabei ist eine interessante Beobachtung zu machen: In gleichem Maße wie wir den *Zeitmangel* verbalisieren, tabuisieren wir das *Zeithaben*. Denn wer sich als Opfer der Zeit erklärt, steht auf der Gewinnerseite: Er unterstreicht seine Arbeitsamkeit und gesellschaftliche Position. Aber wer behauptet, ausreichend Zeit zu haben, stößt auf Unverständnis und gilt schnell als Faulenzer. Und wer aufgrund seines Alters oder einer Behinderung mit dem rasanten Tempo nicht mithalten kann oder als Arbeitsloser nicht mithalten darf, fristet ein kümmerliches Dasein am Rande des gesellschaftlichen Pulsschlags. Er weiß plötzlich mit der Fülle der Zeit nichts anzufangen, sein Alltagsrhythmus ist aus dem Lot geraten und von seinem natürlichen Rhythmus ist er weit entfernt.

Wie reagieren unsere Kinder darauf?

Auf Zeitdruck reagiert der Mensch mit eingeübten Mustern: Aktionismus, Hektik und Flucht nach vorne. Alles muss schnell gehen, keiner hat mehr Zeit. Schon vor 30 Jahren beschrieb der Soziologe Niklas Luhmann[29] die Folgen der ständigen Zeitknappheit: Bekannte, eingefahrene Denkbahnen und vertraute Kommunikationspartner werden bevorzugt. Unter der mangelnden Muße leiden schließlich Kreativität und langfristiges Denken. Auch das jüngste Produkt der High-Tech-Gesellschaft, die Datenautobahn, kennt kein Tempolimit mehr. Der französische Zeitforscher Paul Virilio[30] warnte bereits 1980 vor den Gefahren der sozialen Beschleunigung, die eine weltumspannende Zeitordnung schafft und jahrhundertealte Zeitstrukturen zerstört.

> **Wissenswertes**
> Möchten Sie Ihr Tempo limitieren und über Zeit reflektieren? Dann sollten Sie wissen, dass es einen Verein zur Verzögerung der Zeit gibt! Die Mitglieder sind gegen blinden Aktivismus und verpflichten sich zum Innehalten. Sie haben ein interessantes Skript zum Thema „Die Zeit-Schule" herausgegeben. (☞ Auf S. 192 nennen wir Ihnen die Kontaktadresse.)

Um zu erkennen, wie sehr wir aus dem Lot geraten, wenn wir unseren natürlichen Rhythmus überrumpeln, benötigen wir keine Fachleute. Schon ein Fernflug beschert uns die Folgen der Zeitumstel-

---

[29] 1 Luhmann, N., Funktionen und Folgen formaler Organisation, Berlin 1964.
[30] Virilio, P., Geschwindigkeit und Politik, Berlin 1980.

lung: Störungen des Gleichgewichtssinns, Desorientierung, Müdigkeit und Nervosität. Wenn schon wir Erwachsene hektisch auf den Verlust des natürlichen Rhythmus reagieren, was bleibt dann Kindern zu tun? Ganz einfach: Sie werden zu nervlichen Zeitbomben! Stehen sie unter Zeitdruck und haben dazu noch wenig Bewegung, dann reicht ein kleiner Anlass, um sie in aggressive, unausgeglichene, zappelige und letztlich hilflose Wesen zu verwandeln. Sie können ihre angestaute Dynamik und Energie nicht bändigen, sie sind überfordert. Die berüchtigten Zappelphilippe brauchen daher weniger Ermahnung als vielmehr Zeit- und Bewegungsspielraum. Ein fünfjähriger Junge antwortete mir auf die Frage, warum er immer dann zappelt, wenn er sich beeilen soll: „Das bin ich nicht, das sind meine Knochen." So kommentierte er seine nervliche Reaktion auf den Zeitdruck.

Wie anders als mit Zappelei und quälender Hyperaktivität sollen Kinder auf das rasante Tempo in ihrer Umwelt reagieren? Viele haben einen Terminkalender, der dem eines Topmanagers gleicht. Montags: Ballett, dienstags: Schwimmkurs, mittwochs: Opa besuchen usw. Ihr Zeitgefühl ist noch nicht ausgeprägt und schon geraten sie in Stress. Die hektische Informationsgesellschaft setzt unsere Kinder unter seelischen und körperlichen Druck. Beispielsweise fällt es ihnen immer schwerer, längere Zeittakte in Gehbewegung auszuhalten. Sie rennen sofort los, als hätten sie keine Zeit und innere Ruhe mehr, um nur zu gehen. Eine Grundschule berichtete mir von ihrer alljährlichen Sorge, den Sankt-Martins-Zug einigermaßen gesittet durchzuführen. Die Kinder wollen mit ihren Laternen nicht mehr gehen, sondern lieber laufen. Man stelle sich diese lustige Prozession einmal vor: Eine hell erleuchtete Kinderschar, die hinter dem Sankt-Martins-Pferd herrennt und mittendrin die gehetzte Blaskapelle, die nach Luft schnappt!

Was brauchen unsere Kinder?

Nicht nur für den Sankt-Martins-Zug brauchen Kinder einen adäquaten Rhythmus. Ein strukturierter Alltag mit geregelten Zeiten, wann sie z.B. schlafen gehen, Hausaufgaben machen oder Freizeit haben, gibt ihnen Orientierungshilfe und Sicherheit. Das heißt nicht, dass Sie als Eltern in einen unentrinnbaren Alltagstrott geraten müssen! Alles kann auch mal anders als gewohnt ablaufen. Aber vielleicht sollten Sie dem Kind die geplante Änderung transparent machen und ihm Zeit geben, sich darauf einzustellen. Auch uns werfen unvorhergesehene Ereignisse aus dem Trott. Kindern geht es nicht anders, nur ihr Repertoire an flexiblen Reaktionen ist begrenzter!

Kinder brauchen viel Zeit für Muße, für Erkundungen und sogar für Langeweile. Sie müssen lernen, auch mal einen nicht verplanten Nachmittag oder Sonntag nach ihren Interessen und Launen zu gestalten. Nur dann entwickeln sie ein eigenes Zeitgefühl. Und der Spruch „Ich langweile mich" soll-

te Sie nicht dazu verleiten, krampfhaft nach tollen Vorschlägen zu ringen. Denken Sie daran: So manch ein Gelangweilter hat die tollsten Sachen erfunden. Man muss ihm nur die Zeit dafür geben!
Und jeder braucht seine individuelle Zeitration. Das Wohlbefinden einer Kindergruppe hängt also maßgeblich davon ab, ob Sie die unterschiedlichen Rhythmen Ihrer Kinder kennen. Nur dann können Sie sie sensibel den äußeren Rhythmen des Elternhauses, Kindergartens und der Schule angleichen. Manch ein Kind braucht morgens vor der Schule mehr Zeit, es geht trödelnd in den Tag hinein. Ein anderes steht gerne früh auf und kann es kaum abwarten, in den Kindergarten zu laufen. Bei beiden bestimmt nicht die Uhr das Zeitgefühl. Sie handeln vielmehr nach dem Lust und Laune-Prinzip, sie folgen ihrem natürlichen Rhythmus.
Nur langsam im Laufe ihrer Entwicklung vermögen Kinder ihren natürlichen Rhythmus den äußeren Erfordernissen anzugleichen. Und hierfür brauchen sie das Verständnis der Erwachsenen und ihre Geduld. Auch wir entwickeln in vielen alltäglichen Handlungen, wie z.B. Computer tippen, Ball werfen oder Schwimmen, erst dann eine motorische Geschicklichkeit, wenn wir den Bewegungsrhythmus erkannt haben. Je intensiver das Kind sein Gefühl für Bewegung und rhythmischen Ausdruck erlebt, um so einfacher fallen ihm schwierige Koordinationsübungen. Nutzen Sie so oft wie möglich den kindlichen Bewegungsdrang als natürlichen Antrieb zum Spielen und Lernen.
Denn der Schlüssel zum wirklichen Zeitgefühl ist nicht das Zählen oder die Uhr, sondern die Bewegung. Dies erkennen Sie spätestens, wenn Sie auf dem Bahnhof stehen und beim Blick auf die Uhr feststellen, dass Sie den Zug verpassen könnten. Automatisch werden Sie Ihre Bewegungen beschleunigen. Das heißt, Zeit ist Bewegung im Raum und sie lässt sich durch die rhythmische Erfahrung der Muskulatur nachempfinden.

Wir erleben im Alltag häufig Energieabstufungen: Bei Ärger kontrahieren die Muskeln kräftig, bei Traurigkeit verlieren sie an Spannung und erschlaffen. Geben Sie daher Ihren kleinen ‚Nervenbündeln' stets die Gelegenheit, ihre überschüssige Muskelenergie und nervliche Anspannung positiv auszudrücken. Die Musik ist hierfür ein geeignetes Medium. Sie ruft bei Kindern in der Regel eine kinästhetische Reaktion hervor. Es ist daher ratsam, Bewegungsübungen mit Klängen zu verbinden. So werden akustische und körperliche Reaktionen fest miteinander verknüpft und als nahezu identisch empfunden. In Singspielen lernt das Kind, seine Bewegungen dem Rhythmus der Musik und dem der Mitspieler anzupassen. Im freien Tanz lernt es, sich spontan zu bewegen, Ängste abzubauen und Fantasie zu entwickeln.

Kinästhetik oder Kinesiologie
Lehre vom Erfassen der Bewegungsempfindungen aus den verschiedenen Körperregionen. Die entsprechenden Rezeptoren liegen in den Gelenken, Muskeln, Sehnen und im Gleichgewichtsorgan des inneren Ohres. (☞ Auf S. 183 f finden Sie weitere Informationen!)

Rhythmus ist auch ein wichtiges Element der Sprache. Schon im Kindergarten zeigt das Kind ein natürliches Interesse an Sprechrhythmen, es liebt Reime und Wortspielereien. Bitten Sie die Kinder, ihren Namen oder die Wochentage rhythmisch aufzusagen. Und schon werden sie entdecken, dass alle Wochentage mit Ausnahme des Donnerstags dem gleichen rhythmischen Motiv folgen.

Keine Sorge, wenn Sie mit Kindern rhythmisch arbeiten, vernachlässigen Sie das Lernen nicht! Vielmehr unterstützen Sie es! Denn unser Gedächtnis bedient sich der Rhythmik und die Wirksamkeit vieler Gedächtnishilfen beruht auf rhythmischen Mustern. Wir speichern das Wahrgenommene nach rhythmischen Kriterien, z.B. Schrittabfolge oder Tonfall eines Freundes. Testen Sie mal, ob Ihre Kinder anhand rhythmischer Kriterien vertraute Menschen herauszuhören vermögen!

Hier noch einige Ratschläge für den pädagogischen Alltag

- Beobachten Sie, wann welche Kinder rhythmische Spiele brauchen, um ihr inneres Gleichgewicht wiederzufinden. Ist dies vielleicht montagmorgens nach einem Fernsehwochenende eher der Fall als an anderen Tagen? Lassen sich manche Konflikte in der Gruppe besser durch rhythmische Spiele lösen als durch Gespräche?

- Das Gehen ist für die Muskelkontrolle und Körperkonzentration der Kinder entscheidend. Und genau das fällt unseren gehetzten Kindern immer schwerer. Führen Sie so oft wie möglich Spiele durch, die die Kinder zu längeren Gehtakten anregen!

- Beachten Sie das pädagogische Prinzip von Anspannung und Entspannung: Auf eine Periode der Anstrengung sollte eine Periode der Ruhe folgen. Vorsicht: Ausruhen erreichen Sie nicht durch Stillsitzen, sondern durch einen Wechsel der Aktivität.

- Rhythmische Reaktionen sind abhängig vom Alter, von der Auffassungsgabe, dem Temperament und dem Körperbau. Es ist daher wichtig, dass Sie die Kinder richtig einschätzen und herausfinden, wo die möglichen Ursachen eines rhythmischen Problems liegen. Ein Kind, das nicht auf Anhieb Musik und Bewegung zu synchronisieren vermag, wird oft vorschnell als unrhythmisch gebrandmarkt. Manchmal genügt schon eine geringfügige Tempoveränderung und plötzlich kann das Kind den musikalischen seinem natürlichen Rhythmus anpassen. Mängel in einer Bewegungsantwort können verschiedene Ursachen haben:

1. Mangelnde Aufmerksamkeit: Vielleicht mag das Kind die gehörte Musik nicht und lässt in seinem Interesse nach. Selten liegt ein fehlerhaftes Hörvermögen vor.

2. **Mangelnde Bewegungsbeherrschung:** Eine schwach ausgebildete Muskelkoordination kann die Ursache für rhythmisch ungenaue Bewegungsantworten sein. Dann braucht das Kind verstärkt Zuwendung.
3. **Schüchternheit:** Schüchterne Kinder lässt man am besten erst einmal in Ruhe. Wenn sie durch die Beobachtung der anderen Kinder zuversichtlicher geworden sind, werden sie von selbst mitmachen wollen.
4. **Psychologische Störungen:** Nervöse oder verhaltensgestörte Kinder sollten mit Sorgfalt behandelt werden. Ihre rhythmische Entwicklung verläuft langsamer und sprunghafter. Für sie sind viele kleine Rhythmikübungen von großem therapeutischen Nutzen.

Unsere Kinder und ihren natürlichen Rhythmus wertzuschätzen, bedeutet vor allem, ihnen Zeit zu gewähren! Der oft geäußerte Satz „Ich habe keine Zeit" sollte jeden Pädagogen misstrauisch machen. Denn die zunehmende Zeitbeschleunigung in der Schule, das gehetzte Lernen unter Zeitmangel, verringert das, was einmal Bildung hieß. Schon Nietzsche klagte: „Die Bildung wird täglich geringer, weil die Hast größer wird!"

Bislang organisiert die Schule das Lernen weitgehend durch Zeitgewinn. Das heißt, Lehrer versuchen in möglichst kurzer Zeit etwas zu vermitteln, was sonst nur in zeitraubenden Erlebnissen oder Reisen erfahrbar wäre. Aber Vorsicht, denn aktuelle Untersuchungen belegen, dass unser Umgang mit der Zeit destruktiv ist! Weil wir uns in kurzer Zeit zu viel zumuten, erleben wir Leistungsausfälle und Gesundheitsschäden. Zwar erleiden Kinder unter Zeitstress keinen Herzinfarkt, aber sie werden nervös, unausgeglichen und somit leistungsschwach.

Die Schulzeit sollte nicht ausschließlich durch ‚Schrittmacher' wie Lehrplan, Stundenplan und -takt strukturiert werden. Denn die Schüler haben nicht nach 45 Minuten ‚ausgelernt'. Sie brauchen Lernsituationen, in denen ihre Leistungen nicht mit der Stoppuhr bewertet und ihre Interessen nicht vom Klingelzeichen beendet werden. Effektives und harmonisches Lernen kann nur erreicht werden, wenn wir den natürlichen Rhythmus der Kinder respektieren. Sie sind keine Maschinen, die auf Knopfdruck das Richtige zur richtigen Zeit tun. Wie alle lebendigen Organismen folgen ihre Entwicklungsvorgänge einer eigenen Zeitlichkeit und Rhythmik.

In der Schule des 21. Jahrhunderts muss Zeitkompetenz eine Schlüsselqualifikation werden. Sie sollte die Schüler befähigen, den gewünschten Lernstoff in der jeweils optimalen Arbeits- und Sozialform zu lernen. Und es muss genügend Zeit zum Verweilen, Innehalten, Rückblicken und zur Muße für Erfahrungen und Überraschungen bleiben. Das aber heißt, Abschied nehmen von linearen und scheinbar schnellen Verhaltensänderungen, die wir als ‚Lernen' bezeichnen. Unsere Kinder brauchen flexible Unterrichtszeiten, Projekte mit übergreifenden Fragestellungen, wo sie aus Erfahrungen und Fehlern lernen können.

Also weg von der produktorientierten Wissensvermittlung und hin zum prozessorientierten Lernen mit fruchtbaren Umwegen und einem zähen Ringen um gute Lösungen. Der Schulentwicklungsforscher Hans-Günther Rolff[31] spricht von der „Problemlöseschule", die Schüler befähigt, die in ihrer Umwelt anfallenden Probleme selbst zu lösen. So weit die Vision vom idealen Lernen! Natürlich sieht Ihr Alltag ganz anders aus. Aber die lange Reise der schulischen Innovation beginnt immer mit dem ersten Schritt eines einzelnen Lehrers oder Schulleiters!

Abschließend noch ein kleiner Appell in punkto Rhythmus und Musikalität: Bitte behaupten Sie nie mehr, Sie oder Ihre Kinder hätten kein Gefühl für Rhythmus! Denn wir atmen, denken, bewegen, sprechen, lernen und leben rhythmisch! Und Unmusikalität sollten wir nicht voreilig attestieren. Nur eines ist sicher: Kühe sind unmusikalisch! Dies fanden vor kurzem Forscher der TU München heraus. Sie beschallten oberbayerische Kuhherden sechs Wochen lang abwechselnd mit Rock und Barock. Die Milchleistung blieb konstant!

[31] Rolff, H. G., Wandel durch Selbstorganisation, Weinheim 1993.

Spiele, Spiele, Spiele

5.1 Unsere Stadt erwacht

Bitten Sie die Kinder, die alltäglichen Bewegungsmuster ihrer Umwelt doch einmal rhythmisch darzustellen: behutsames Schleichen, bedächtiges Schreiten, fröhliches Hüpfen, eiliges Laufen, gehetztes Rennen oder langsames Trödeln. „Stellt euch vor, ihr schaut morgens aus dem Fenster! Zeigt mir, wie die Menschen morgens aus dem Haus gehen und wie sie abends wieder heimkehren. Wie erwacht das Leben in eurer Straße und wie kehrt gegen Abend langsam wieder Ruhe ein? Wie bewegt ihr euch, wenn ihr müde oder in Eile seid, aus der Schule kommt oder es draußen rutschig und dunkel ist? Verlaufen all diese Bewegungen im selben Takt? Zählt doch mal mit, wenn ihr langsam oder schnell geht!"

Tipp
Unterstützen Sie das rhythmische Zählen mit Händeklatschen oder mit Schlaginstrumenten. Durch häufiges Wiederholen der Bewegungen entwickeln die Kinder ein eigenes Gefühl für Zeit, Raum und Rhythmus. In der Turnhalle haben sie Platz für ein ‚bewegtes Straßentheater'. Oder führen Sie ein Freiluft-Spiel im Schulhof auf. Sauerstoff kann nie schaden!

Variante
Das eingeübte Straßentheater kann rasch in eine ‚Verwunschene Stadt' verzaubert werden. Alle Bewohner erleben dann eine Zeitreise. Auf ein akustisches Signal hin, bewegen sich alle in Zeitlupe, d.h. der Gehende schleicht, der Laufende geht, der Rennende läuft usw.

Rhythmus im Alltag entdecken	✔	Alter	ab 3 Jahre bis 1. Schuljahr
eigenes Zeitgefühl entwickeln	✔	Zeit	15–20 Minuten
Körperkonzentration verbessern	✔	Ort	drinnen oder draußen
langsames Gehen fördern	✔	Sozialform	Gruppenspiel
Bewegung mit akustischen Reizen verbinden	✔	Material	Rhythmische Begleitinstrumente wie Trommel oder Tamburin
seinen Rhythmus auf den Anderer abstimmen	✔		
Sprache rhythmisch erfahren			
besser behalten			

5.2 Die hohe Kunst des Gehens

Den meisten Kindern fällt es schwer, längere Zeittakte in Gehbewegung auszuhalten. Sie rennen sofort los, als hätten sie keine Zeit und innere Ruhe mehr, um nur zu gehen. Das Gehen ist jedoch für die Entwicklung einer guten Körperkonzentration und Muskelkontrolle entscheidend! „Wer von Euch beherrscht die hohe Kunst des Gehens? Versucht mal langsam im Kreis zu gehen." Sollte die Kinderrunde langsam aber sicher schneller werden, dann helfen Sie ihr mit gezielten Übungen: beim Gehen langsam aufsteigenden Rauch mit den Armen darstellen oder Buchstaben, Zahlen und Formen mit großen, fließenden Armbewegungen in die Luft zeichnen.

Tipp
Das langsame Gehen fällt den Kindern leichter, wenn sie rhythmisch von Hände klatschen oder Schlaginstrumenten begleitet werden. Nutzen Sie so oft wie möglich Gehbewegungen, um Erlerntes zu festigen. Aufgrund der rhythmischen Ganzkörpererfahrung speichert das Hirn besser. Daher gehen viele Menschen beim Auswendiglernen lieber auf und ab, als still sitzen zu bleiben!

Rhythmus im Alltag entdecken				
eigenes Zeitgefühl entwickeln	✔		Alter	ab 3 Jahre bis 2. Schuljahr
Körperkonzentration verbessern	✔		Zeit	5 Minuten
langsames Gehen fördern	✔		Ort	drinnen oder draußen
Bewegung mit akustischen Reizen verbinden	✔		Sozialform	Gruppenspiel
seinen Rhythmus auf den Anderer abstimmen	✔		Material	Rhythmische Begleitinstrumente wie Trommel oder Tamburin
Sprache rhythmisch erfahren				
besser behalten	✔			

5.3 Leise schleichen wilde Räuber

Die Kinder interpretieren durch Bewegung, Gestik und Mimik einen Text, der an der Tafel steht oder an die Wand projiziert wird. Zunächst sprechen sie den Text laut mit und bewegen sich dazu im Kreis. Wenn die Kinder den Rhythmus und die Bewegungsabfolge beherrschen, können sie mehrere stumme Runden machen. Hier ein Beispiel für einen ‚bewegten Text', der Kindern viel Spaß macht:

Leise schleichen wilde Räuber durch die tiefe dunkle Nacht.	*leises Auftreten, kleine Schritte,* *gebeugte Haltung*
Hastig schreiten Polizisten denn sie halten tapfer Wacht.	*schreiten, große und feste Schritte,* *als Schirmmütze: Hand an die Stirn*
Fröhlich laufen alle Kinder aus der Schule, wenn sie aus ist,	*im Kreis laufen*
hüpfen lustig durch den Garten und zuletzt noch um das Haus.	*im Kreis hüpfen* *weiter im Kreis hüpfen, um sich selbst drehen*

Tipp
Achten Sie mal auf die Texte, die Sie im Unterricht einsetzen. Viele von ihnen sind in Bewegung umsetzbar. Die Kinder könnten auch eigene Texte mit der entsprechenden Choreografie erarbeiten.

Variante
Statt Vokabeln pauken im Fremdsprachenunterricht: Worte und Texte mit Bewegung verbinden. Das hinterlässt im Hirn nachhaltigere Spuren als bloßes ‚Herunterbeten'! Nutzen Sie für Ihren Unterricht das effektive Gespann: Bewegen und Behalten!

Rhythmus im Alltag entdecken		Alter	2. bis 4. Schuljahr
eigenes Zeitgefühl entwickeln	✔	Zeit	5 Minuten
Körperkonzentration verbessern	✔	Ort	drinnen
langsames Gehen fördern		Sozialform	Gruppenspiel
Bewegung mit akustischen Reizen verbinden		Material	Text auf Tafel oder OHP
seinen Rhythmus auf den Anderer abstimmen	✔		
Sprache rhythmisch erfahren	✔		
besser behalten	✔		

5.4 Der Tanz der Herbstblätter

Herbstblätter sind nicht nur bunt und für Collagen geeignet. Machen Sie mit den Kindern einen kleinen Herbstspaziergang: „Wusstet ihr, dass sich Blätter im Herbst in Spitzentänzer verwandeln! Sie drehen sich im Wind, steigen langsam wieder auf oder fallen schnell zu Boden. Beobachtet ihre Bewegungen, sie sind nicht alle gleich. Wie tanzen kleine, wie tanzen große Blätter und wie fallen trockene oder nasse Blätter? Versucht einmal die Bewegungen der Blätter nachzumachen."

Tipp
Der Tanz der Herbstblätter lässt sich auch mit geschlossenen Augen nachahmen. Dann erleben die Kinder die Bewegungs- und Fallerfahrungen intensiver.

Varianten
„Wilde Kreisel", die sich nach Inschwungsetzen sehr schnell drehen, dann langsamer werden und schließlich torkelnd umfallen oder „Tanzende Schneeflocken", die vom Wind aufgewirbelt und bei Windstille langsam zu Boden sinken.

Rhythmus im Alltag entdecken	✔	Alter	ab 3 Jahre bis 1. Schuljahr
eigenes Zeitgefühl entwickeln		Zeit	30 Minuten
Körperkonzentration verbessern	✔	Ort	draußen
langsames Gehen fördern		Sozialform	Einzelspiel
Bewegung mit akustischen Reizen verbinden		Material	–
seinen Rhythmus auf den Anderer abstimmen			
Sprache rhythmisch erfahren			
besser behalten			

5.5 Auf der Kirmes

Erinnern Sie sich noch an Ihren ersten Kirmesbesuch? Sie waren sicher fasziniert vom brodelnden Leben, von der lauten Musik, den rasanten Bewegungen und bizarren Gestalten. Entführen Sie Ihre Kinder in die rhythmische Kirmeswelt! In Gruppen können sie die auf- und abwärts fahrende Raupe, das sich langsam drehende Karussell mit vielen Tieren oder die schwingende Schiffsschaukel nachspielen. Geben Sie ihnen Tipps: „Welchen Rhythmus haben eure Kirmesattraktionen? Bewegen sie sich schnell oder langsam, regelmäßig oder wechseln sie ihr Tempo, schaukeln sie oder drehen sie sich?"

Tipp
Einfacher ist es, wenn die Kinder ihre Bewegungen akustisch begleiten, z.B. mit Brummen oder Summen. Dann halten sie den Rhythmus besser. Übrigens, dieses Spiel erfordert viel Bewegungsfreiraum!

Rhythmus im Alltag entdecken	✔		Alter	ab 3 Jahre bis 1. Schuljahr
eigenes Zeitgefühl entwickeln	✔		Zeit	10 Minuten
Körperkonzentration verbessern	✔		Ort	drinnen oder draußen
langsames Gehen fördern			Sozialform	Gruppenspiel
Bewegung mit akustischen Reizen verbinden	✔		Material	–
seinen Rhythmus auf den Anderer abstimmen	✔			
Sprache rhythmisch erfahren				
besser behalten				

5.6 Die Geräuschkette

Alle Kinder stehen im Kreis. Das erste Kind beginnt mit einem Geräusch, z.B. Klatschen. Das nächste Kind wiederholt das Klatschen und führt ein neues Geräusch vor, z.B. Summen. Jedes Kind ahmt alle vorangegangenen Geräusche nach und fügt ein neues hinzu. So entsteht eine lustige Geräuschkette. Wer ein Geräusch vergisst, der muss ausscheiden.

Tipp
Vorschulkindern bereitet eine Tier-Geräuch-Kette viel Freude: Der Elefant trompetet, der Vogel zwitschert, der Frosch quakt und der Hahn kräht.

Variante
In diesem Buch finden Sie zwei weitere Spielvariationen: „Die Konzentrationskette" (☞ S. 98) und „Die Bewegungskette" (☞ S. 57).

Rhythmus im Alltag entdecken	✔		Alter	3 bis 7 Jahre
eigenes Zeitgefühl entwickeln	✔		Zeit	5–10 Minuten
Körperkonzentration verbessern	✔		Ort	drinnen oder draußen
langsames Gehen fördern	✔		Sozialform	Gruppenspiel
Bewegung mit akustischen Reizen verbinden	✔		Material	–
seinen Rhythmus auf den Anderer abstimmen	✔			
Sprache rhythmisch erfahren	✔			
besser behalten	✔			

5.7 Die Rhythmen meines Körpers

Viele Kinder spüren ihren eigenen Körper nicht mehr. „Habt ihr schon entdeckt, dass euer Körper einen Takt schlägt wie ein kleines Schlagzeug. Fühlt mal euren Pulsschlag und zählt dabei laut. Jetzt hüpft zehnmal auf der Stelle und wiederholt die Pulsmessung. Hat sich der Rhythmus verändert? Wann ist er schneller und wann langsamer? Versucht auch mal, den Körperrhythmus eures Nachbarn herauszufinden."

Tipp
Durch Lautmalerei wie z.B. „Bumm, bumm ..." wird den Kindern das rhythmische Schlagen bewusster!

Variante
Auch der Rhythmus des Herzschlags kann erfühlt werden. Bei Aufregung und Angst schlägt es schneller, dann sagen wir „Ich habe Herzklopfen oder Herzrasen". Im Schlaf verlangsamt sich der Rhythmus. Übrigens: Wir tragen unser Herz nicht auf der linken Seite, es liegt vielmehr mittig, nur die Herzspitze zeigt nach links!

Rhythmus im Alltag entdecken		Alter	Vorschulkinder
eigenes Zeitgefühl entwickeln	✔	Zeit	5 Minuten
Körperkonzentration verbessern	✔	Ort	drinnen oder draußen
langsames Gehen fördern		Sozialform	Einzel- und Paarspiel
Bewegung mit akustischen Reizen verbinden		Material	–
seinen Rhythmus auf den Anderer abstimmen			
Sprache rhythmisch erfahren			
besser behalten			

5.8 Das Gewitterkonzert

„Habt ihr schon Mal ein Gewitter erlebt? Es kommt nicht plötzlich, es bahnt sich klanglich und rhythmisch an. Erst tönt es leise von weitem, dann wird das Grollen immer stärker und lauter, bis es anfängt zu blitzen und zu krachen. Dann zieht es langsam in die Ferne." Bitten Sie die Kinder, ein Gewitter — von seiner leisen Ankündigung (pianissimo) über das Donnergrollen und die heftigen Blitzschläge (fortissimo) bis hin zum erlösenden Ausklang (pianissimo) — zu interpretieren. Dieser rhythmisch-dynamische Spannungsbogen kann durch Bewegung und Lautmalerei dargestellt werden: Die Kinder beginnen mit kleinen Schritten, die bei Zunahme des Gewitters immer größer werden. Passende Armbewegungen ergänzen den Körperausdruck, ein kräftiges Klatschen unterstreicht den Gewitterhöhepunkt.

Tipp
Hier eignen sich Trommel und Gong als Begleitinstrumente.

Variante
Auch in Bahnhöfen gibt es rhythmische Spannungsbögen. Züge haben unterschiedliche Rhythmen und Geräusche. Darstellungsmöglichkeit: Die Kinder stellen sich in drei Reihen auf. Die erste Reihe spielt einen Güterzug (halbe Noten), die zweite einen Vorortszug (Viertel) und die dritte einen Schnellzug (Achtel). Auch hier helfen Lautmalerei oder Rhythmusinstrumente, den Takt einzuhalten.

Rhythmus im Alltag entdecken	✔	Alter	ab 4 Jahre bis 2. Schuljahr
eigenes Zeitgefühl entwickeln	✔	Zeit	10 Minuten
Körperkonzentration verbessern	✔	Ort	drinnen oder draußen
langsames Gehen fördern	✔	Sozialform	Gruppenspiel
Bewegung mit akustischen Reizen verbinden	✔	Material	rhythmische Begleitinstrumente wie Trommel, Gong oder Tamburin
seinen Rhythmus auf den Anderer abstimmen	✔		
Sprache rhythmisch erfahren			
besser behalten			

5.9 Das Körper-Orchester

„Ich bin der Dirigent und gebe einen Takt vor, den ihr nachmachen sollt." Klatschen Sie den Kindern einen Rhythmus vor und erläutern Sie die Kommandos: „damm" = lang; „da" = kurz. Beginnen Sie mit einfachen Rhythmen z.B. damm – damm – damm oder da – da – da und steigern Sie langsam den Schwierigkeitsgrad, z.B. da – damm – da – da – damm – da ... Die Dirigentenrolle können später auch Kinder übernehmen.

Tipp
Nutzen Sie diese rhythmischen Kommandos auch, um langsames Gehen zu fördern!

Variante
Es muss nicht unbedingt geklatscht werden: Wie wäre es stattdessen mit auf die Tische klopfenden Fingern, auf die Erde stampfenden Füßen, auf die Schenkel schlagenden Händen.

Rhythmus im Alltag entdecken		Alter	ab 3 Jahre bis 1. Schuljahr
eigenes Zeitgefühl entwickeln	✔	Zeit	5 Minuten
Körperkonzentration verbessern	✔	Ort	drinnen oder draußen
langsames Gehen fördern	✔	Sozialform	Gruppenspiel
Bewegung mit akustischen Reizen verbinden	✔	Material	–
seinen Rhythmus auf den Anderer abstimmen	✔		
Sprache rhythmisch erfahren			
besser behalten			

5.10 Vom Rhythmus der Planeten

Die Bewegungen von Sonne, Erde und Mond verlaufen in unterschiedlichen Rhythmen, die die Kinder darstellen können: Die Sonne steht in der Mitte des Raums und dreht sich langsam (halbe Noten). Die Erde steht in einiger Entfernung von der Sonne und umkreist sie, wobei sie sich um die eigene Achse dreht (Viertel). Der Mond wiederum kreist – sich ebenfalls um die eigene Achse drehend – um die Erde (Viertel).

Tipp
Ein vorbereitendes Gespräch über Stellung und Verlauf der Planeten ist erforderlich. Dieses Spiel eignet sich hervorragend, um das abstrakte Wissen mit Ganzkörpererfahrungen sinnlich erlebbar zu vermitteln. Der Besuch eines Planetariums wäre ein schöner Abschluss!

Rhythmus im Alltag entdecken	✔	Alter	2. bis 4. Schuljahr
eigenes Zeitgefühl entwickeln	✔	Zeit	5 Minuten ohne Vorbereitungsgespräch
Körperkonzentration verbessern	✔		
langsames Gehen fördern	✔	Ort	drinnen oder draußen
Bewegung mit akustischen Reizen verbinden	✔	Sozialform	Gruppenspiel
seinen Rhythmus auf den Anderer abstimmen	✔	Material	–
Sprache rhythmisch erfahren			
besser behalten	✔		

5.11 Zungenbrecher

Und abschließend noch einige Zungenbrecher, die voller Rhythmus sind und den Kindern viel Spaß machen:

Zwei zierliche zahnlose Zwergziegenzüchter züchten zahme Zwergziegen.

Bürsten mit braunen Borsten bürsten besser als Bürsten mit blauen Borsten.

Zwischen zwei Zwetschgenbäumen zwitschern zwei geschwätzige Schwalben.

Acht alberne Affen angeln am Abend achtzehn Aale.

Sieben Schneeschaufler schaufeln mit silbernen Schaufeln sieben Schaufeln Schnee.

Die Kinder kennen sicher noch weitere lustige Zungenbrecher!

Tipp
Besuchen Sie doch einmal mit den Kindern einen Sprachtherapeuten oder laden Sie einen Sprechtrainer aus einer Schauspielschule in Ihre Lerngruppe ein. Diese Fachleute wissen sicher Interessantes über Rhythmus und Sprache zu berichten!

Rhythmus im Alltag entdecken		Alter	ab 3 bis 99 Jahre
eigenes Zeitgefühl entwickeln		Zeit	5 Minuten
Körperkonzentration verbessern		Ort	drinnen oder draußen
langsames Gehen fördern		Sozialform	Einzelspiel
Bewegung mit akustischen Reizen verbinden		Material	–
seinen Rhythmus auf den Anderer abstimmen			
Sprache rhythmisch erfahren	✔		
besser behalten	✔		

5.12 Die kleine Rasselbande

Die kleine Rasselbande, das ist ein Weidenkorb mit 21 Naturrhythmik-Instrumenten aus vier Kontinenten. Mit dieser Sammlung tauchen Kinder ein in die wunderbare Welt der Klänge und Rhythmen. Lassen Sie die Kinder der Reihe nach mit geschlossenen Augen an den Korb treten und sich ein Instrument „herausangeln".

Die verschiedenen Instrumente ergänzen sich zu einem klangvollen Erlebnis und fordern spontan Bewegung und Spiel heraus. Am Anfang wird es sicher noch wild durcheinander und recht unrhythmisch zugehen. Doch wenn die Kinder ihre Instrumente erst einmal klanglich erkundet haben, werden sie rasch versuchen, auf die Instrumente und Rhythmik der anderen kleinen Musikanten einzugehen. Vielleicht entsteht nach einer Weile ja auch ein richtig kleines Orchesterstück, das bei den Kindern auch tänzerische Einlagen auslöst.

Tipp
Die von Klang und Formgebung oft ungewöhnlichen und fremdartigen Instrumente „kitzeln" auch die Fantasie. Lassen Sie die Kinder zu ihren Instrumenten eine kleine Geschichte erzählen: Wo kommt es her, wer hat es gebaut, was kann sein Spiel bewirken, hat es gar magische Kräfte? Natürlich können die Kinder ihre Geschichten auch musikalisch untermalen, dann wird das Erzählte besonders stimmig.

Rhythmus im Alltag entdecken	✔		Alter	ab 4 Jahre
eigenes Zeitgefühl entwickeln	✔		Zeit	10–30 Minuten
Körperkonzentration verbessern	✔		Ort	drinnen
langsames Gehen fördern			Sozialform	Gruppenspiel
Bewegung mit akustischen Reizen verbinden	✔		Material	„Die kleine Rasselbande", Rhythmusinstrumente aus aller Welt
seinen Rhythmus auf den Anderer abstimmen	✔			
Sprache rhythmisch erfahren				
besser behalten				

zu beziehen bei: Logo-Lern-Spiel-Verlag,
Postfach 11 03 20, 16262 Dorsten

Sechster Baustein:
Rituale

Der große Hunger hat keinen Ort,
an dem du einkaufen kannst,
um deine Bedürfnisse zu befriedigen.
*Alte Weisheit der Buschleute
auf der Insel Ukerewe
im Victoria-See / Tanzania*

Rituale können:

- Identität stärken, Orientierung geben
- Gefühle ordnen und stabilisieren
- Erziehung und Unterricht strukturieren
- Lernfreude und Kreativität steigern
- Sozialbindungen und Mitverantwortung fördern
- Konfliktlösungen initiieren
- Zeitgefühl ausprägen, Lebenszyklen betonen

Wie ist der Lebensraum unserer Kinder?

Erinnern Sie sich an die schönen Augenblicke in Ihrer Kindheit, wo dasselbe Schmusetier, derselbe Weg zum Kindergarten oder dieselbe Einschlafgeschichte Ihnen Sicherheit und Geborgenheit gaben? Von all diesen lieb gewonnenen Wiederholungen ging eine gewisse Kraft aus, die Ihnen half, den Alltag zu strukturieren und seine Probleme zu meistern. Und heute geben Sie die bewährten Alltagsrituale von einst schmunzelnd an Ihre Kinder weiter.
Aber auch Ihr Erwachsenen-Alltag steckt voller Gewohnheiten mit rituellem Charakter. Haben Sie schon einmal beobachtet, wann Sie auf kleine Rituale zurückgreifen? Sie werden überrascht feststellen, dass es sich meist um Übergangssituationen handelt, in denen Sie von einem Alltagsabschnitt (z.B. Beruf) in den nächsten (z.B. Freizeit) wechseln. Ob wir vertraute Wege vom Arbeitsplatz zur Wohnung bevorzugen oder nach getaner Arbeit zu Hause erst unsere Kleidung wechseln und dann zum Briefkasten gehen, immer begleitet uns ein kleiner Automatismus, der uns hilft, Situationen ganz selbstverständlich zu meistern.

Auch Kinder empfinden Übergangssituationen als verunsichernd. In den kleinen Augenblicken des inneren Chaos (z.B. abends beim Zubettgehen) entwickeln sie ein verstärktes Bedürfnis nach Ritualen, nach einer festen äußeren Ordnung. Immer wieder wollen sie vor dem Einschlafen eine Geschichte oder ein Lied hören und am liebsten am gewohnten Platz.
Es ist weder Zufall noch persönliche Eingebung, wenn wir in Momenten der Verunsicherung auf Rituale zur Stabilisierung unserer Psyche zurückgreifen. Es ist vielmehr ein lang erprobtes und tradiertes kulturelles Verhalten, dass wir mobilisieren. Ein kleiner Exkurs in unsere ‚Ritualgeschichte' soll dies deutlich machen. Der französische Ethnologe und Begründer der modernen Ritualforschung, Arnold van Genepp (1873-1957), stellte in seinen interkulterellen Forschungen fest, dass Menschen seit Urzei-

ten die Übergänge ihres Lebens mit Ritualen begehen. Jede Kultur hat ihre ‚rites de passage',[32] Übergangsrituale entwickelt, aber allen gemeinsam sind drei charakteristische Phasen:
- der Abschied vom Alten
- die Schwelle des Übergangs
- der Schritt ins Neue.

Immer wenn rational Unerklärbares die Menschen verunsicherte, setzten sie auf die Kraft der Magie. Zeremoniell wurde Bedrohliches gebannt, Angst besänftigt, Trauer gemildert und Ersehntes herbeibeschworen. So war jeder Einzelne als Teil des Ganzen sicher eingebettet in einer Gemeinschaft mit tradierten Werten und Ritualen, die die Geschichte seiner Urahnen, seines Stammes und Landes widerspiegelten. Und bis heute setzen die wenigen verbliebenen Naturvölker in Übergangssituationen, deren Gefahr sie nicht einzuschätzen vermögen, auf die Macht ihrer kollektiven Zeremonien. In Dürrezeiten, bei Geburt, Pubertät oder Tod bitten sie in Riten um die Hilfe ihrer Gottheiten.

Im Zuge der weltweiten christlichen Missionierung und Kolonialisierung traten an die Stelle der magischen Riten und heidnischen Gottheiten moderne Zivilisation und Monotheismus. Viele kolonialisierte Völker erlebten einen Geschichts- und Kulturverlust, der sie orientierungslos und beeinflussbar machte. Es entstanden große Staatseinheiten, deren Monotheismus von nun alle Bewohner zu Kindern desselben Stammvaters erklärte. Und jede Weltreligion entwickelte ein Ritual-Netzwerk, das ihren Gläubigen half, den Übergang in neue Lebensphasen wie Geburt, Pubertät, Ehe, Krankheit, Alter und Tod gemeinsam zu meistern.

Aber auch dieses religiöse Gerüst zur konkreten Lebensbewältigung geriet bei uns ins Wanken. Aufklärung und Wissen traten an die Stelle von Religion und Glauben. Es boomte der „Irrglaube, dass nur das rational Erfassbare oder gar nur das wissenschaftlich Nachweisbare zum festen Wissensbesitz der Menschheit gehöre. Der Schatz von Wissen und Weisheit, der in den Traditionen jeder alten Kultur wie in den Lehren der großen Weltreligionen enthalten ist, wurde über Bord geworfen".[33] Mythos, Ritus, Tradition und Intuition wurden als sinnloser, romantischer Ballast vergangener Zeit angesehen. Aber das ‚Wunderwerk' der neuen ‚Dreifaltigkeit' Wissenschaft, Wirtschaft und Technik brachte Folgelasten, die bis in die Gegenwart aller Industrie- und Informationsgesellschaften wirken.

Der moderne Mensch muss in einer bis zur Sinnlosigkeit aufgeklärten Welt leben! All sein Wissen gibt ihm wenig Sicherheit und befriedigt seinen Verstand nur vordergründig. Zwar fürchtet er sich nicht mehr vor einem Gewitter, weil er sein Zustandekommen rational zu erklären vermag. Aber seine existenzielle Angst und Ohnmacht sind geblieben. Nach wie vor plagt ihn die alte Frage nach dem Lebens-

---

[32] von Genepp, A.; Les Rites de passage (1909). In: K. v. Acham (Hrsg.), Gesellschaftliche Prozesse, 1983.
[33] Lorenz, K., Die acht Todsünden der zivilisierten Menschheit, München 1997, S. 70.

sinn, die Angst vor dem Unvorhersehbaren und Unerklärlichen. Wenn Krankheit und Tod in sein modernes Leben einbrechen, dann hilft kein schlaues Buch. Und die tradierten Strategien der kollektiven Hilfe sind ihm abhanden gekommen. Allein gelassen steht er vor einem Gefühls-Chaos, dessen Bewältigung er entweder beim Therapeuten mühsam und teuer wiedererlernen muss. Oder aber er gerät orientierungslos in die Klauen obskurer Sekten, die seine Lebensführung auf bedrohliche Weise manipulieren.

Weder die nüchterne Wissenschaft noch der profane Alltag mit seinem harten Daseinskampf vermögen die Sehnsucht des menschlichen Geistes nach dem Zauber der magischen Welt, der Illusion der Ganzheit, die die Welt im Innersten zusammenhält, zu stillen. Kein Wunder also, dass wir, seitdem die Stammesväter ausgestorben und die Kirchenoberhäupter an Überzeugungskraft verloren haben, erfinderisch geworden sind. Esoterische, okkulte und parapsychologische Theorien erfreuen sich einer zunehmenden Anhängerschaft. Ihre Spannbreite reicht vom gebildeten Akademiker, der einem asiatischen Guru hörig ist, über den Topmanager, der sich beim Urschrei für das Kommende rüstet, bis hin zum Politiker, der sein Wahlergebnis vom Wahrsager prophezeien lässt! Und wer besucht nicht gerne einen Trommelkurs, um die afrikanische Magie ‚tief in der Mitte des Bauches' zu spüren?

Allen in Modewellen auftauchenden Heilslehren ist eines gemeinsam: der sehnliche Wunsch, dem monotonen Alltag tiefe Erkenntnisse und Gefühle abzuringen und der Vereinsamung ein gemeinschaftliches Glückserleben entgegenzusetzen. Erstaunlich ist nur, dass wir dabei weit über die Grenzen unserer westlichen Kultur hinausblicken und in Asien, Afrika oder Südamerika nach rituellem Tiefgang und neuer Sinnlichkeit suchen. Dabei hat unsere eigene Kultur viele Bräuche bzw. Rituale zu bieten, die wiederzuentdecken sich lohnt. Aber wer möchte noch den Totensonntag als ein kollektives Trauerritual ansehen, wo es doch viel moderner ist, zum Friedhof zu gehen, wann man will und stattdessen regelmäßig indische Meditation zu betreiben!

Wie reagieren unsere Kinder darauf?

Warum reagieren Kinder auf kleine Rituale zu Hause, im Kindergarten oder in der Schule mit großer Freude? Und warum sind sie wahre Meister im Erfinden neuer Rituale?
Ganz einfach: Wenn das rituelle Bedürfnis des Menschen unterdrückt wird, dann sucht er nach Ersatz. Sein menschlicher Urtrieb, dem Schicksal durch magische Handlungen ein Schnippchen schlagen zu wollen, lässt ihn in vielen Bereichen seines modernen Lebens kreativ werden.
So tanzt der moderne Mensch nicht mehr ums Stammesfeuer, sondern drückt seine Solidarität in Lichterketten aus. Und vor einem sportlichen Wettkampf ruft er keine Götter mehr an, sondern ergötzt sich vor dem Fernseher sitzend am rituellen Beginn des Fußballspiels. Dann würde er am liebsten dabei

sein, wenn die Profisportler im konspirativen Kreis die Köpfe zusammenstecken, um das Glück heraufzubeschwören. Auch das moderne Kind sitzt nicht mehr im beschützenden Kreis der Stammesfamilie, nimmt aber am morgendlichen Stuhlkreis-Ritual im Kindergarten gerne teil.

Warum sind immer mehr Kinder und Jugendliche geradezu süchtig nach Markenartikeln? Auf der Suche nach neuen Werten fallen vor allem sie auf dubiose und kostspielige Ersatzangebote herein. Schon 1993 gab der berühmte Verhaltensforscher und Mediziner Konrad Lorenz zu bedenken, dass Menschen, die wenig kulturellen Halt haben, ihren „Drang nach Identifizierung und Gruppenzugehörigkeit an einem Ersatzobjekt befriedigen."[34] Und diesen unseren wunden Punkt hat die Konsumgesellschaft längst erkannt. Sie inszeniert Konsum als Schauplatz der Verzauberung und entwickelt immer neue Strategien des Kult-Marketings. Gewinnbringend wird die Sehnsucht von Jung und Alt nach magischem Zauber und neuem Lebenssinn ausgenutzt! Die Werbung besetzt die vakanten Positionen im Wertehimmel ganz einfach mit Düften, die ‚Eternity' oder ‚Heaven' heißen, und mit Zigarettenmarken, die Freiheit und Abenteuer verkünden.

In der heutigen ‚Anything-goes-Gesellschaft' sind starre Konventionen verpönt. Das moderne Ritual kommt nicht mehr in Feiertagsrobe, sondern in Jeans, T-Shirt, Lederjacke und Sportschuhe daher. Immer mehr junge Menschen suchen nach Zeichen, Symbolen und Ritualen einer Jugendkultur, die sie miteinander verbindet. Und immer neue Konsumartikel suggerieren ihnen Orientierung und Identität nach dem Motto „Hier geht's lang!" Erst wer dem verführerischen Trend folgt und seine Markenaccessoires kauft, fühlt sich endlich als Mitglied einer neuen Kultgemeinschaft.
Geschickt nutzen Werbung und Marketing das zunehmende Wertevakuum der Kinder und Jugendlichen aus. Sie kreieren einen Götzenkult, in dem große und kleine Kunden eine magische Beziehung zu Waren, eine Markenliebe entwickeln und ‚events' als rituelle Identitätsfeste feiern können. Sie errichten Konsumtempel, die diese postmoderne ‚Religiositätswelle' gewinnbringend auffangen. So stilisiert z.B. die Sportschuhfirma ‚Nike' in ihrem „The temple of Nike" in Chicago blinkende Schuhe zu Fetischen und vermarktet Sportstars als Hohepriester ihrer ‚Markenphilosophie'. Die junge Generation verschlingt ihre Filme auch nicht mehr in herkömmlichen Stadtviertelkinos, sondern in gigantischen ‚Cine-Domen'.

Und da fragen Sie noch, warum moderne Kinder nach Markenartikeln lechzen? Dabei ist das Geheimnis der Marken doch so simpel: Biete Menschen, die nach Werten suchen, triviale Gegenstände an. Lade sie in der Werbung mit spirituellem Mehrwert auf. Und schon gewinnst du eine orientierungslose und kauffreudige Jüngerschaft, die glaubt, eine Ersatzfamilie gefunden zu haben! „Alles ist bes-

---

[34] Lorenz, K., Die acht Todsünden der zivilisierten Menschheit, München 1997, S. 81.

ser, als gar keiner Gruppe anzugehören, und sei es die Mitgliedschaft in der traurigsten aller Gemeinden, nämlich derjenigen der Rauschgiftsüchtigen. Wo eine Gruppe fehlt, der man sich anschließen kann, besteht immer die Möglichkeit, eine ‚nach Maß angefertigte' zu konstituieren."[35] Oder um es mit den Worten Andy Warhols zu sagen: „Man kann heute Denken durch Kaufen ersetzen."

Und wann können wir dies besser beobachten, als zu Ostern, Pfingsten oder Weihnachten? Der ursprüngliche Sinn dieser religiösen Feste, die das Jahr einst auch zeitlich strukturierten und Orientierungspunkte im Leben der Menschen waren, geht in der Hektik und im Stress unseres heutigen Geschenkerummels einfach unter. Übrig bleiben kommerzialisierte Rituale! Denn ob praktizierender Christ oder nicht, wer verzichtet schon gerne auf den Tannenbaum oder die Weihnachtsgans? Spätestens ab Oktober geben Frauenzeitschriften ihre Tipps für Weihnachtsplätzchen und Baumdekorationen. Und das St. Martinsfest ist noch in weiter Ferne, da lachen schon die Weckmänner bzw. Stutenkerle in allen Bäckereien verführerisch die Kinder an. Tagtäglich bombardieren bunte Werbespots die Kleinen mit teuren Geschenkideen. Und Heiligabend sitzen ausgelaugte Mütter, genervte Väter, unzufriedene Jugendliche und quengelige Kinder gemeinsam vor dem Fernseher, um die Weihnachtsgeschichte in scheinbar ‚trauter Glückseligkeit' zu sehen!
Und alle träumen von der Muße, Bedächtigkeit und Kraft einstiger Bräuche und Rituale!

Was brauchen unsere Kinder?

Kinder brauchen sinnvolle Rituale! Warum? Die folgende Auflistung bietet Ihnen hinreichend Argumente.

Rituale strukturieren den Alltag
Viele liebgewonnene Gewohnheiten von der Morgengymnastik bis zur Bettlektüre geben unserem Alltag eine sichere Struktur und einen ausgewogenen Rhythmus. Erinnern Sie sich an Ihren letzten Übernachtungsbesuch, der abends endlos lange diskutieren wollte und am nächsten Morgen das Badezimmer blockierte? Mal ehrlich: Sie freuten sich zwar, als er kam, aber mindestens ebenso sehr, als er wieder ging. Denn endlich konnten Sie ihren gewohnten Alltagsrythmus wieder aufnehmen!

Vor allem Kinder sind in der informations- und reizüberfluteten Umwelt auf verlässliche Wegweiser und Vereinbarungen angewiesen, um sich zu orientieren und zu konzentrieren. Kleine Alltagsrituale

[35] Ebd., S. 82.

helfen ihnen, die Komplexität der Eindrücke zu reduzieren und das Wesentliche zu erkennen. Sie geben ihnen die nötige Geborgenheit und Zuversicht, um sich inmitten des Chaos zu behaupten, um bedrohliche Übergangssituationen z.B. vom Tag zur Nacht angstfrei zu bewältigen.

Rituale gliedern das Leben
Der unerbittliche Fortgang der Zeit macht vor allem vielen alten Menschen Angst. Und Kleinkinder ohne Zeitgefühl sind auf äußere Zeichen mit Symbolgehalt z.B. die Einschlafgeschichte angewiesen, um zu wissen, dass jetzt Schlafenszeit ist. Immer wiederkehrende Rituale helfen ihnen, die Zeit übersichtlicher, vertrauter, kalkulierbarer und beherrschbarer zu gestalten. Rituale gliedern unsere Lebenszeit in stabile Zyklen, z.B. das Wochenende, Feiertage, Jahreszeiten oder das Kirchenjahr. Auf dieser Drehbühne des Lebens funktionieren sie wie Geländer, die unserem individuellen Lebensweg den kollektiven Halt geben. Spätestens an unserem Geburtstag werden wir daran erinnert, dass wir älter werden. Aber wie würden wir uns wohl fühlen, wenn wir mit dieser Erkenntnis alleine blieben und niemand anrufen, Geschenke bringen, Kuchen backen oder mit uns anstoßen würde?

Rituale stabilisieren soziale Bindungen
Ethnologen definieren Rituale als Handlungen, die mit traditionell festgelegtem Ablauf zu bestimmten Anlässen vollzogen werden. Sie geben dem Einzelnen Bestätigung und haben aufgrund ihrer gruppenstärkenden Wirkung eine wichtige kollektive Funktion. Kurzum: Menschen sind soziale Wesen, sie sind nicht autark. Sie suchen nach ihrem Lebenssinn auch in Bezug auf andere Menschen und benötigen Rituale, um ihre Identität in der sozialen Gemeinschaft zu finden. So haben die diversen Geburts-, Hochzeits- oder Beerdigungsriten in allen Kulturen eines gemeinsam: Sie weisen dem Individuum seinen neuen Platz in der Gemeinschaft der Lebenden oder der Ahnen zu. Rituale sichern also einerseits das Kollektive gegen das Individuelle, d.h. sie schützen die Interessen der Gruppe. Andererseits nehmen sie dem Einzelnen die Angst vor der Einsamkeit und mindern das Risiko seiner persönlichen Freiheit. In unserer egoistischen Ellbogen-Gesellschaft brauchen vor allem Kinder eine soziale Identität, eine sichere Anbindung – ob an Familie, Religionsgemeinschaft, Verein oder Freundeskreis. Hier sammeln sie Erfahrungen mit den sozialen Regeln und Ritualen der Mitverantwortung.

Rituale geben Identität
Der Mensch lebt nicht nur von innen nach außen, sondern auch von außen nach innen. Er liest seine Identität an Traditionen, Überlieferungen, Bräuchen und Regeln ab. Rituale helfen uns, eine historische Identität zu entwickeln. Sie setzen das Beständige über das Wandelbare und gewährleisten die Kontinuität der Tradition. Es sind Rituale, die uns mit den Erfahrungs- und Gefühlsströmen vorangegangener Generationen vereinen und mit den Menschen, die irgendwo auf der Welt z.B. mit uns dasselbe Fest feiern.

Kindern macht es viel Freude, in alten Fotoalben oder Büchern aus Mutters Kindheit zu stöbern. Nicht oft genug können sie überlieferte Familiengeschichten oder -lieder hören. Und wenn sie immer wieder fragen „Wer ist mein Opa" (Ur-Opa), dann möchten sie ihren Standort im Familienstammbaum finden und ihre Wurzeln schlagen.

Rituale wirken therapeutisch

Psychologen definieren Rituale als stereotypes Verhalten zu bestimmten Anlässen, deren individuelle oder kollektive Handlungsabfolge in Entscheidungsdruck und Angstsituationen stabilisierend wirkt. Klingt kompliziert, ist aber sehr einfach: Rituale helfen uns, psychische Hygiene zu betreiben! Sie schaffen Raum für aufgestaute Gefühle wie Freude (z.B. Tanzrituale) oder Trauer (z.B. Beerdigungsrituale) und helfen, Ängste (z.B. Sterberituale) und Konflikte (z.B. Kommunikationsrituale) zu bewältigen. Diese Rituale heben sich in ihrer hohen Bedeutungsdichte und Stilisierung stark vom Alltag ab. Sie messen existentiellen Gefühlen den hohen Stellenwert bei, den sie auch tatsächlich in unserem Leben haben. Rituale sind also sinnliche Inszenierungen, die unserem inneren Gefühlsleben eine äußere Form geben. Selbst kleine Rituale, wie z.B. die feierliche Beerdigung des liebgewonnenen Hamsters im Garten, haben große Wirkung. Dabei sammeln Kinder Erfahrungen in der Einschätzung und im Umgang mit ihren und den Gefühlen anderer.

Nach dieser Auflistung der vielfältigen Vorteile bleibt nur noch zu sagen: **Rituale helfen erziehen!**

Ihre Fähigkeit, das Verhalten des Einzelnen und der Gruppe nachhaltig zu beeinflussen, brauchen wir mehr denn je im Erziehungs- und Unterrichtsprozess. Denn erziehen und unterrichten bedeutet nicht nur Vermittlung von Wissen, sondern vor allem das Auslösen von Verhaltensänderungen. Und hierbei machen uns die Verhaltensforscher mit ihrer Definition großen Mut: Rituale leiten die Wandlung innerer Verhaltensweisen durch äußere Zeichen oder Signale (z.B. akustische, visuelle) ein. Sie wirken bei den Mitmenschen als Auslöser und setzen ein vereinbartes und bekanntes Verhalten in Gang.

Das heißt in der Praxis: Ohne Stoppschild an der Straßenecke kein kollektives Bremsverhalten! Warum soll ein Prinzip, das sich weltweit im Straßenverkehr bewährt hat, nicht auch Pädagogen helfen, den Erziehungs- und Unterrichtsverlauf ohne viele Worte zu strukturieren, störungsfreier zu gestalten und gewünschtes Verhalten anzubahnen? Denn Rituale:

- helfen Zeit sparen
- machen lange Erklärungen überflüssig
- ermöglichen klare und eindeutige Verständigung
- strukturieren den Erziehungs- und Schulalltag

- bieten Orientierungshilfe bei Übergängen, z.B. von Konzentration zu Entspannung
- vermitteln persönliche Geborgenheit und Sicherheit
- initiieren und stabilisieren soziales Verhalten

Aber Vorsicht! Rituale sollten nicht zu dekorativen Accessoires, Zwangshandlungen oder gar zu Machtinstrumentarien verkommen. Der Nationalsozialismus hat uns gelehrt, wie schnell Menschen in den Bann von Symbolen und Ritualen geraten. Rituale müssen immer wieder hinterfragt und als sensible Regeln mit den Kindern besprochen und gemeinsam mit ihnen weiterentwickelt werden. Denn sie nutzen sich ab. So kann ein Ritual für Erstklässler wirksam und sinnvoll sein, im dritten Schuljahr aber großes Gelächter auslösen, weil die Kinder sich weiterentwickelt haben. Rituale sind nur dann hilfreich, wenn sie überzeugend und kindgerecht eingesetzt werden. Sie sind kontraproduktiv, wenn sie zum Selbstzweck mutieren.

Aber was tun? Sollen wir fremde Rituale übernehmen und den Lebensabend bei tibetanischen Mönchen verbringen? Sicher nicht! Oder unsere alten Rituale wiederbeleben? Gar nicht so einfach, denn ihre Überlieferung hat gelitten, und sie haben oft keine Funktion mehr in unserem modernen Alltag. Ein Trost bleibt: Wir sind als kreative Wesen in der Lage, neue sinnvolle Rituale zu entwickeln. Eigentlich brauchen wir das kindliche Bedürfnis nach Ritualen nur zu beobachten, denn darin sind Kinder wahre Meister: Ist ein liebgewonnenes Ritual plötzlich schal und wirkungslos geworden, dann erfinden sie ganz schnell ein neues, effektiveres. Und so entstehen in jeder Phase der Kindheit viele, altersgerechte Rituale.

Wenn wir uns jedoch den Lebenslauf eines Menschen unter Ritualgesichtspunkten anschauen, dann werden wir feststellen, dass noch vieles im Argen liegt:
In der **Kindheit** wirken Rituale wie kleine, magische Strategien, um Unsicherheit und Angst zu meistern. Wehe dem Erwachsenen, der den Schlafbär irgendwo liegen gelassen hat oder ein anderes Schlaflied singt! All die lieb gewonnenen Rituale machen aus unserer Kindheit eine Schatztruhe, die wir auch als Erwachsene immer wieder gerne öffnen.
Die **Pubertät** zu meistern ist keine leichte Aufgabe! Das vertraute kindliche Verhalten ist überholt und von der erstrebten neuen Erwachsenenrolle hat man keinen blassen Schimmer. Es beginnt ein widersprüchliches Chaos der Selbstfindung und -zweifel. Nun weiß man zwar, was man nicht mehr will, bloß: Was will man jetzt? Naturvölker begleiten Jugendliche in dieser schwierigen Phase mit Initiationsriten, Besinnungszeiten und Mutproben. Sie sehen Pubertät nicht als ‚schwelenden Krankheitsherd' an, der die ganze Familie in Mitleidenschaft zieht, sondern feiern den gelungenen Übergang vom Kindes- zum Erwachsenenalter im Kreise der Gemeinschaft. In der modernen Industriegesellschaft muss sich der Heranwachsende die Wegweiser durch die Pubertät bei Gleichaltrigen suchen, die nur

Seite 157

zu oft auf kommerzialisierte Ersatzrituale hereinfallen: Modetrends, Musikgruppen oder Markenartikel. Die Mutproben moderner Jugendlicher heißen Bungee-Seil-Springen, U-Bahn-Surfen, Autocrash und Free-Climbing. Das Problem ist nur: Bei diesen Mutproben schaut kaum einer zu! Und von freudiger Aufnahme in den Familienkreis ganz zu schweigen! Könnte es sein, dass im mangelnden Interesse der Bezugspersonen der Grund liegt für die zunehmende Sucht nach einer Ersatz-Öffentlichkeit, nach einer persönlichen Zurschaustellung in den Medien? Der Jugendliche ist auf seiner Suche nach neuen Wegen sehr leicht beeinflussbar und ein ‚gefundenes Fressen' für Sekten, extremistische Politgruppen und gefährliche Dealer. Bieten Sie daher den Kindern noch vor Einsetzen der Pubertät sinnvolle Stützen der Problembewältigung an, z.B. eine regelmäßig stattfindende ‚Familienkonferenz', an der sich alle Familienmitglieder beteiligen, bei der Konflikte besprochen und Lösungen gemeinsam entwickelt werden.

Im **Alter** dann, wenn den Menschen keine sinngebende Aufgabe mehr zugestanden wird, werden sie trotz all ihrer wertvollen Lebenserfahrung auf das unwürdigste an den Rand der Gesellschaft abgeschoben. Die einst hochgeschätzten weisen Stammesältesten vegetieren heute perspektivlos, traurig und einsam in Altersheimen. Ihre Ratschläge sind zur ‚alten Leier ewig Gestriger' verkommen, die keiner mehr hören will. In unserer ‚Having-fun-Welt' ist die weise Ausstrahlung alter Menschen nur noch in Werbespots von Versicherungen oder Cognacmarken gefragt. Woran sollen sie sich klammern, wenn nicht an den täglichen Weg zum Friedhof, zum Gottesdienst, zum Kaffekränzchen oder zum Seniorenclub? Und so entwickelt der Mensch im Alter viele, lebenserhaltende Rituale und manchmal auch starrsinnige Marotten, die ihm helfen, das Gefühl der eigenen Endlichkeit zu meistern. Und hier schließt sich der Ritualkreis: Nun sorgt nicht mehr der liegen gelassene Schlafbär für Verunsicherung, sondern die Teekanne, die nicht an ihrem gewohnten Platz steht.

Spiele, Spiele, Spiele

6.1 Begrüßungsrituale

Nur zu oft vergessen wir, dass wir beim Erziehen und Unterrichten auch Kommunikationsregeln vermitteln, die kulturell bedingt sind. Jede menschliche Gruppe hat z.B. ihre Begrüßungs-, Gesprächs- und Abschlussrituale. Diese Höflichkeitsregeln sind in der Informationsgesellschaft, in der wir zunehmend über Medien kommunizieren, aber uns immer weniger begegnen, leider selten geworden. Für eine Generation, in der das unverbindliche „Hallo" und beiläufige „Tschüss" grassiert, haben solch kleine Rituale großen Wert. Denn welcher Personalchef achtet beim Bewerbungsgespräch nur auf die Zeugnisnoten? Auch Händedruck und Blickkontakt sind wichtige Visitenkarten der Bewerberpersönlichkeit. Vielen Kindern ist der Händedruck nicht mehr geläufig und mit dem Blickkontakt hapert es auch. Aber gerade im Unterricht sind Sie auf einen gut funktionierenden Blickkontakt angewiesen! Also warum nicht mal ...

- beim Betreten der Klasse zu jedem einzelnen Kind Blickkontakt aufnehmen. Ein kleiner, freundlicher Augengruß hat große Wirkung. Jedes Kind wird aus der Masse hervorgehoben, beachtet und gewürdigt.
- zu Beginn, mittendrin oder am Ende einen Händegruß mit dem Auftrag „Sag deinem Nachbarn etwas Nettes" durch die Kindergruppe schicken.
- anstelle des stereotypen „Guten Morgen, Kinder" Grußworte aus Fremdsprachen wählen. Und schon werden alle hellhörig.

Identität stärken, Orientierung geben	✔	Alter	ab 3 Jahre
Gefühle ordnen und stabilisieren		Zeit	2–3 Minuten
Erziehung und Unterricht strukturieren	✔	Ort	drinnen
Lernfreude und Kreativität steigern		Sozialform	Gruppenspiel
Sozialbindungen und Mitverantwortung fördern	✔	Material	–
Konfliktlösungen initiieren			
Zeitgefühl ausprägen, Lebenszyklen betonen	✔		

6.2 Einstimmungsrituale

Werbestrategen, Inhabern von Supermärkten und Boutiquen ist es längst klar: Musik ist ein effektiver Stimmungsmacher. Ihre anregende und beruhigende Wirkung sollten wir auch im Erziehungs- und Unterrichtsalltag nutzen. Ein Grundschullehrer berichtete mir, dass er allmorgendlich, während die Kinder den Raum betreten und ihren Platz aufsuchen, klassische Musik spielt. Der Morgen beginnt so harmonischer, die Kinder beruhigen sich und begegnen ‚en passant' klassischen Werken, die sie vielleicht zu Hause nicht hören.

Variante
Jeden Morgen darf ein Kind sein Wunschlied mit allen anderen Kindern singen. So kommt jeder im Laufe eines Monats an die Reihe. Singen ist nicht nur eine gute Atemtherapie, sondern hebt die Stimmung und das Gemeinschaftsgefühl. Ein Bewegungslied sorgt für Spaß und fördert die Bewegungsfreude.

Identität stärken, Orientierung geben	✔	Alter	ab 3 Jahre
Gefühle ordnen und stabilisieren		Zeit	2–3 Minuten
Erziehung und Unterricht strukturieren	✔	Ort	drinnen
Lernfreude und Kreativität steigern	✔	Sozialform	Gruppenspiel
Sozialbindungen und Mitverantwortung fördern	✔	Material	Kassette mit ruhiger, klassischer Musik
Konfliktlösungen initiieren			
Zeitgefühl ausprägen, Lebenszyklen betonen	✔		

6.3 Seid mal ruhig!

Diese Ermahnung nutzt sich schnell ab und ist wenig motivierend. Kleine Rituale dagegen machen Spaß und können viel wirkungsvoller für Ruhe sorgen:

- Drehen Sie einen Regenmacher-Klangstab langsam von oben nach unten. Während die Steinchen deutlich hörbar durch den Stab rieseln, dürfen alle Kinder noch laut sein. Aber „wenn ihr kein Steinchen mehr rieseln hört, dann müsst ihr ganz still sein!"
- Zu Beginn gehen alle Kinder schweigend durch den Raum und dürfen dabei niemanden berühren oder gar anrempeln.
- Beginnen oder beenden Sie den Unterricht bzw. Gruppentag mit einer ‚Stilleminute', bei der sich alle Kinder die Hand reichen.

Identität stärken, Orientierung geben	✔		Alter	ab 4 Jahre bis 4. Schuljahr
Gefühle ordnen und stabilisieren	✔		Zeit	1–2 Minuten
Erziehung und Unterricht strukturieren	✔		Ort	drinnen
Lernfreude und Kreativität steigern			Sozialform	Gruppenspiel
Sozialbindungen und Mitverantwortung fördern	✔		Material	Regenmacher-Klangstab
Konfliktlösungen initiieren				
Zeitgefühl ausprägen, Lebenszyklen betonen	✔			

Zu beziehen bei: Logo-Lern-Spiel-Verlag,
Postfach 11 03 20, 46262 Dorsten

6.4 Das Sonnenbänkchen

Dieses kleine Ritual eignet sich besonders für traurige oder aggressive Kinder, die verstärkt Zuwendung, Liebe und Geborgenheit brauchen. Da sie ungern mit ihrem auffälligen Verhalten im Mittelpunkt stehen möchten, ist es bei diesem Ritual sehr wichtig, dass noch zwei bis drei Statisten, also unauffällige Kinder, mitspielen. Drei nebeneinander stehende Stühle, auf deren Sitzfläche ein gelbes Tuch liegt, bilden das ‚Sonnenbänkchen'. Darauf nehmen das verhaltensauffällige Kind und mindestens zwei weitere Kinder Platz: „Auf dem Sonnenbänkchen könnt ihr ganz viel Sonne und Kraft für den heutigen Tag tanken. Mehrere Kinder aus der Gruppe werden jedem von euch etwas Liebes ins Ohr flüstern. Genießt diese kleinen Komplimente und nehmt sie in euch auf!"

Tipp
Das verhaltensauffällige Kind darf nicht spüren, dass die Übung vor allem ihm dient. Sonst wird das Sonnenbänkchen rasch zur Strafbank! Wenn die anderen Kinder anfangs Schwierigkeiten haben, ihren Kameraden auf der Sonnenbank etwas Liebes zu sagen, dann sollten Sie mit gutem Beispiel vorangehen. Sie werden staunen, wie rasch dieses kleine Ritual wohliges Lächeln und Zufriedenheit bei den ‚Sonnenbadenden' auslöst. Auch uns Erwachsenen signalisieren Komplimente im Alltag, dass wir beachtet und geschätzt werden.

Identität stärken, Orientierung geben	✔		Alter	ab 4 Jahre bis 4. Schuljahr
Gefühle ordnen und stabilisieren	✔		Zeit	5 Minuten
Erziehung und Unterricht strukturieren			Ort	drinnen
Lernfreude und Kreativität steigern			Sozialform	Gruppenspiel
Sozialbindungen und Mitverantwortung fördern	✔		Material	mindestens 3 Stühle, 1 gelbes Tuch
Konfliktlösungen initiieren	✔			
Zeitgefühl ausprägen, Lebenszyklen betonen				

6.5 Der Sonnenzauber

In jeder Gruppe gibt es schüchterne Kinder, die selten zu Wort kommen, meist im Hintergrund stehen und von den anderen leicht ‚untergebuttert' werden. Lassen Sie diese Kinder einmal den Zauber und die Kraft der aufgehenden Sonne am eigenen Leib erleben! Alle stehen im Kreis, das schüchterne Kind hockt mittendrin und spielt die Sonne. Die rundherum stehenden, dominanten Kinder spielen Schneemänner, die voller Zuversicht, dick aufgeplustert und selbstbewusst den Winter genießen. Nun singen oder sprechen alle Kinder:

Ich bin der Schneemann. Ich bin der Schneemann. Ich bin ein dicker Mann.	*Alle plustern sich auf und genießen ihre Macht.*
Doch kommt der liebe Sonnenschein,	*Das hockende Kind erhebt sich langsam, imitiert mit ausgestreckten Armen die Sonnenstrahlen, die es genüsslich über die Köpfe der Schneemänner verteilt.*
dann werd ich klein, ganz klein. Und wenn die Sonne stärker wird, pitsch, patsch, pitsch, patsch, dann wird der Schneemann gleich zu Matsch!	*Die Schneemänner ‚schmilzen' langsam dahin. Das Sonnenkind steht nun aufrecht mit nach oben ausgestreckten Armen und demonstriert seine Kraft. Die Schneemänner sinken am Boden zusammen.*

Tipp
Muntern Sie das schüchterne ‚Sonnenkind' auf, selbstbewusst seine ‚Strahlen' auszusenden und es zu genießen, dass einmal alle anderen vor ihm dahinschmelzen.

Identität stärken, Orientierung geben	✔		Alter	ab 4 Jahre bis 2. Schuljahr
Gefühle ordnen und stabilisieren	✔		Zeit	5 Minuten
Erziehung und Unterricht strukturieren			Ort	drinnen oder draußen
Lernfreude und Kreativität steigern			Sozialform	Gruppenspiel
Sozialbindungen und Mitverantwortung fördern	✔		Material	–
Konfliktlösungen initiieren	✔			
Zeitgefühl ausprägen, Lebenszyklen betonen				

6.6 Auf Kriegsfuß!

Oft genug geschieht es, dass zwei oder mehr Kinder Ihnen nach einem Streit aufgeregt zu schildern versuchen, was passiert ist. Keiner der kleinen Streithähne lässt den anderen ausreden, jeder hat eine andere Version des Vorfalls und darüber entfacht ein neuer Streit. Da Sie bei dem Vorfall nicht anwesend waren, sind sie darauf angewiesen, dass jeder der Beteiligten in Ruhe erzählen kann, was er auf dem Herzen hat. Mündliche Appelle an die Streithähne helfen da wenig! Ein handgroßer Schaumstoffball vollbringt als *„Schlichtball"* dagegen wahre Wunder: „Nur wer den Schlichtball in der Hand hält, darf reden. Alle anderen Streithähne hören zu. Wer seine Meinung gesagt hat, reicht den Ball an den nächsten weiter!" Der Streit ist zwar damit nicht behoben, aber die Kinder lernen, wichtige Kommunikationsregeln einzuhalten.

Bei länger anhaltenden, schwelenden Streitfällen und negativen Stimmungen sollten Sie das *„Kriegsbeil"* ausgraben. Ziehen Sie demonstrativ einen Hammer aus Plastik (zu Karneval überall erhältlich) hervor: „So, nun reicht's. Ich beobachte schon seit Wochen, dass Lisa und Tim sich unentwegt hänseln und streiten. Für euch beide ist das Kriegsbeil jetzt ausgegraben. Seht zu, dass wir es ganz schnell und feierlich wieder vergraben können!" Von nun an liegt das Kriegsbeil tagtäglich für alle sichtbar im Raum. Beide Streithähne müssen selbstständig Problemlösungswege finden, um wieder ein positives Miteinander herzustellen, ob durch Gespräche, Spiele oder gemeinsame Unternehmungen. Wenn beide Kinder glauben, das Ziel erreicht zu haben, verkünden sie: „Unser Kriegsbeil kann vergraben werden!" Nun feiern alle Kinder diese frohe Botschaft.

Tipp
Sie werden feststellen, dass die Streithähne den Schlichtball wütend in ihren Händen zerdrücken und dabei schon viele Aggressionen loswerden.
Wenn das Kriegsbeil ausgegraben ist, lassen Sie die Streithähne zunächst ruhig ein wenig ‚zappeln'. Sie sollen selbst nach Problemlösungen ringen oder Kinder um Rat fragen, die schon Erfahrungen mit dem Kriegsbeil gemacht haben. Sie werden staunen, wie kreativ ihre Kinder sind! Das anschließende Vergraben des Kriegsbeils sollte immer auf dieselbe (ritualisierte) Weise gefeiert werden. Es muss ein sehr motivierendes Angebot sein, z.B. ein gemeinsamer Tanz auf dem Schulhof oder ein kleiner Ausflug.

Variante
Wenn die Kraftausdrücke der Kinder mal Überhand nehmen, hilft ein anderes kleines Ritual weiter: „Bitte gebt alle bösen Wörter vor der Tür ab!" Die Kinder sprechen ihre Schimpfworte in einen vor der Tür stehenden Karton, wo sie in der Zwischenzeit ‚recycelt' werden. „Und am Schluss holt ihr euch aus dem Karton ein liebes Wort mit auf den Nachhauseweg".

Identität stärken, Orientierung geben	✔		Alter	ab 4 Jahre bis 4. Schuljahr
Gefühle ordnen und stabilisieren	✔		Zeit	5 Minuten
Erziehung und Unterricht strukturieren	✔		Ort	drinnen
Lernfreude und Kreativität steigern	✔		Sozialform	Partnerspiel
Sozialbindungen und Mitverantwortung fördern	✔		Material	Softball, Schaumstoffbeil bzw. -hammer
Konfliktlösungen initiieren	✔			
Zeitgefühl ausprägen, Lebenszyklen betonen	✔			

6.7 Das Muschelfon oder Das billigste Handy der Welt

Trennung fällt jedem Kind schwer, ob beim ersten Abschied von der Mama im Kindergarten, ob für immer von der verstorbenen Oma oder bei der Beerdigung des geliebten Meerschweinchens. Es verliert das geliebte, bislang sicht- und spürbare Wesen aus den Augen. Aber es ist nicht aus dem Sinn! Dies Kindern zu vermitteln ist das Anliegen des ‚Muschelfons', eines kleinen symbolischen ‚Handys', mit dem sie zumindest mentalen Kontakt zu dem geliebten Wesen aufnehmen können. Geben Sie jedem Kind eine Muschel: „Haltet die Muschel an euer Ohr und schließt die Augen. Nun denkt an eure Mama und stellt sie euch in Gedanken genau vor. Wie ist sie angezogen, was macht sie gerade, lacht sie? Ihr könnt ihr in Gedanken auch etwas sagen!" Abschließend berichten die Kinder allen von ihrem ‚Telefonat'.

Tipp
So erfahren Kinder, dass jemand nicht weg ist, wenn er den Raum verlassen hat, sondern erst, wenn wir nicht mehr an ihn denken. Für diese recht abstrakte Erkenntnis ist die Muschel als konkretes Hilfsmittel sehr geeignet. Besonders schön ist es, wenn alle wichtigen Bezugspersonen eine Muschel besitzen, mit der sie untereinander kommunizieren können. Gerade für Kinder aus getrennten Familien ist es beruhigend zu wissen, dass auch der weit weg lebende Papa ein ‚Muschelfon' an seinem Bett stehen hat oder auf seine Reisen mitnimmt. Übrigens, das Buch „Der Gedankensammler"[36] erweist sich als kleiner Schatz, wenn man Kindern veranschaulichen möchte, dass Gedanken von Mensch zu Mensch wandern.

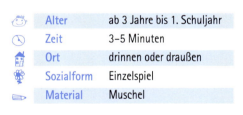

Identität stärken, Orientierung geben	✔
Gefühle ordnen und stabilisieren	✔
Erziehung und Unterricht strukturieren	
Lernfreude und Kreativität steigern	
Sozialbindungen und Mitverantwortung fördern	✔
Konfliktlösungen initiieren	✔
Zeitgefühl ausprägen, Lebenszyklen betonen	

	Alter	ab 3 Jahre bis 1. Schuljahr
	Zeit	3–5 Minuten
	Ort	drinnen oder draußen
	Sozialform	Einzelspiel
	Material	Muschel

---

[36] Feth M. / Boratynski A., Der Gedankensammler, Düsseldorf 1993.

6.8 Der Wetterbericht

Bei diesem kleinen Ritual macht ‚Eckenstehen' mal Spaß, denn jede der vier Ecken des Raumes verkörpert eine Wetterzone: Sonne, Regen, Sturm und Nebel. Die Ecken können mit Zeichnungen, Fotos oder Stoffen geschmückt werden. Immer wenn Sie sich einen Überblick über die Stimmungslage ihrer Kindergruppe verschaffen wollen, verkünden Sie: „Es ist höchste Zeit für den Wetterbericht!" Nun stellen sich die Kinder gemäß ihrer Gefühlsstimmung in eine der vier Wetterecken: gut gelaunte Kinder zur Sonne, traurige Kinder zum Regen, wütende Kinder zum Sturm und Kinder, die nicht wissen, wie es ihnen geht, zum Nebel. Ziel ist es, alle Kinder in die Sonnenecke zu holen. Dies geschieht in Gesprächen zwischen den ‚Sonnenkindern' und den Kindern in den drei anderen Wetterecken. Wenn das ‚Sonnenkind' eine Problemlösung gefunden hat, darf es seinen Gesprächspartner an der Hand in seine Sonnenecke ziehen. Beispiel: Das ‚Regenkind' antwortet auf die Frage des ‚Sonnenkindes', warum es traurig ist: „Weil mein Hamster tot ist" oder „Weil ich nicht gut lesen kann". Gelungene Lösungsangebote des ‚Sonnenkindes' wären dann: „Du darfst mit meinem Hamster spielen" oder „Wir können heute gemeinsam lesen üben".

Tipp
Zu Beginn werden viele im Nebel stehen, denn die meisten Kinder haben nicht gelernt, ihre Gefühle zuzuordnen. Um so wichtiger ist es, den Wetterbericht regelmäßig durchzuführen. So können die Sonnenkinder den Nebelkindern helfen, ihre Gefühlslage zu erforschen und eine adäquate Wetterecke zu finden.

Identität stärken, Orientierung geben	✔	Alter	ab 5 Jahre bis 4. Schuljahr
Gefühle ordnen und stabilisieren	✔	Zeit	10–15 Minuten
Erziehung und Unterricht strukturieren	✔	Ort	drinnen
Lernfreude und Kreativität steigern	✔	Sozialform	Gruppenspiel
Sozialbindungen und Mitverantwortung fördern	✔	Material	evtl. Dekoration für die Wetterecken
Konfliktlösungen initiieren	✔		
Zeitgefühl ausprägen, Lebenszyklen betonen			

6.9 Der wundervolle Werkzeugkasten

„Nun konzentriert euch mal!" Wer kennt sie nicht diese oft benutzte und wenig befolgte Aufforderung. Demgegenüber vermag die Geschichte vom Werkzeugkasten kleine Wunder zu bewirken: „Wisst ihr, dass in eurem Kopf ein großer Werkzeugkasten ist, in dem ganz viel Werkzeug liegt, das euch Eltern, Erzieher und Freunde mitgegeben haben. Und ich verspreche euch, dass in eurer Schulzeit noch viel mehr hineinkommt. Denn ihr wisst ja, je mehr Werkzeug ihr besitzt, um so besser könnt ihr die Welt des Wissens zusammenbauen und verstehen. Aber das Tollste ist, dass euer Werkzeugkasten ein Wunder birgt: Er wird nie voll, auch wenn ihr bis ins hohe Lebensalter Werkzeuge sammelt. Welcher Werkzeugkasten kann das schon! Wichtig ist allerdings, dass ihr ihn so oft es geht öffnet und euer Werkzeug austauscht. Immer wenn ich euch dieses kleine Bild eines Werkzeugkastens zeige, dann solltet ihr den wundervollen Werkzeugkasten in eurem Kopf ganz weit öffnen. Ich sage euch auch, wann es Zeit ist, ihn wieder zu schließen und sich ein wenig zu entspannen."

Tipp
In Katalogen von Heimwerkerfirmen finden Sie sicher die Abbildung eines geöffneten Werkzeugkastens. Wenn Sie Erstklässlern die Geschichte des wundervollen Werkzeugkastens erzählen, dann bereiten Sie sie zugleich auf eine lange, fantastische Lernreise vor, in der es Phasen der Konzentration und Entspannung gibt. Und wenn „es Zeit ist, den Werkzeugkasten zu öffnen" dann holen Sie bitte erst das alte ‚Werkzeug' (z.B. die Addition) hervor, bevor Sie das neue ‚Werkzeug' (z.B. die Subtraktion) erklären. So vertiefen die Kinder den alten Lernstoff und vernetzen ihn mit dem neuen. Und sie gehen nicht mehr unsicher an neues Wissen heran, sondern begreifen, dass sie auf den elementaren Fundus ihres Werkzeugkastens zurückgreifen können.

Identität stärken, Orientierung geben	✔		Alter	ab 1. bis 4. Schuljahr
Gefühle ordnen und stabilisieren			Zeit	3–5 Minuten
Erziehung und Unterricht strukturieren	✔		Ort	drinnen
Lernfreude und Kreativität steigern	✔		Sozialform	Gruppenspiel
Sozialbindungen und Mitverantwortung fördern			Material	Abbildung eines geöffneten Werkzeugkastens
Konfliktlösungen initiieren				
Zeitgefühl ausprägen, Lebenszyklen betonen	✔			

6.10 Hilfreiche Wochen- oder Monatsrituale

Kleine Rituale helfen, den pädagogischen Alltag inhaltlich und zeitlich zu strukturieren. Und sie vermitteln Kindern ein Gefühl von Geborgenheit im Strom der Zeit. Hier einige Rituale, die Sie monatlich oder wöchentlich durchführen können:

- Meine Geschichte: Eines der Kinder nimmt Platz auf dem Stuhl der Erzieherin oder des Lehrers und erzählt allen seine Lieblingsgeschichte. Beim nächsten Mal ist ein anderes an der Reihe.
- Der Rat der Weisen: Nun erzählt eine Mutter, ein Opa, ein Nachbar oder ein Geschäftsmann aus der Umgebung eine Episode aus seiner Kindheit oder eine Geschichte aus seinem Alltag, aus der er eine wichtige Lehre gezogen hat. Natürlich sitzen diese Erzähler auf dem ‚Stuhl der Weisen'.
- Die Autorenlesung: Eines der Kinder nimmt Platz auf dem ‚Autorensessel' und liest sein selbstgeschriebenes ‚Werk' oder eine Geschichte seines Lieblingsautors vor.
- Das kreative Klassenbuch: Wöchentlich gestalten mehrere Kinder ein DIN A4-Blatt. Sie schreiben kleine Texte oder fertigen Zeichnungen an. Am Ende des Monats werden alle Blätter zusammengeheftet und ergeben ein neues Leseheft für die Klassenbücherei oder Material für die Schulzeitung.

Tipp
Leiten Sie jedes Ritual mit einem immer wiederkehrenden Zeichen ein, z.B. einem Stofftier, einer Handpuppe oder einer Klangschale. Schon wissen alle Kinder, dass jetzt etwas Besonderes kommt. In diesen Ritualen kann auch der aktuelle Lernstoff thematisiert werden.

Identität stärken, Orientierung geben	✔	Alter	ab 5 Jahre bis 4. Schuljahr
Gefühle ordnen und stabilisieren		Zeit	10–15 Minuten
Erziehung und Unterricht strukturieren	✔	Ort	drinnen
Lernfreude und Kreativität steigern	✔	Sozialform	Gruppenspiel
Sozialbindungen und Mitverantwortung fördern	✔	Material	evtl. Stofftier, Handpuppe oder Klangschale
Konfliktlösungen initiieren			
Zeitgefühl ausprägen, Lebenszyklen betonen			

6.11 Von Glühbirnenclubs und Geheimbünden

Im **Glühbirnenclub** kann Konzentration so richtig Spaß machen. Wählen Sie hierfür einen Raum mit klaren Flächen und ruhigen Farben. Darüber hängt eine überdimensionale, evtl. selbst gebastelte Glühbirne, die den Kindern signalisiert, dass hier der Ort für ‚helle Köpfe' ist. Natürlich können nicht alle dorthin, nur einige von Ihnen ‚Auserwählte' „dürfen heute für zehn Minuten in den Glühbirnenclub". Nun liegt es an Ihnen zu entscheiden, welche ‚Konzentrationsschätze' Sie den Kindern ‚im stillen Kämmerlein' nahe bringen wollen. Es kann ein effektives Lehrmittel sein, dass Sie im Unterricht selten einsetzen, weil es nicht im Klassensatz vorhanden oder sehr fragil ist. Auch ein kleines Rätsel, eine Kopfkino-Reise oder eine Zusatzaufgabe aus dem aktuellen Lernstoff eignen sich dafür.

Wer kennt Sie nicht, diese genialen Kinderfragen wie z.B. „Warum pfeift der Wind?" oder „Werden Iglus rund gesägt?" Es ist die Phase der Neugier und des großen Interesses an Zusammenhängen. Aber im hektischen Alltag müssen sich die Kinder oft mit ausweichenden Antworten begnügen: „Frag den Papa!" oder „Das wirst du in der Schule lernen". Leider ist dies nicht der Fall. Aber Sie, liebe Eltern, können das erwachende ‚Forscherinteresse' fördern. Gründen Sie mit anderen Familien einen **Geheimbund**, der einmal im Monat in einer anderen Familie tagt. Wenn sich jeweils ein Erwachsener sachkundig macht, dann sind die anderen Eltern entlastet. So kann in jeder Geheimbund-Sitzung ein Geheimnis des Lebens gelüftet werden. Aber bitte geben Sie den Kindern keine vorgefertigten Antworten. Motivieren Sie sie vielmehr, eigene Problemlösungswege zu finden: „Wo können wir nachschlagen, welche Person, welches Museum oder welche Bücherei kann uns weiterhelfen?" Sie werden staunen: die kleinen ‚Forscher' sind mit Begeisterung bei der Sache und lernen dabei Diskussionsregeln und zielgerichtetes Arbeiten.

Tipp
Das Wörtchen „dürfen" ist für den Glühbirnenclub ganz entscheidend. Es signalisiert den Kindern, dass es eine ‚besondere Ehre' ist, dazu zu gehören. Sie gehen freudiger an die Konzentrationsaufgabe heran. So kann manche Fördermaßnahme im Glühbirnenclub zum besonderen Erlebnis werden. Damit sich die Mitglieder des Geheimbunds nicht elitär verhalten, sollten Sie eine Satzung verfassen, in der sich jeder ‚Geheimbündler' verpflichtet, seine neue Erkenntnisse allen Interessierten weiterzugeben.

Identität stärken, Orientierung geben	✔		Alter	ab 5 Jahre bis 4. Schuljahr
Gefühle ordnen und stabilisieren			Zeit	10–60 Minuten
Erziehung und Unterricht strukturieren	✔		Ort	drinnen
Lernfreude und Kreativität steigern	✔		Sozialform	Gruppenspiel
Sozialbindungen und Mitverantwortung fördern	✔		Material	–
Konfliktlösungen initiieren				
Zeitgefühl ausprägen, Lebenszyklen betonen				

Kapitel 5
Projektvorschläge

- Die Schatzinsel
- Vorsicht, Straßenverkehr
- Die Afrika-Expedition
- Der Natur auf der Spur!

Wenn ihr doch nur verständet,
eure Ohren zu öffnen, eure Augen aufzutun.
Begreift doch: Die Glieder der Erkenntnis
wollen durch Taten entwickelt werden.
In Untaten verkümmern sie!
Johann Wolfgang von Goethe

Die Schatzinsel
Ein Projekt mit viel Bewegung

Dieses Projekt nimmt die Kinder mit auf eine abenteuerliche Fantasiereise mit vielen Bewegungsspielen. Erzählen Sie den Kindern die Geschichte der ‚Bounty'[37], eines Segelschiffes, das Schiffbruch erleidet und dessen Besatzung sich auf eine unbewohnte Insel, die ‚Bounty Islands'[38] rettet. Dort erlebt die Mannschaft sechs spannende Etappen.

1. Etappe: Das Schiff kentert!
„Ihr befindet euch auf der Bounty, einem Segelschiff, das im stürmischen Wellengang des Meeres immer wilder schaukelt und schließlich kentert." Nun wird jedes der Kinder in einem großen Tuch liegend von zwei Mitspielern langsam geschaukelt. Die Schaukelbewegungen steigern sich, bis das Kind vorsichtig aus dem Tuch herauskippt. (Fallenlernen ist wichtig!). Die ‚gekenterten' Kinder machen auf der Erde liegend solange Brustschwimm-Bewegungen, bis die ganze Mannschaft beisammen ist.

2. Etappe: Erholung am Inselstrand
Die Kinder liegen mit geschlossenen Augen nah beieinander, atmen tief durch und lauschen der Geschichte: „Nun liegt ihr erschöpft im warmen Sand der Bounty-Insel und ruht euch aus. Ihr hört das Rauschen der Wellen und atmet dabei tief ein und aus. Ihr spürt den warmen Wind, riecht die salzige Meeresluft, hört die Möwen schreien und seht, wie sich die Palmenblätter im Wind bewegen. Ihr denkt zurück an das schaukelnde Schiff und seid froh, dass ihr nun festen Boden unter den Füßen spürt. Öffnet die Augen, steht langsam auf und reckt eure Glieder, denn jetzt müsst ihr euch auf weitere Abenteuer auf dieser unerforschten Insel gefasst machen!"

3. Etappe: Die Besatzung überquert einen reißenden Fluss
Nun gehen die Kinder im Kreis: „Ihr beginnt die unbewohnte Insel zu erforschen. Es ist heiß und der Weg führt steil bergauf. Oben angekommen hört ihr ein tosendes Geräusch. Euer Entdeckergeist erwacht und ihr beginnt zu laufen." Die Kinder laufen mehrere Runden im Kreis. „Plötzlich steht ihr vor einer Schlucht. Tief unten tobt ein reißender Fluss." In der Mitte des Raums liegt ein dickes Seil straff gespannt auf dem Boden. „Zum Glück gibt es eine Möglichkeit, den Fluss zu überqueren. Zieht eure Schuhe aus und balanciert vorsichtig mit nackten Füßen über das Hochseil. Achtet darauf, dass ihr mit den Füßen auf dem Seil bleibt, denn unten im Fluss lauern sicher hungrige Krokodile!"

---

[37] Bounty: Name des von Kapitän W. Bligh kommandierten britischen Schiffes, dessen Besatzung 1789 auf einer Fahrt in die Südsee meuterte. Die Geschichte diente Ch.B. Nordhoff und J.N. Hall als Vorlage für drei Romane.

[38] Bounty Islands: Zu Neuseeland gehörende Gruppe von 13 Felseninseln im Südwest-Pazifik, die 1788 von W. Bligh, dem Kapitän der ‚Bounty', entdeckt wurde.

Seite 173

4. Etappe: Eine Kriechspur durch den Urwald

Wenn alle Kinder das andere Ufer erreicht haben, erwartet sie schon die nächste Aufgabe: „An diesem Ufer ist der Urwald besonders dicht und das Gebüsch sehr niedrig. Hier müsst ihr auf allen vieren über die Erde kriechen. Und zwar so leise, wie ihr könnt, denn es kann sein, dass auf der Schatzinsel kampfeslustige Eingeborene oder wilde Tiere leben. Am besten kriecht ein Späher vor und alle anderen Schiffbrüchigen folgen ihm schweigend."

5. Etappe: Die Besatzung entdeckt das Tal der Tiere

Nachdem die Kinder den Urwald kriechend überwunden haben, stehen sie auf und schütteln ihre Beine kräftig aus. „Seht, dort drüben im tiefen Tal stehen ganz viele Tiere! Stellt euch im Kreis auf, wählt ein Lieblingstier und ahmt seine Bewegungen nach!" Langsam entsteht eine Bewegungskette, bei der jedes Kind zunächst alle vorangegangenen Bewegungen seiner Mitspieler übernimmt und dann eine neue Tierbewegung hinzufügt. Beispiel: Das erste Kind ahmt einen Elefanten nach und stampft mit den Füßen. Das zweite Kind übernimmt dieses Stampfen und hüpft dann wie ein Frosch. Das dritte Kind stampft wie ein Elefant, hüpft wie ein Frosch und stellt sich wie ein Flamingo auf ein Bein usw.

6. Etappe: Der Schatzinsel-Traum

„Es wird langsam dunkel und ihr spürt nach all den abenteuerlichen Etappen eine große Müdigkeit. Jeder von euch nimmt sich nun eine Decke und breitet sie irgendwo im Raum aus. Legt euch auf euren Schlafplatz, schließt die Augen und atmet tief ein und aus. Ihr träumt einen wunderschönen Traum: Ihr riecht den Blütenduft, spürt die letzten Sonnenstrahlen auf eurer Haut, der Abendwind streicht durch eure Haare, ihr hört das Rauschen der Wellen und das Gezwitscher der Urwaldvögel." Die Kinder hören nun ruhige Entspannungsmusik. Nach ein paar Minuten holen Sie die müde Besatzung wieder aus ihrem Traum, indem Sie jedem Kind mit einer Feder übers Gesicht, über die Hände und die Füße streicheln: „Ein Paradiesvogel streift mit seiner Zauberfeder sanft über euren Körper." Die Kinder erwachen langsam. „Wo hat euch der Paradiesvogel gestreichelt und wie hat er euch verzaubert? Erzählt es den anderen Kindern!"

Tipp

Dieses Projekt macht noch mehr Spaß, wenn der Raum vorher als Schatzinsel z.B. mit Bildern und herunterhängenden Stoff-Lianen dekoriert wurde.

Alter: ab 3 Jahre bis 2. Schuljahr **Zeit:** 25 - 35 Minuten **Ort:** drinnen (großer Raum oder Turnhalle)
Sozialform: Gruppenspiel **Material:** 1 großes, stabiles Tuch zum Schaukeln, 1 langes, dickes Seil, 1 Decke oder Matte für jedes Kind, 1 große Feder, Kassette mit Entspannungsmusik

Vorsicht Straßenverkehr
Ein Projekt zur akustischen Sensibilisierung

Unsere Kinder sind heute ständig der akustischen Reizüberflutung durch Radio, Fernsehen und Walkman ausgesetzt. Im Straßenverkehr müssen sie allerdings aus der Vielfalt an Geräuschen die für ihre Sicherheit entscheidenden Geräusche herausfiltern und darauf adäquat reagieren. Aber aufgrund ihres noch mangelhaft ausgeprägten Wahrnehmungs- und Reaktionsvermögens kommt es im Straßenverkehr oft zu gefährlichen Fehlverhaltensweisen. Ziel dieses Projektes ist es daher, die akustische Wahrnehmungsfähigkeit von Vorschul- und Schulkindern durch spielerische Übungen zu trainieren.

1. Übung: Hört ihr die Stille?
Alle Kinder sitzen auf dem Boden, schliessen die Augen und lauschen in die Stille. „Welche Geräusche nehmt ihr in diesem Raum wahr? Ist es wirklich ganz still? Wer kann beschreiben, was er hört? Kennt ihr einen Ort, wo es ganz still ist? Wie fühlt ihr euch, wenn es ganz still ist?"

2. Übung: Von woher kommen welche Geräusche?
Alle Kinder (bis auf eines) sitzen mit verbundenen Augen in der Mitte des Raumes. Das verbleibende Kind spielt einen Fußgänger, der an einer Stelle beginnend den Raum durchschreitet. „Wer hört, wo der Fußgänger steht. Ist er stehen geblieben oder durch den Raum gegangen. Wenn ja, von wo nach wo ist er durch den Raum gegangen? Zeigt mit eurem Finger in die Richtung!" Solange die Kinder noch wenig Erfahrung mit der räumlichen Zuordnung von Geräuschen haben, sollte nur ein einzelner Fußgänger auf der Stelle treten. Anschließend kann er laut auftreten oder auf Zehenspitzen durch den Raum gehen. Später erraten die Kinder mehrere Fußgänger: „Wie viele Personen habt ihr herausgehört? In welche Richtung sind sie durch den Raum gegangen, gelaufen, gehüpft oder gekrochen?"

3. Übung: Was macht welches Geräusch?
Unter einer Decke sind mehrere ‚geräuschvolle' Gegenstände (Wecker, Fahrradklingel, Schlüsselbund, Handy, Regenschirm, Steine, Äste, Blechdose usw.) versteckt. Ein Kind greift unter die Decke und lässt einen Gegenstand klingeln, rascheln oder scheppern. Die anderen Kinder erraten, was das Geräusch verursacht. Jedes Kind darf im Spielverlauf einmal unter die Decke greifen.

4. Übung: Wie klingt dein alltäglicher Weg?
Die Kinder sitzen im Stuhlkreis, schließen die Augen und hören eine vorbereitete Kassette bzw. CD (siehe Tipp) mit Geräuschen ihres alltäglichen Weges zum Kindergarten oder zur Schule, z.B. Fußschritte, Öffnen der Haustür, Ausruf „Bis heute Mittag!", Zufallen der Tür, Straßenlärm, Gespräch an der Bushaltestelle, Bus kommt, Tür auf und zu, Bus fährt, Zeitungsraschen im Bus, Bus hält, Fahr-

radklingel usw. Die Kinder versuchen herauszuhören, um welche Geräusche es sich handelt. Die Kassette wird gemeinsam ausgewertet und bei Unstimmigkeiten so oft wiederholt, bis alle Kinder die Geräusche klar zuordnen können.

5. Übung: Welches Geräusch passt zu welchem Bild?

Auf dem Boden liegen Bildkarten (siehe Tipp) mit der Bildseite nach unten gedreht. Darauf sind verschiedene Motive aus dem Straßenverkehr (Auto, Fahrrad, Bus usw.). abgebildet. Die Kinder drehen der Reihe nach eine Bildkarte um und benennen zunächst das Motiv. Anschließend hören sie erneut die Kassette bzw. CD mit Geräuschen ihres Schul- oder Kindergartenweges. Nun ordnen sie die Bildkarten nach der Reihenfolge der gehörten Geräusche.

6. Übung: Vorsicht, Straßenverkehr!

Nun ist es so weit, dass die Kinder die reale Situation im Straßenverkehr erleben und ihr akustisches Wahrnehmungsvermögen testen sollten. Gehen Sie mit einer kleinen Gruppe von Kindern, deren Augen verbunden sind, (ganz vorsichtig) an eine belebte Straße in der Nähe des Kindergartens oder der Schule. „Welche Geräusche hört ihr, wer macht sie, aus welcher Richtung kommen sie, sind sie weit entfernt oder ganz nah, wie müsst ihr darauf reagieren?"

Tipp: Folgende CD mit 28 Bildkarten eignet sich sehr gut für dieses Projekt: Carola Preuß, Klaus Ruge, Alltagsgeräusche als Orientierungshilfen, Mülheim 1997.

Alter: ab 5 Jahre bis 1. Schuljahr **Zeit:** 50-80 Minuten **Ort:** drinnen und draußen **Sozialform:** Gruppenspiel **Material:** Augenbinden, 1 Decke zum Verstecken der Gegenstände, viele geräuschvolle' Gegenstände: Wecker Fahrradklingel, Schlüsselbund, Blechdose, Handy, Steine, Äste, Regenschirm u.ä., Kassette oder CD mit Geräuschen aus dem Straßenverkehr, Bildkarten mit Motiven aus dem Straßenverkehr

Die Afrika-Expedition
Ein Projekt zur Wahrnehmung und Konzentration

Dieses Projekt führt die Kinder auf eine Fantasiereise mit interessanten Wahrnehmungs- und Konzentrationsspielen. Erzählen Sie den Kindern die Geschichte der Expedition ‚Livingstone',[39] deren Teilnehmer erstmals den afrikanischen Dschungel betreten. Dort erleben die Forscher sechs abenteuerliche Etappen.

1. Etappe: Der Dschungel ruft!
Ein Kind wird zum Tierforscher auserkoren und verlässt den Raum. Unterdessen bilden die anderen Kinder Paare. Jedes der Paare vereinbart ein gemeinsames Tiergeräusch, z.B. Pfeifen, Trällern, Knurren oder Brüllen. Dann gehen die Paare auseinander. Die Kinder stehen nun schweigend verteilt im Raum und der ‚Tierforscher' wird hereingerufen. Er erfährt: „Im afrikanischen Dschungel gibt es viele Tiere mit verschiedenen Stimmen. Einige Tierpärchen haben sich verloren, nur ihre Laute verraten dir, ob sie zusammengehören. Tipp jedes Kind vorsichtig mit deinem Finger an und lausche seiner Tierstimme, die es dir kurz vorführt. Stelle die Kinder mit gleichen Lauten wieder zu Pärchen zusammen. Dabei kannst du die Kinder so oft antippen und abhören, wie du möchtest."
Übrigens: Diese Etappe ist für den Tierforscher schwieriger zu meistern, wenn die Kinder während der Paarsuche nicht stehen bleiben, sondern durch den Raum gehen.

2. Etappe: Achtung, eine Riesenschlange!
Mitten im Dschungel machen die Afrikaforscher eine schauerliche Entdeckung: „Auf eurem Weg liegt eine Riesenschlange, die giftig sein könnte." Nun stellen sich alle Kinder hintereinander auf und legen ihre Hände auf die Schultern ihres Mitspielers. Über die Köpfe dieser Kinderschlange wird eine bunte Stoffbahn als Schlangenhaut gelegt. Nur der Kopf des ersten Kindes oder des Spielleiters schaut noch heraus. Die anderen Kinder folgen dem Schlangenkopf behutsam, denn sie können nur ihre Füße sehen. Während der Spielleiter den Bewegungsrhythmus auf einem Percussion-Instrument schlägt, winden und schlängeln sich die Kinder durch den Raum.

3. Etappe: Entspannung am Flamingo-See
„Erschöpft legt sich die Riesenschlange zur Ruhe. Jedes Kind atmet tief ein und aus." Nach einer musikalischen Entspannungspause ‚häutet' sich die Schlange und wirft ihre Stoffbahn beiseite. Die Kinder liegen auf dem Boden, strecken ihre Glieder aus und stehen langsam auf. „Da seht, ein tiefblauer See mit vielen rosa Flamingos. Stellt euch wie sie auf ein Bein. Wer von euch kann am längsten so stehen bleiben?"

---

[39] Der englische Missionar und Afrikaforscher David Livingstone (1813-1873) entdeckte 1855 die Victoriafälle. Im Jahre 1871 galt er als verschollen, bis ihn sein Forscherkollege Stanley mitten im afrikanischen Dschungel fand.

4. Etappe: Die Forscher entdecken ein Baumwollfeld

Nun gehen die Kinder im Kreis und schütteln dabei ihre Beine aus: „Die Expedition durch den afrikanischen Dschungel geht weiter. Es ist sehr heiß, ihr werdet immer träger, die Schultern hängen herunter, euer Körper wird schwer. Plötzlich entdeckt ihr in der Ferne ein freies Feld mit merkwürdigen weißen Tupfen. Langsam erwacht wieder euer Forschergeist und ihr beginnt zu laufen." Wenn die Kinder mehrere Runden im Kreis gelaufen sind, holt sich jedes einen Wattebausch aus einem Karton. „Nun setzt euch zu zweit gegenüber an einen Tisch. Atmet mehrmals tief ein und aus, bevor ihr euch an die neue Entdeckung begebt. Legt einen Wattebausch auf die Mitte des Tisches. Habt ihr schon mal Baumwolle gesehen? Sie sieht aus wie dieser Wattebausch und hängt an Sträuchern. Im Wind fliegt sie durch die Luft. Jetzt pustet behutsam den Wattebausch von der Mitte des Tisches zu eurem Partner an die andere Tischkante. Wenn die Watte herunterfällt, habt ihr einen Minuspunkt. Wer die wenigsten Minuspunkte bekommt, hat gewonnen!"

5. Etappe: Die Dämmerung bricht herein!

Die Kinder stehen auf, holen sich jeder eine Decke und legen sie auf den Boden. Nun werden ihre Augen verbunden. Schalten Sie dann auch noch das Licht aus: „In Afrika bricht die Abenddämmerung schnell herein. Ihr könnt nichts mehr sehen und müsst euch vorsichtig durch den dichten Dschungel zu eurem Schlafplatz tasten."

6. Etappe: Der Dschungel-Traum!

Die Kinder liegen mit verbundenen Augen auf ihren Decken und hören entspannt zu: „Ihr habt einen wunderschönen Dschungeltraum. Ihr riecht den Duft der Orchideen, spürt den Abendwind auf eurer Haut, ihr hört Grillen zirpen und exotische Vögel zwitschern." Die Kinder hören nun ruhige Entspannungsmusik. Nach ein paar Minuten holen Sie die müden Forscher wieder aus ihrem Traum, indem Sie jedes Kind mit einer Feder übers Gesicht, über die Hände und die Füße streicheln: „Ein Paradiesvogel streift mit seiner Zauberfeder sanft über euren Körper." Die Kinder erwachen langsam. „Wo hat euch der Paradiesvogel gestreichelt und wie hat er euch verzaubert? Erzählt es den anderen Kindern."

Tipp: Dieses Projekt macht so richtig Spaß, wenn der Raum vorher als afrikanischer Dschungel mit Bildern und herunterhängenden Stoff-Lianen dekoriert wurde.

Alter: ab 4 Jahre bis 3. Schuljahr **Zeit:** 25–35 Minuten **Ort:** drinnen, großer Raum oder Turnhalle Sozialform: Gruppenspiel **Material:** 1 lange Stoffbahn als 'Schlangenhaut' (evtl. mit Schlangenmotiven bemalen), 1 Karton mit vielen Wattebäuschen, 1 Decke oder Matte für jedes Kind, 1 große Feder, Kassette mit Entspannungsmusik

Der Natur auf der Spur
Ein Projekt zur Naturerfahrung mit allen Sinnen

Dieses Projekt entführt Kindergarten- und Grundschulkinder in die geheimnisvolle Welt der Natur. Und ihre Vielfalt sollen die kleinen Forscher mit möglichst vielen Sinnen erfahren. Die einzelnen Projektetappen haben daher unterschiedliche Sinnes-Schwerpunkte.

1. Etappe: Wer suchet, der findet!
Kleingruppen von drei bis fünf Kindern begeben sich auf die Suche nach Dingen, die auf ihrer Forscherliste stehen, z.B. „Finde etwas Rundes, Eckiges, Weißes, Buntes, Hartes, Warmes, Kaltes, Dünnes, Langes, Glitschiges, Gezacktes, Lebendiges, Unnatürliches …"
Alle Kleingruppen tragen ihre Fundstücke zusammen und nehmen sie unter die Lupe. Anschließend können Kindergartenkinder eine gemeinsame Natur-Collage anfertigen oder Schulkinder im Deutschunterricht eine Fantasiegeschichte schreiben, in der all ihre Fundstücke zur Sprache kommen.

Sinne: Sehen **Alter:** ab 3 Jahre bis 4. Schuljahr, **Ort:** überall, möglichst Naturgebiete **Material:** Sammelbehälter (Schachtel oder Tasche), 1 Suchliste für jede Forschergruppe, Lupen

2. Etappe: Wer hat eine gute Nase?
Alle Kinder suchen in der Natur nach Materialien mit starkem Eigengeruch, z.B. Pilze, Blüten, Erde, Heu, Kräuter, frisches Gras, Holz, Harz, Moos. Nun macht eines der Kinder mit verbundenen Augen den Riechtest: „Beschreibe den Geruch und finde heraus, woran du gerade riechst!" Nacheinander versuchen alle Kinder mit ihrem Geruchssinn herauszufinden, was ihre Forscherkollegen ihnen unter die Nase halten.
Auf Wunsch kann ein ‚Nasensieger' ermittelt werden, der als Preis z.B. ein Duftöl erhält.

Sinne: Riechen **Alter:** ab 3 Jahre bis 4. Schuljahr **Ort:** Wald, Wiese, Heide oder Moor **Material:** Sammelbehälter (Schachtel oder Tasche), Augenbinde, evtl. ein Duftöl

3. Etappe: Mein Freund der Baum!
Ein Kind wird mit verbundenen Augen zu einem Baum geführt, den es tastend erforschen soll. Es erfühlt die Blätter, die Baumrinde und den Ansatz der Äste, klopft den Stamm ab und umspannt ihn mit seinen Armen, erkundet Erdreich und Wurzeln. Wenn es glaubt, den Baum ausreichend zu kennen, wird es zum Ausgangspunkt zurückgeführt. Nun entfernt es die Augenbinde und bemüht sich, den erforschten Baum wiederzufinden. Wem dies am schnellsten gelingt, der hat gewonnen: Von nun an trägt der Baum den Namen seines Entdeckers.

Anschließend können Kindergartenkinder ihren ‚Forscherbaum' zeichnen oder Schulkinder eine detaillierte Baumbestimmung schreiben.

Sinne: Tasten **Alter:** ab 4 Jahre bis 4. Schuljahr **Ort:** Wald, Baumgruppe **Material:** Augenbinde

4. Etappe: Die Natur klingt!
Die Kinder sitzen in Kleingruppen mit verbunden Augen an verschiedenen Stellen im Wald oder auf einer Wiese. „Wenn ihr ganz still seid, werdet ihr merken, dass die Natur nicht schweigt. Sie gibt unterschiedliche Geräusche von sich. Versucht so viele wie möglich zu hören!" Nach fünf bis zehn Minuten versammeln sich alle Kinder. Die Kindergartenkinder könnten von ihren Hörerfahrungen berichten und die Schulkinder ein ‚Akustikprotokoll' (Klangherkunft, -beschreibung, -stärke usw.) schreiben.

Sinne: Hören **Alter:** ab 3 Jahre bis 4. Schuljahr **Ort:** Wald, Wiese, Bach **Material:** Augenbinden

5. Etappe: Wer wird ‚Forscher des Monats'?
Die Kinder bilden Paare. Jedes Kind führt seinen Partner, der eine Augenbinde trägt, über eine möglichst abwechslungsreiche Wegstrecke von 100 bis 300 Meter. Der ‚blinde' Forscher muss all seine Sinne einsetzen, um möglichst viele Naturerfahrungen zu sammeln: Er ertastet den Boden, das Gestrüpp, die Bäume, er schnuppert und schmeckt an allem, lauscht aufmerksam den Naturklängen, registriert mit seinem Gleichgewichtssinn die Anhöhen und Wegkurven und sammelt interessante Fundstücke. Im Sommer kann eine ungefährliche Strecke auch barfuß erkundet werden. Lassen Sie den Kindern für diese Etappe viel Zeit, sie ist die Glanzleistung der kleinen Forscher. Denn wer die meisten Natureindrücke beschreiben kann, wird ‚Forscher des Monats'! Er darf sich das nächste Forschungsprojekt wünschen und bei der Vorbereitung als Fachmann bzw. -frau den Erziehern oder Lehrern mit Rat und Tat zur Seite stehen.

Sinne: Tasten, Hören, Riechen, Gleichgewichtssinn, Schmecken **Alter:** ab 4 Jahre bis 4. Schuljahr **Ort:** Wald, Strand, Wiese **Material:** Augenbinden, Sammelbehälter (Schachtel oder Tasche)

Kapitel 6
Therapie- und Lernmethoden, über die man spricht

- Ergotherapie
- Feldenkrais-Methode
- Gehirnjogging
- Kinesiologie
- Edu-Kinestetik,
- Brain-Gym
- NLP
- Psychomotorik,
- Motopädie
- Reggio-Pädagogik
- Snoezelen
- Suggestopädie,
- Superlearning

Der Wunsch zu lernen
ist edlen Menschen angeboren.
Leonardo da Vinci

Was bedeutet Suggestopädie, Edukinestetik, NLP, Ergotherapie oder Feldenkrais-Methode? Diese Schlagworte sind heute zwar in aller Munde, aber mal ehrlich: Wer weiß sie schon mit Inhalten zu füllen oder gar voneinander abzugrenzen? Zur besseren Orientierung stellen wir daher in alphabetischer Reihenfolge die wichtigsten neuen Lern- und Therapiemethoden ganz kurz vor. Leser, die sich intensiver mit einem Ansatz beschäftigen möchten, finden am Ende jeder Begriffserläuterung weitergehende Literatur und Adressen, wo Informationen zu beziehen sind.

Ergotherapie
Die Zielgruppe dieser präventiven und rehabilitativen Therapie sind Kranke und Behinderte jeden Alters, die z.B. nach einem Unfall oder Schlaganfall körperlich beeinträchtigt sind. Die Ergotherapie wird aber auch eingesetzt bei Entwicklungsrückständen von Kindern und Jugendlichen, die Störungen haben z.B. des Bewegungsapparates oder der Aufnahme und Verarbeitung von Sinnesreizen. Auch werden Verhaltensauffälligkeiten wie Hyperaktivität therapiert. Grundlage der Behandlung ist eine ganzheitliche Befunderhebung der Defizite und Stärken eines Kindes. Dann folgen Einzel- oder Gruppenbehandlungen, in denen das Kind mit einer adäquaten therapeutischen Konzeption gefördert wird. Eine solche ist z.B. die sensorische Integrationstherapie nach J. Ayres. Sie möchte durch spezielle Reize des Gleichgewichtssinnes, der Wahrnehmung und des Tastsinnes die Verarbeitung, Koordination und Integration der basalen (=grundlegenden) Körpersinne optimieren. In weiteren Therapieansätzen können Teilleistungsschwächen z.B. im Bereich der Grob- und Feinmotorik (Schreibbewegungsablauf) behandelt werden. Die Behandlung wird ambulant von staatlich anerkannten Ergotherapeuten durchgeführt und kann vom behandelnden Haus- oder Facharzt verordnet werden.

Literatur: Deutscher Verband der Ergotherapeuten (Hrsg.), Indikationskatalog Ergotherapie, Idstein 1995.
Infos: Deutscher Verband der Ergotherapeuten, Postfach 2208, 76303 Karlsbad, Tel: 0 72 48-9 18 10.

Feldenkrais-Methode
Entwickelt wurde diese Methode von dem israelischen Physiker Dr. Moshe Feldenkrais (1904-1984). Er befasste sich intensiv mit den neuro- und verhaltensphysiologischen Aspekten des menschlichen Körpers. In seinem in Tel Aviv gegründeten Institut leitete er gesunde und kranke Menschen aus aller Welt an, sich über die Wahrnehmung und Bewegung gesünder und ganzheitlich zu organisieren. Die Feldenkrais-Methode geht davon aus, dass das bewusste Wahrnehmen der eigenen Bewegung einen Lernprozess in Gang setzt, der das Selbstbild erweitert und die körperliche, seelische und geistige Flexibilität steigert. Hierzu werden zwei Methoden eingesetzt:
1. Bewusstsein durch Bewegung: In Gruppenspielen entdeckt der Einzelne seine persönlichen Eigenarten, sich zu bewegen. Er erkennt, welche Bewegungsarten für seinen Organismus förderlich oder

unangenehm sind. Hier ist also nicht die gymnastische oder sportliche Leistung gefragt, sondern die wache Aufmerksamkeit für die Qualitätsunterschiede der individuellen Bewegungsabläufe.
2. Funktionale Integration: In dieser meist nonverbalen, individuellen Behandlung führen die Hände des Lehrers sanft zu neuen Bewegungs- und Wahrnehmungserfahrungen.

Literatur: Moshe Feldenkrais, Bewusstsein durch Bewegung, Frankfurt 1978.
Infos: Feldenkrais-Auskunft: Hannover (Tel.: 0511-3943563), Hamburg (Tel.: 0 40-2 71 95 70), Rinteln (Tel.: 0 57 51-91 80 84).

Gehirnjogging

Diese wissenschaftlich erprobte Trainingsmethode wurde in Deutschland von den Professoren Dr. med. Bernd Fischer (Geriatriker, Chefarzt der Memoryklinik in Nordrach-Klausenbach im Schwarzwald) und Dr. Siegfried Lehrl (Universität Erlangen) begründet. Frank Berchem entwickelte sie in seinen beiden Bestsellern „Gehirn-Jogging" und „Super-Gehirn-Jogging" zu einem 5-Phasen-Trainingsprogramm weiter mit dem Ziel, das Denken, Lernen und Behalten, die körperliche, geistige Beweglichkeit zu optimieren und seelische Ausgeglichenheit zu erlangen.

Die fünf Phasen wirken ganzheitlich, d.h. sie berücksichtigen die Wechselwirkungen von Körper, Seele und Geist mit:

1. der „Aufwärmübung" – Atemtechnik und Muskelanspannungs- und Entspannungsübungen
2. dem „Basistraining" für das Meistern von Informationen
3. dem „Merkzettel" für ein besseres Gedächtnis
4. dem „Denk-Mal" für Kreativität und Denkvermögen
5. dem „Kopf-Kino" – mentales Training für eine positive Lebensgestaltung.

Gehirnjogging eignet sich für alle Alters- und Berufsgruppen. Es bleibt zu hoffen, dass der Autor bald ein spezielles Gehirnjogging-Training für Kinder entwickelt.

Literatur: Frank Berchem, Gehirnjogging. So bringen Sie Ihr Gedächtnis in Schwung, München 1992. Frank Berchem, Super-Gehirnjogging für Fortgeschrittene, München 1996.
Test: Stiftung Warentest urteilte: „Ein praxisnahes, spannendes Trainingsprogramm!"

Kinesiologie

Der Name geht zurück auf das griechische Wort ‚kinetikós' für Bewegung. In der Medizin versteht man unter Kinesiologie die Lehre der Bewegung und der Muskeluntersuchung. Die angewandte Kinesiologie ist eine relativ junge Therapieform, die auf Untersuchungen des amerikanischen Chiropraktikers George Goodheart aus Detroit beruht. Er stellte fest, dass sich physische und psychische Befindlichkeiten des Menschen im Bewegungsapparat niederschlagen. Basierend auf der Erkenntnis dieser ‚Feedbackschleife' zwischen Körper und Psyche entwickelte er eine Synthese aus Chiropraktik, Akupressur, Ernährungs- und Bewegungslehre. 1964 erarbeitete er ein Testverfahren, um vom Muskelzustand (Anspannung und Entspannung) Rückschlüsse auf körperliche oder seelische Zustände ziehen zu können.

In der angewandten Kinesiologie vermengen sich fernöstliche Weisheiten und esoterisches Gedankengut. Wie in der chinesischen Akupunktur gehen Kinesiologen von Energieflüssen (Meridiane) im Körper aus, die nur dann problemlos fließen können, wenn sich der Mensch im Einklang mit der Natur befindet. Der Thymusdrüse wird eine zentrale Rolle für den Energiehaushalt des Körpers und die Koordination der beiden Gehirnhälften zugeschrieben. Die Kinesiologie geht davon aus, dass der menschliche Organismus selbst am besten ‚weiß', was ihm hilft, fehlt oder schadet und dass er mitzuteilen vermag, was zur Behebung eines Defizits therapeutisch erforderlich ist.

Literatur: Maggie la Tourelle / Anthea Courtenay, Was ist Angewandte Kinesiologie?, Kirchzarten 1996.
Infos: Institut für Angewandte Kinesiologie, Eschbachstr. 5, 79199 Kirchzarten, Tel. 0 76 61-9 87 10.

Edu-Kinestetik, Brain-Gym

Edu-Kinestetik ist der eingedeutschte Begriff für ‚Educational Kinesiology'. Hierbei handelt es sich um eine Verschmelzung von Kinesiologie und Lerntheorie, d.h. um eine spezifische Ausrichtung für den pädagogischen Bereich. Diese erziehende Bewegungslehre geht auf das Ehepaar Paul und Gail Dennison zurück, die ihre ersten Erfahrungen in der Arbeit mit hirngeschädigten Kindern in Kalifornien sammelten. In den 70er Jahren erklärten sie die Bewegung als das ‚Tor zum Lernen' und stellten einen ursächlichen Zusammenhang zwischen Bewegungsablauf und Persönlichkeit, zwischen Körper und Lernen her. In der Edu-Kinestetik werden Körper und Geist als Einheit angesehen. Ziel dieser Methode ist es, Energieblockaden mit Hilfe des Muskeltests (siehe Kinesiologie) zu ermitteln und diese durch kinetische Muster (Bewegungsmuster), den sogenannten Brain-Gym-Übungen, freizusetzen. Mit Überkreuzübungen und Massage des lymphatischen Systems sollen Denk-, Lern- und Gefühlsblockaden beseitigt und ein optimaler Einsatz beider Gehirnhälften gewährleistet werden. Diese Methode klingt verlockend einfach, ist jedoch wissenschaftlich nicht bestätigt.

Literatur: Paul und Gail Dennison, Das Handbuch der Edu-Kinestetik für Eltern, Lehrer und Kinder jeden Alters, Freiburg 1995.
Infos: Institut für Angewandte Kinesiologie, Eschbachstr. 5, 79199 Kirchzarten.Tel.: 0 76 61-9 87 10.

NLP

Das ‚Neurolinguistische Programmieren' wurde von den Kommunikationstheoretikern Richard Bandler und John Grindler in den 70er und 80er Jahren entwickelt. In der Abkürzung ‚NLP' stecken die drei grundlegenden Annahmen dieser Methode: Die über das Nervensystem (**N**euro) und die Sinne vermittelte Wahrnehmung der Umwelt bildet die Grundlage allen menschlichen Verhaltens. Diese Wahrnehmung ist immer sprachlich (**L**inguistisch) vermittelt. Unsere Wahrnehmungs- und Denkmuster können durch geschickte Beeinflussung umprogrammiert werden (**P**rogrammieren).

Hier werden Elemente der Lern- und Kommunikationstheorie mit tiefenpsychologischen und neurophysiologischen Erkenntnissen verbunden. NLP möchte ausgehend von einer am Körper ansetzenden Restrukturierung der Wahrnehmung neue Denkschemata aufbauen. Im Entspannungszustand wird ein positiver und ein negativer ‚Anker' gesetzt, d.h. eine Berührung wird mit je einem für den Teilnehmer positiv oder negativ besetzten Erinnerungsbild gekoppelt. Später werden beide Anker gleichzeitig ausgelöst um negative Überzeugungen, die aus vergangenen Erlebnissen resultieren, zu überwinden. Auf diese Weise werden unbewusste Reiz-Reaktion-Schleifen unwirksam gemacht, um neue Verhaltenschancen zu erschliessen. Die ‚Neuprogrammierung' ist also erklärtes Ziel, d.h. alte Fixierungen aus der erlebten Vergangenheit aufzulösen und diesen Prozess als wertvolle Erfahrung für die Gegenwart und Zukunft zu nutzen. NLP wird in der Pädagogik als Kommunikationsmethodik und in der Wirtschaft im Team- und Führungstraining verwendet. Ihre alle Persönlichkeitsbereiche ergreifende Doktrin kann sehr manipulativ wirken bis hin zur Sektenhaftigkeit.

Literatur: John Grindler / Richard Bandler, Kommunikation und Veränderung, Paderborn 1991.
Infos: NLP-Institut Berlin, Tel. 030-21478174.

Psychomotorik, Motopädie

Diese Methode der Bewegungserziehung wurde in Deutschland in den siebziger Jahren von Ernst J. Kiphard entwickelt. Sie geht davon aus, dass über das körperliche Erleben und die Bewegungsfreude der Kinder ein guter Zugang zur Psyche erreicht werden kann. In bewegungsorientierten Fördermaßnahmen sollen die kindliche Persönlichkeit stabilisiert, motorische Störungen behoben, die Sinneswahrnehmung, die Raum-Lage-Orientierung und die Körperkontrolle verbessert werden. Die Kinder lernen, sich selbst einzuschätzen, sich etwas zuzutrauen und ihre Motorik und Kräfte selbst zu regulieren. Die psychomotorischen bzw. motopädagogischen Fördermaßnahmen sind überschaubar strukturiert. In einer ersten Phase werden die Wahrnehmungsgrundlagen durch Wippen, Schaukeln, Springen und Rutschen ermittelt. Dann fördern gezielte Bewegungsangebote z.B. das Loslaufen, Abbremsen, das Kennenlernen des Körperschemas oder das Ausagieren von Aggressionen.

Literatur: Ernst J. Kiphard, Psychomotorik in Praxis und Theorie, Gütersloh 1989.
Infos: Psychomotorik-Verein Berlin e.V., Werner-von-Braun-Str. 3, 53113 Bonn, Tel.: 0228-216161.

Reggio-Pädagogik

Reggio Emilia ist eine etwa 150 Kilometer östlich von Mailand gelegene Kleinstadt, in der man sich schon früh intensiv um die Kleinkindererziehung auf kommunaler Ebene gekümmert hat. Erziehung in Kleinkindergärten wurde als eine gemeinschaftliche Aufgabe angesehen, bei der Erzieher, Eltern, Künstlerinnen, Wissenschaftler, Kommunalpolitikerinnen und engagierte Bürger zusammenarbeiten. Im April 1945 wurde die erste Kindertagesstätte gegründet. Schwerpunkt der Reggio-Pädagogik ist es, mit und von Kindern zu lernen, all ihre Sinne zu wecken, Staunen, Fragen, Erforschen, Entdecken und Erkennen zu fördern und zu begleiten. Aus der einfachen Frage eines Kindes kann sich dabei ein ganzes Projekt entwickeln. Die Erzieher begleiten das Kind bei seiner Wahrnehmung, helfen ihm, das Wahrgenommene zu verstehen und das Gelernte zu seiner Erfahrungswelt in Beziehung zu setzen. Im Miteinander entstehen neue Fragen und Ideen. Die äußere Gestaltung der Kindergärten und ihre Räume spiegeln die Erziehungsziele wieder: Mit Stoffen, Farben, Perlen und Ton werden die Kinder ermuntert, ihrer Kreativität freien Lauf zu lassen.

Literatur: Michael Göhlich, Reggiopädagogik – Innovative Pädagogik heute. Zur Theorie und Praxis der kommunalen Kindertagesstätten von Reggio Emilia, 1995.
Elsbeth Krieg (Hrsg.), Hundert Welten entdecken. Die Pädagogik der Kindertagesstätten in Reggio Emilia, Essen 1993.
Infos: Dialog Reggio. Vereinigung zur Förderung der Reggio-Pädagogik in Deutschland e.V. c/o Claudia Eichenlaub, Hackestr. 5, 12161 Berlin.

Snoezelen

Der ungewöhnliche Name kombiniert die niederländischen Wörter ‚snuffelen', d.h. schnuppern, und ‚doezelen', d.h. dösen. Snoezelen (sprich: snuseln) ist eine Methode zur Sinnesförderung. Sie entstand in den Niederlanden in der praktischen Arbeit mit geistig bzw. mehrfach behinderten Menschen. Ausgehend von der Feststellung, dass Behinderte trotz zerebraler Beeinträchtigung tiefe sinnliche Erfahrungen machen können, erarbeitete man neue Zugangsweisen, um ihre Sinne verstärkt anzuregen. In Snoezelen-Räumen wird sowohl durch Licht und Materialien als auch durch die emotionale Zuwendung der Betreuer eine angenehme Atmosphäre geschaffen. Der Besucher entscheidet, womit er sich beschäftigen möchte, was er schön findet und was ihm gut tut. Er nimmt sich die Zeit, die er braucht, um Reize intensiv aufzunehmen, um neue Erfahrungen zu machen und sich mit ihnen auseinanderzusetzen. In einer reizüberfluteten Welt ist es auch für Nichtbehinderte entspannend, wenn einzelne Sinne gezielt aktiviert werden können.

Literatur: J. Hulsegge / A. Verheul, Snoezelen – eine andere Welt, Bundesvereinigung Lebenshilfe für geistig Behinderte, Marburg 1989.

Infos: Heilpädagogische Hilfe e.V. Snoezelen-Zentrum, Gesmolder Str. 50, 49324 Melle, Tel. 0 54 22- 95 08 24.

Suggestopädie, Superlearning
Die Lehr- und Lernmethode der Suggestopädie wurde in den 60er Jahren von dem bulgarischen Arzt und Psychiater Georgi Lozanov entwickelt. Der Begriff ‚Superlearning' ist eine Erfindung der amerikanischen Journalistinnen Sheila Ostrander und Lynn Schroeder, die 1979 mit ihrem gleichnamigen Bestseller die Inhalte der Suggestopädie vermarkteten. Diese Lernmethode basiert auf der Annahme, dass der Lernprozess optimiert wird, wenn Körper und Gehirn in einen entspannten Zustand versetzt werden. Durch Anhören klassischer Musik, Einsatz von Entspannungs- und Atemtechniken soll in einer angenehmen Lernatmospäre optimale Konzentration erreicht werden. Im meditativen Zustand wird der Lernende mit gezieltem Material auf ein müheloses Lernen vorbereitet. Zahlreiche wissenschaftliche Untersuchungen belegen die Effektivität dieser Methode vor allem für den Fremdsprachenerwerb.

Literatur: R. Baur, Superlearning und Suggestopädie, Grundlagen — Anwendung — Kritik – Perspektiven, Berlin 1990.
G. Lozanov, Suggestology and Outlines of Suggestopedy, New York, London 1978.
S. Ostrander / L. Schroeder, Superlearning, Bern, München 1979.
Infos: G.I.T. Seminare GmbH, Siebenmorgen 45, 51427 Bergisch-Gladbach.

Keines der beschriebenen Lern- und Therapiemodelle sollte als Wundermittel oder Rezept angesehen werden, in der Hoffnung, sofort eine bessere pädagogische Zukunft herbeizuzaubern! Ob eine Methode wirksam ist, entscheidet letztlich die Praxis. Erst in der konkreten Arbeit zeigt sich, ob und bei welchem Kind bestimmte Elemente eines Therapie- oder Lernansatzes weiterhelfen. Und wie so oft im Leben gilt auch für den Einsatz ausgewählter Methoden: Stelle niemanden auf eine Säule, er kippt schnell herunter und fällt tief!
Werden Sie also weder zu ‚NLP-Aposteln' noch zu ‚Hobby-Motopäden'. Suchen Sie Rat und Hilfe bei Fachleuten, testen Sie eine Fortbildung, entscheiden Sie mit gesundem Menschenverstand und aufgrund Ihrer Erfahrungen, ob und welche Methoden in Ihrer pädagogischen Arbeit wirksam sein könnten. Bleiben Sie dabei immer auf dem Laufenden!

Ja, sicher, in Ihrer beruflichen Laufbahn haben Sie schon so manche Methode kommen und gehen sehen. Aber als Pädagogen wissen wir nur zu gut, dass Lernen ein lebenslanger Prozess ist. Dies gilt auch für unseren persönlichen Lernweg! Schließlich werden auch teuer erworbene Computer nach spätestens zwei Jahren von den Neuerungen des technischen Fortschritts überholt und gelten dann als ‚out'. Also warum über die Schnelllebigkeit unserer Zeit wettern und den Kopf in den Sand überholter Methoden stecken, wenn neue Erkenntnisse zur Optimierung unserer pädagogischen Arbeit zur Verfügung stehen?

Sie werden den ‚Dschungel' der Therapie- und Lernmethoden optimal zu nutzen verstehen, wenn Sie diese Ratschläge befolgen:

- Gehen Sie positiv auf Ihre Arbeitswelt zu und seien Sie immer offen für Neues.
- Versuchen Sie regelmäßig, Ihr eigenes Arbeiten zu verbessern. Stellen Sie Ihre Arbeit auch immer wieder in Frage.
- Informieren Sie sich laufend über aktuelle Verbesserungsmöglichkeiten. Nutzen Sie Fortbildungsangebote. Wer rastet, der rostet!
- Seien Sie immer auf der Suche nach Neuem, aber halten Sie auch an Bewährtem fest. Seien Sie kritisch, denn hinter so manch neuem Gewand verbirgt sich oft ein alter Hut!
- Arbeiten Sie differenziert, denn nicht jedes Kind spricht zum selben Zeitpunkt auf ein und dieselbe Methode an.
- Verschreiben Sie sich nicht für alle Zeiten einem Modell. Dann blüht die Engstirnigkeit, verkümmert die Kreativität und das ‚Burn-out-Syndrom' droht!
- Vergessen Sie nie: Die Praxis ist Ihr Maßstab!

Und immer wenn sich bei Ihnen die ersten Anzeichen zum ‚Fortbildungsmuffel' oder zum ‚Verkünder des alten Trotts' einschleichen, dann denken Sie daran, dass Neugier, Aufgeschlossenheit und Wissensdurst zu unserem pädagogischen Selbstverständnis gehören und dass ein breites Methodenspektrum den Alltag mit Kindern nur bereichern kann!

Schließlich gilt auch hier das Prinzip der Ganzheitlichkeit: Erst wenn wir in unserer Arbeit alle verfügbaren Kenntnisse, Fähigkeiten und Fertigkeiten sinnvoll nutzen, werden wir dem Ganzen gerecht!

Kapitel 7
Wussten Sie schon?

- Vereine für Familie und Gesundheit
- Verbände für Sprach- und Sprechstörungen
- Zentren für hyperaktive, bewegungs- und wahrnehmungsgestörte Kinder
- Anlaufstellen bei Drogenabhängigkeit, Gewalt und Kindesmissbrauch
- Beratungsstellen für schulische Belange
- Elternbriefe
- Waldkindergärten
- Lern- und Spielschule
- Der bewegte Kindergarten und die aktive Schule

Unwissenheit ist der schlimmste Fehler des Menschen.
Persisches Sprichwort

„Wer kann meinem wahrnehmungsgestörten Kind helfen? Wo erhalte ich Informationen über Allergien? Wer weiß Rat bei Kindesmissbrauch? Welcher Verein vermittelt Tagesmütter? Wie fördere ich adäquat Linkshänder oder ein hochbegabtes Kind? Wo erhalte ich eine Adressenliste der Freien Schulen? Wo gibt es Waldkindergärten?"
Diese und viele Fragen mehr höre ich immer wieder in meinen Fortbildungsseminaren. Daher habe ich eine Liste interessanter Vereine zu Ihrer Orientierung, liebe Leserinnen und Leser, zusammengestellt.

Anlaufstellen in familiären Angelegenheiten
Bundesverband für Kinderbetreuung in Tagespflege
Breite Str. 2, 40670 Meerbusch, Tel. 0 21 59-13 77

Verband für alleinerziehende Mütter und Väter
Beethovenallee 7, 53173 Bonn, Tel. 02 28-35 29 95

Verein humane Trennung und Scheidung e.V. Bundesgeschäftsstelle,
Schneppenhorstweg 5, 13627 Berlin, Tel. 0 30-3 82 70 52

Vereine für den Bereich Gesundheit
Bundesverband Allergie- und Umweltkrankes Kind
Westerholter Str. 142, 45892 Gelsenkirchen, Tel. 02 09-3 05 30

Bundesverband Herzkranke Kinder e.V.
Robensstr. 20-22, 52070 Aachen, Tel. 02 41-91 23 32

Deutscher Neurodermitiker-Bund e.V.
Spaldingstr. 210, 20097 Hamburg, Tel: 0 40-23 08-10

Aktionskomitee Kind im Krankenhaus e.V.
Kirchstr. 34, 61440 Oberursel, Tel. 0 61 72-30 36 00

Verbände für Sprach- und Sprechstörungen
Bundesvereinigung Stotterer-Selbsthilfe e.V.
Gereonswall 112, 50670 Köln, Tel. 02 21-1 39 11-06

Deutscher Bundesverband für Logopädie e.V.
Augustinusstr. 11 a, 50226 Frechen, Tel. 0 22 34-69 11 53

Zentren für hyperaktive, wahrnehmungs- und bewegungsgestörte Kinder
Arbeitskreis überaktives Kind
Dieterichsstr. 9, 30159 Hannover, Tel. 05 11-3 63 27 29

Elterninitiative zur Förderung hyperaktiver Kinder e.V.
Clemensstr. 13, 99817 Eisenach, Tel. 0 36 91-21 55 55

Kinderzentrum für Wahrnehmungsstörungen
Büdinger Str. 17, 60435 Frankfurt a. M., Tel. 0 69-54 80 80 21

Institut für frühkindliche Entwicklung
Dr. Inge Flehmig, Rumkerstr. 15, 22307 Hamburg, Tel. 0 40-45 55 51

Anlaufstellen bei Drogenabhängigkeit, Gewalt und Missbrauch an Kindern und Jugendlichen
Deutscher Kinderschutzbund Bundesverband e.V.
Schiffgraben 29, 30159 Hannover, Tel. 05 11-30 48 50

Initiative gegen Gewalt und sexuellen Missbrauch an Kindern und Jugendlichen e.V.
Poststr. 18, 56427 Siershahn, Tel. 0 26 23-68 39

Bundesverband der Elternkreise drogengefährdeter
und drogenabhängiger Jugendlicher
Herzbergstr. 82, 10365 Berlin, Tel. 0 30-5 56 70 20

Bundeszentrale für gesundheitliche Aufklärung
Ostmerheimer Str. 220, 51109 Köln, Tel. 02 21-8 99 20

Beratungsstellen für schulische Belange
Beratungsstelle für Linkshänder
Sendlinger Str. 17, 80331 München, Tel: 0 89-26 86 14

Bundesverband Legasthenie e.V.
Königstr. 32, 30175 Hannover, Tel. 05 11-31 87 38

Deutsche Gesellschaft für das hochbegabte Kind e.V.
Sondershauser Str. 80, 12249 Berlin, Tel. 0 30-7 11 77 18

Institut für mathematisches Lernen und Praxis für Dyskalkulie
Grindelberg 45, 20144 Hamburg, Tel. 0 40-4 22 42 21

Verein Lesen und Schreiben
Große Bergstr. 261, 22767 Hamburg, Tel. 0 40-38 19 00

Weitere nützliche Adressen
Verein zur Verzögerung der Zeit
am Interuniversitären Forschungsinstitut der Universität Klagenfurt
Sterneckstraße 15, A-9020 Klagenfurt, Tel. (0043) (0)463 2700 742

Aktion Humane Schule e.V.
Leonrodstr. 19, 80634 München, Tel. 0 89-16 82 11

Arbeitskreis Grundschule
Schloßstr.29, 60486 Frankfurt a. M., Tel. 0 69-77 60 06

Bundesverband der Freien Alternativschulen in der BRD e.V.
Wiemelhauser Str. 270, 44799 Bochum, Tel. 02 34-7 26 48

Arbeitskreis für Montessori-Pädagogik
Hochwildpfad 8, 14169 Berlin, Tel. 030-3 42 27 05

Bitte, liebe Leser, haben Sie Verständnis dafür, dass wir nur einige Anlaufstellen auflisten konnten. Wenn Sie noch wichtige Adressen kennen, so schicken Sie sie uns bitte:

Gesellschaft für ganzheitliches Lernen e.V.
Postfach 110320, 46262 Dorsten

Übigens, wussten Sie schon, dass:
- der Arbeitskreis Neue Erziehung in Berlin ‚Elternbriefe' regelmäßig an interessierte Eltern versendet? Darin haben Kinderärzte und Pädagogen wunderbare Anregungen für den konkreten Erziehungsalltag zusammengestellt. Die insgesamt 46 Elternbriefe werden passend für das jeweilige Alter Ihres Kindes zunächst monatlich, später in größeren Zeitabständen verschickt, bis Ihr Kind acht Jahre alt ist. Einen wertvolleren Begleiter für die kindliche Entwicklung und Erziehung kann

man sich kaum vorstellen! Die Elternbriefe können Sie bei Ihrem zuständigen Jugendamt bestellen oder beim: Arbeitskreis Neue Erziehung e.V., Boppstr. 10, 10967 Berlin, Tel. 0 30-2 59 00 60, e-mail: ane@ane.de, homepage: www.ane.de

- es einen Kindergarten gibt, dessen Bewegungskonzept Modellcharakter hat und in dem Kinder und Eltern engagiert einbezogen werden?
Bewegungs-Kindertagesstätte S.V. Lurup
Böverstland 38, 22547 Hamburg, Tel. 0 40-84 77 94

- es inzwischen viele Waldkindergärten gibt, wo Kinder den ganzen Tag an der frischen Luft im Wald verbringen und sich mit Natur beschäftigen?
Waldkindergarten Dormagen e.V.
Im Tannenbusch, 41540 Dormagen, Tel. 0 21 33-82 60 10

- die Forderung nach mehr Leistung an Schulen immer stärker erhoben wird? Dagegen ist nichts einzuwenden! Aber was ist unter Leistung zu verstehen? Das knallharte Pauksystem, dass Wissen in die linke Hirnhälfte eintrichtert, die rechte Hirnhälfte und die Gefühle der Schüler verkümmern lässt? Dagegen vermag hirngerechtes, kindgemäßes Spielen und Lernen optimale Leistungen hervor zu bringen! Das beweist ein erfolgreich durchgeführter Modellversuch für Lern- und Spielschulen in Rheinland-Pfalz, der an sechs Grundschulen von der ersten Klasse an aufsteigend umgesetzt wird. In ihrer neuen pädagogischen Konzeption legen diese vollen Halbtagsschulen besonderen Wert auf ganzheitliches Lernen mit Kopf, Herz und Hand. Ein nach den Bedürfnissen der Kinder rhythmisierter Schulalltag bietet Möglichkeiten für Ruhe und Bewegung, Lernen und Muße. Konzentrationsphasen wechseln mit Entspannungspausen, Gruppenarbeit mit der Möglichkeit, sich in stille Arbeits- und Leseecken zurückzuziehen. Die Lern- und Spielschule ist ein Stück moderner Reformpädagogik und ein erfolgreicher Beitrag zum gegenwärtig lebhaft diskutierten Leistungsbegriff. Den Abschlussbericht dieses Modellversuchs zur innovativen, pädagogischen Schulentwicklung erhalten Sie:
Die Lern- und Spielschule. Abschlussbericht, Staatliches Institut für Lehrerfort- und -weiterbildung (Hrsg.), Haus Saarburg, Blümchesfeld 13-15, 54439 Saarburg, Tel. 0 65 81-9 16 70.

Und weitere Lektüre zum Thema Lern- und Spielschule
- Die Grundschule, Ein Haus zum Leben, Lernen und Spielen, Dez. 1997, Westermann Verlag.
- H. Petillon / D. Flor, Zwischenbericht der Wissenschaftlichen Begleitung „Lern- und Spielschule", Landau 1995, Institut für Grundschulpädagogik.

Der bewegte Kindergarten und die aktive Schule mit dem mobilen Klassenzimmer

Als die Arbeit an diesem Buch schon fast abgeschlossen war, wurde in Essen eine Idee für Schule und Kindergarten vorgestellt, die wie eine Antwort auf viele der in diesem Buch geschilderten Probleme erscheint – das mobile Klassenzimmer. Es besteht aus Möbeln, die Prof. Dr. Landau von der Universität Essen entwickelt hat und über die derzeit in den Medien berichtet wird. Es handelt sich um einen speziellen Einzeltisch, eine Sitzwalze (anstelle des Stuhls!) und ein kleines Regal. Die Sitzwalze ermöglicht verschiedene Sitzpositionen, beugt Haltungsschäden vor, weil Kinder ihre Rückenmuskulatur aufbauen und immer wieder ins Gleichgewicht gelangen. Die Möbel gibt es in verschiedenen Größen, so dass sie in Kindergarten und Schule einsetzbar sind.

Diese Möbel sind bestens geeignet, um die Unterrichtssituation für Einzel- und Gruppenarbeit zu gestalten, um einen Bewegungsparcours oder Spielszenen aufzubauen, um Projekte durchzuführen und um Freiräume zu schaffen: Bewegliches Mobiliar, das für Bewegung sorgt!

Drei Jahre lang wurden die Möbel an einer Essener Grundschule erprobt. Die Ergebnisse sind äußerst positiv. So waren beim Start im 2. Schuljahr noch 34 % der Kinder haltungsschwach, 62 % normal und nur 4 % der Kinder hatten eine gute Haltung. Nach drei Jahren, am Ende des 4. Schuljahres, waren 76 % der Kinder in Hinblick auf Psychomotorik, körperliche Bewegung und Haltung normal und sogar 24 % gut. Ein geradezu sensationelles Ergebnis!

Ein spektakulärer Nebeneffekt ist, dass aus der Klasse 11 Kinder ins Gymnasium kamen, während in den beiden Parallelklassen nur 0 und 2 Kinder zum Gymnasium wechselten. Die Kinder aus dem mobilen Klassenzimmer waren viel selbstbewusster und aufgeweckter. Sie haben gelernt, den Unterricht zu inszenieren, mitzugestalten, aktiv zu werden und vor allem auch erfolgreich zu werden. In allen weiterführenden Schulen fielen die Kinder aber vor allem durch ihre gute Körperhaltung und ihre erstaunlich gute Konzentrationsfähigkeit auf.

Das mobile Klassenzimmer könnte ein Einstieg sein in eine andere Schule: eine Schule, in der die Kinder nicht passiv, sondern aktiv lernen; eine Schule, in der Bewegung und Kreativität gefragt sind. In dieser **aktiven Schule** werden ganzheitliche Spiel- und Lernräume geschaffen für:

- Rhythmus und Bewegung
- Wahrnehmung und Konzentration
- Anspannung und Entspannung
- selbstständiges und effektives Lernen
- Arbeit in Gruppen
- Integration
- Differenzierung

Das mobile Klassenzimmer bietet eine Vielfalt von Möglichkeiten für eine aktive Schule. So können z.B. mobile Lernecken eingerichtet werden, wo den Kindern spezielle Lernmaterialien und Spiele zur

Verfügung stehen: eine Forscherecke, ein Mathelabor, eine Schreibwerkstatt und eine Lernspielecke. So wird der starre Unterricht aufgebrochen, Freiarbeit und spielerisches Lernen werden integriert. Die Kinder können ihrem individuellen Lernrhythmus angepasst ihr Lerntempo selbst bestimmen und sind mit Lernspaß bei der Sache.
Die aktive Schule mit dem mobilen Klassenzimmer kann viele Probleme heutigen Unterrichts lösen und sie garantiert, dass Kinder in lerngerechter Umgebung mit geeigneten Lernmaterialien ganzheitlich und effektiv lernen können.
Es gibt die Möbel auch in einer speziellen Größe für den Kindergarten!

Infos zum Mobilen Klassenzimmer
Spectra-Lehrmittel-Verlag
Postfach 11 04 51, 46263 Dorsten, Tel. 0 23 69 - 9 17 50

Tipps für Ihre Fortbildung

Wir hoffen, dass dieses Schatzbuch Ihnen, liebe Erzieherinnen und Erzieher, Lehrerinnen und Lehrer und Eltern viele Anregungen für die Praxis zu geben vermag.
Aber ein Buch ist und bleibt ein theoretisches Werk. Und als Herausgeberin möchte die Gesellschaft für ganzheitliches Lernen e.V. mehr als nur Fachwissen vermitteln! Sie ist:

- ein gemeinnütziger Verein mit engagierten Fachleuten aus Pädagogik, Psychologie und Medizin.
- möchte Mut machen, Lernen als lebenslangen ganzheitlichen Reifungsprozess zu begreifen.
- hat ein Konzept mit neuen Methoden erarbeitet, die Erziehung und Lernen effektiver gestalten.
- entwickelt Übungen und Spiele für verhaltens- und lernauffällige, wahrnehmungs- und bewegungsgestörte Kinder.
- leistet pädagogische Prävention und möchte verhindern, dass Kinder in den ‚Therapie-Brunnen' fallen.
- empfiehlt geeignete Spiel- und Bildungsmittel.
- berät pädagogische Einrichtungen bei der Erarbeitung ihres Profils und einer effektiven Elternarbeit.
- führt interne Fortbildungen und Elternabende in Kindergärten und Schulen durch.
- bietet externe Seminare und in ihrer Lernwerkstatt in Dorsten-Wulfen im Münsterland an.
- führt Zertifikats-Lehrgänge „Ganzheitlich lernen" und „Ganzheitlich erziehen" durch.
- bildet Trainer aus.

Die Fortbildungen der Gesellschaft für ganzheitliches Lernen e.V. sind bekannt für ihre optimale Verknüpfung von Theorie und Praxis, für wissenschaftlich fundierte Inhalte, für effektive Methoden und interessante Spielübungen, die im Alltag sofort umgesetzt werden können.

Sie erleben in einer entspannten und anregenden Atmosphäre neue Wege des Lernens, tauschen Erfahrungen mit Kolleginnen und Kollegen aus und tanken persönlich auf.
Informationen zum Fortbildungsangebot erhalten Sie bei:
Gesellschaft für ganzheitliches Lernen e.V.
Beckenkamp 25, 46286 Dorsten

oder der Institutsleiterin:

Dr. Charmaine Liebertz
Zülpicher Platz 18, 50674 Köln,
Tel. 02 21-9 23 31 03, Fax 02 21-9 23 31 99

Ganzheitliche Lernberatung für Eltern, Erzieher, Lehrer, Ärzte und Therapeuten bietet:
Gesellschaft für ganzheitliches Lernen e.V.
Regionalbüro Lüdenscheid, Monika Elmering
Schumannstr. 8, 58509 Lüdenscheid, Tel: 0 23 51-6 19 18

Bitte legen Sie bei schriftlichen Anfragen einen frankierten (DM 1,10) und adressierten Briefumschlag bei. Danke!

Literatur

Baur, R., Superlearning und Suggestopädie, Grundlagen – Anwendung – Kritik – Perspektiven, Berlin 1990.
Berchem, F., Gehirnjogging. So bringen Sie Ihr Gedächtnis in Schwung, München 1992.
Berchem, F., Super-Gehirnjogging. Für Fortgeschrittene. Gedächtnistraining nach der Fischer-Lehrl-Methode, München 1996.
Buzan, T., Nichts vergessen! Kopftraining für ein Supergedächtnis, München 1994.
Dennison, P. u. G., Das Handbuch der Edu-Kinestetik für Eltern, Lehrer und Kinder jeden Alters, Freiburg 1995.
Dennison, P., Befreite Bahnen, Verlag für angewandte Kinesiologie, Freiburg 1992.
Deutscher Verband der Ergotherapeuten (Hrsg.), Indikationskatalog Ergotherapie, Idstein 1995.
Die Grundschule, Ein Haus zum Leben, Lernen und Spielen, 12/1997, Heft 1441, Westermann Verlag.
Diorio, D. / Viau, V. / Meaney, M., The role of the Medial Prefrontal Cortex in the Regulation of Hypothalamic-Pituitary-Adrenal Responses to Stress. In: Journal of Neuroscience, 11/1993.

Feldenkrais, M., Bewusstsein durch Bewegung, Frankfurt 1978.
Feth, M. / Boratynski, A., Der Gedankensammler, Düsseldorf 1993.
Gardner, H., Abschied vom IQ. Die Rahmentheorie der vielfachen Intelligenzen, Stuttgart 1991.
Göhlich, M., Reggiopädagogik — Innovative Pädagogik heute. Zur Theorie und Praxis der kommunalen Kindertagesstätten von Reggio Emilia, 1995.
Gould, St. J., Der falsch vermessene Mensch, 1983.
Grindler J./ Bandler, R., Kommunikation und Veränderung, Paderborn 1991.
Heiland, H., Maria Montessori, Hamburg 1996.
Herzog, R., Erziehung im Informationszeitalter. Rede des Bundespräsidenten zur Eröffnung des Paderborner Podiums im Heinz Nixdorf Museums-Forum am 9. Juni 1998.
Hulsegge, J. / Verheul, A., Snoezelen — eine andere Welt. Bundesvereinigung Lebenshilfe für geistig Behinderte, Marburg 1989.
Hurrelmann, K., Familienstress, Schulstress, Freizeitstress. Gesundheitsförderung für Kinder und Jugendliche. Weinheim 1990.
Hurrelmann, K., Eine gute Schule ist der beste Beitrag zur Jugendpolitik. In: Humane Schule, 19. Jahrgang, Mai 1993.
KIKO: Kinder konzentrieren sich. Anregungen und Übungen für die Schule, Schroedel Verlag, Hannover 1998.
Kiphard, E., Psychomotorik in Praxis und Theorie, Gütersloh 1989.
Krenberger, S. (Hrsg.), Itards Berichte über den Wilden von Aveyron, Wien 1913.
Krieg, E. (Hrsg.), Hundert Welten entdecken. Die Pädagogik der Kindertagesstätten in Reggio Emilia, Essen 1993.
Krueger, F., Über psychische Ganzheit, 1926.
la Tourelle, M. / Courtenay, A., Was ist Angewandte Kinesiologie? Kirchzarten 1996.
Lorenz, K., Die acht Todsünden der zivilisierten Menschheit, München 1997.
Lozanov, G., Suggestology and Outlines of Suggestopedy, New York, London 1978.
Luhmann, N., Funktionen und Folgen formaler Organisation, Berlin 1964.
Nefiodow, L. A., Der sechste Kondratieff — Wege zur Produktivität und Vollbeschäftigung im Zeitalter der Information, Rhein-Sieg-Verlag, 1996.
Ostrander, S. / Schroeder, L., Superlearning, Bern, München 1979.
Petillon, H. / Flor, D., Zwischenbericht der Wissenschaftlichen Begleitung „Lern- und Spielschule", Institut für Grundschulpädagogik, Landau 1995.
Postmann, N., Wir amüsieren uns zu Tode. Urteilsbilder im Zeitalter der Unterhaltungsindustrie, Frankfurt a. M. 1985.
Preuß, C. / Ruge, K., Alltagsgeräusche als Orientierungshilfen. CD mit 28 Bildkarten, Mülheim 1997.

Rolff, H.-G., Kindheit heute – Leben aus zweiter Hand. In: Faust-Siehl / Schmitt / Valtin, (Hrsg.), Kinder heute – Herausforderung für die Schule, Frankfurt a.M. 1990.
Rolff, H.-G., Wandel durch Selbstorganisation, Weinheim 1993.
Rousseau, J.-J., Emil oder Über die Erziehung, Paderborn 1975.
Russell, P., Der menschliche Computer, München 1991.
Seguin, E., Die Idiotie und ihre Behandlung nach physiologischer Methode, Wien 1912.
van der Meer, R. / Duink, A., Das IQ-Paket. Ein Streifzug durch Gehirn, Bewusstsein, Sinne und Gefühle mit dreidimensionalen Beispielen und vielerlei erstaunlichen Effekten, München 1997.
van Genepp, A., Les rites de passage 1909. In: Acham, v. K. (Hrsg.), Gesellschaftliche Prozesse, 1983.
Vester, F., Denken, Lernen, Vergessen, München 1992.
Virilio, P., Geschwindigkeit und Politik, Berlin 1980.

Danke!

Auch ein Buch ist das Produkt eines ganzheitlichen Prozesses. Mein besonderer Dank gilt daher:

Franz-Josef Kuhn, Vizepräsident und Gründer der Gesellschaft für ganzheitliches Lernen e.V., dem ich viele Ideen verdanke und der mir den Ansporn gab, die Erfahrungen aus meinen Seminaren aufzuschreiben.

Johannes-Peter Meier, Lektor des Spectra-Verlags, der mich jederzeit aufzumuntern wusste und meiner manchmal eigenwilligen Rechtschreibung viel Geduld entgegenbrachte.

Nicole Menzel, Erzieherin im Kindergarten „Kreisel" in Kürten, die das Projekt „Vorsicht, Straßenverkehr!" mitentwickelt und erprobt hat.

Willy Wilting, Lehrer an der Roncalli-Hauptschule in Südlohn, der das Projekt „Der Natur auf der Spur!" mitentwickelt und erprobt hat.

Allen Erzieher/-innen, Grundschullehrer/-innen und Eltern, die mir in meinen Fortbildungsseminaren wertvolle Anregungen gaben.

Meinem achtjährigen Sohn Jérôme, der für viele Testspiele herhalten musste und mein Vorhaben ohne Schaden überlebt hat.

Spieleregister

Zur raschen Orientierung finden Sie hier noch einmal alle Spiele dieses Buches auf einen Blick in alphabetischer Reihenfolge sortiert.

Auf der Kirmes 141
Auf Kriegsfuß! 164f
Aus der Hand lesen 75
Bedienung bitte! 97
Begrüßungsrituale 159
Bewegter Satzbau 59
Bewegtes Zählen 54
Blinde Kassierer 106
Body-Building im Kopf –
    Isometrische Übungen 120
Das Dschungelbuch 52
Das fliegende Klassenzimmer 50
Das Gewitterkonzert 144
Das Körper-Orchester 145
Das Konzert der Alltagsgeräusche 79
Das Muschelfon oder Das billigste Handy
    der Welt 166
Das Probierstübchen 81
Das Sonnenbänkchen 162
Das Streichholz-Duell 102
Das unsichtbare Fahrrad 51
Der Detektiv im Sprachwald 58
Der Konzentrationskristall 96
Der Musterwürfel 82f
Der Sonnenzauber 163
Der Steckbrief 101
Der Tanz der Herbstblätter 140
Der Tanz der magnetischen Hände 71
Der unsichtbare Bleistift 127
Der verrückte Quirl 55
Der Wetterbericht 167

Der wundervolle Werkzeugkasten 168
Die bewegte Geheimsprache 99
Die Bewegungskette 57
Die Geräuschekette 142
Die hohe Kunst des Gehens 138
Die kleine Rasselbande 148
Die Konzentrationskette 98
Die Mind Map Methode 104f
Die Reise zu meinem Ruhepol 119
Die Rhythmen meines Körpers 143
Die Schnüffelbande 80
Die Vermisstenanzeige 72
Ein ungewöhnlicher Liebesbrief 76
Eine Geschichte für Detektive 100
Eine Nacht im Spielwarengeschäft 53
Einstimmungsrituale 160
Farbklänge 126
Feurige Hände 116
Hallo wach! 95
Hilfreiche Wochen- oder Monatsrituale 169
Irgendetwas stimmt hier nicht! 73
Kleine Handpflege 123
Kopfkino – Mentales Training 124f
Lebende Figuren, Buchstaben oder Zahlen 56
Leise schleichen wilde Räuber 139
Mathe-Magie mit Magico 107
Mein Traumkissen 118
Mit der Welle atmen 117
Schwäbischer Apfelkuchen 122
Seid mal ruhig! 161
Telefonzelle putzen! 60

Unsere Stadt erwacht 137
Verborgene Schätze entdecken 77
Vom Rhythmus der Planeten 146
Von Glühbirnenclubs und Geheimbünden 170
Wer suchet, der findet! 78
Wir drehen einen Stummfilm 103
Wir gehen auf Entdeckungsreise! 74
Wobbler 61
Wolkenkratzer wollen hoch hinaus 121
Zungenbrecher 147

Kinder ganzheitlich fördern

156 Seiten, s/w-Fotos, kartoniert,
ISBN 3-7698-0763-4

Dorothée Kreusch-Jacob
Musikerziehung

„Musik fragt weder nach Begabung noch nach spezieller Ausbildung", sondern nur nach der eigenen Freude. Dorothée Kreusch-Jacob macht mit diesem Grundlagenwerk auch denen Mut sich auf das Abenteuer Musik einzulassen, die sich selbst als „unmusikalisch" einschätzen.
Sie zeigt Möglichkeiten auf, wie Erzieherinnen und Lehrkräfte mit eigenen Ohren und sensiblem Sinn die musikalische Sprache der Kinder erspüren und dem kindlichen Grundbedürfnis nach Ausdruck durch Lieder, Orff-Instrumente, Gedichte, Bewegung und Tanz „Stimme verleihen können".

186 Seiten, mit s/w-Fotos und Zeichnungen, kartoniert,
ISBN 3-7698-1079-1

Helga Edleditsch
Entdeckungsreise Rhythmik

Grundlagen, Modelle und Übungen für Ausbildung und Praxis

Entdeckungsreise Rhythmik beschreibt die Grundlagen der „Rhythmisch-kreativen Erziehung" als ein ganzheitliches pädagogisches Prinzip, das die Persönlichkeitsbildung unterstützt und bei der Bewältigung pädagogischer Aufgaben hilft.
Auf dieser Basis entwickelt die Autorin klar strukturierte, praktische Umsetzungsmöglichkeiten rhythmischer Grundspielformen für alle Altersstufen und für alle sozialpädagogischen Arbeitsfelder, vom Kindergarten über die Jugendarbeit bis hin zur Heilpädagogik. Sie ermuntert dazu, eigene kreative Pfade der Rhythmik zu entdecken.

156 Seiten, zahlreiche farbige Fotos und Zeichnungen, kartoniert,
ISBN 3-7698-1047-3

Phantasie und Kreativität

Ein Spiel-, Nachdenk- und Anregungsbuch von Rudolf Seitz

Kann man Kreativität eigentlich lernen? – Der Kunstpädagoge Rudolf Seitz legt hier die Summe seiner Erfahrungen vor: eine vielgestaltige Einladung an alle, Phantasie und Kreativität bei sich selbst zu entdecken und die schöpferischen Fähigkeiten zu fördern. Denn nur phantasievolle und kreative Menschen sind auch innovativ genug, um die Probleme der Zukunft zu lösen.

„Rudolf Seitz trifft immer den Punkt, sowohl mit seinen Inhalten, als auch mit seinen Bildern, Zitaten, Anmerkungen, Spielideen und Anregungen."
(Armin Krenz, Kiga heute, Heft 5/99)

156 Seiten, s/w-Fotos und Zeichnungen, kartoniert,
ISBN 3-7698-0753-7

Wolfgang Löscher (Hrsg.)

Vom Sinn der Sinne

Spielerische Wahrnehmungsförderung für Kinder

Unsere Sinne sind nicht nur Wunderwerke der Wahrnehmung, sondern gerade bei Kindern auch Grundlage für ihre gesunde Entwicklung. Sinneswahrnehmung ist die Voraussetzung für das Entdecken, Staunen, Erkennen und Lernen.
Wahrnehmung kann man vielfältig fördern: Das Autorenteam hat dazu ein Kaleidoskop an spannenden Spielen und Anregungen zusammengetragen, das Lust macht, alles gleich auszuprobieren. Klangwände, geheimnisvolle Türen, Farben aus der Alchimistenküche, Lichttheater, „Riech-tungen" und anderes mehr macht Kleinen Spaß und lässt auch Große staunen.